Seyyed Hossein Nasr

EL CORAZÓN DEL ISLAM

editorial Kairós

Numancia, 117-121
08029 Barcelona
www.editorialkairos.com

Título original: THE HEART OF ISLAM:
Enduring Values for Humanity
Published by arrangement with Harper San Francisco,
an imprint of HarperCollins Publishers.

Corrección: Alicia Conde

Fotocomposición: Beluga y Mleka, s.c.p. Córcega 267. 08008 Barcelona
Tipografía: Vidya y Times, cuerpo 11, interlineado 12,8.

Impresión y encuadernación: Índice. Fluvià, 81-87. 08019 Barcelona

Este libro ha sido impreso con papel certificado FSC, proviene de fuentes respetuosas con la sociedad y el medio ambiente y cuenta con los requisitos necesarios para ser considerado un "libro amigo de los bosques".

Primera edición: Junio 2007

I.S.B.N.: 978-84-7245-649-5
Depósito legal: B-33.032/2007

Dedicado a la presencia sagrada y perdurable
de Shaykh Aḥmad ibn Muṣṭafā.
AL-SHĀDHILĪ AL-'ALAWĪ

SUMARIO

بسم الله الرحمن الرحيم

«En el nombre de Dios, el Clemente, el Misericordioso.»

PREFACIO

En las últimas décadas hemos sido testigos del creciente interés de Occidente por el Islam, interés que ha ido aumentando con cada acontecimiento mundial en el que se veía implicado el nombre del Islam: desde la guerra civil libanesa hasta la revolución iraní de 1979 o el auge de los movimientos islámicos entre los palestinos. Este interés creciente ha alcanzado un nivel sin precedentes desde los trágicos acontecimientos del 11 de septiembre de 2001. El mundo está sediento de información sobre el Islam, especialmente Estados Unidos; sin embargo, esta sed no ha sido saciada generalmente con un agua saludable. De hecho, un torrente de "conocimientos" ha inundado los medios de comunicación, de los libros a los periódicos, la radio y la televisión, pero una gran parte de esos conocimientos se basa en la ignorancia, en la información errónea e incluso en la desinformación. No sólo no se ha conseguido facilitar una mayor comprensión, sino que frecuentemente se ha hecho un flaco favor al público occidental, al actuar con la sola intención de alcanzar objetivos ideológicos y políticos particulares.

Por supuesto, la distorsión de los asuntos islámicos en Occidente no es nueva; es una historia milenaria que se remonta a las aberrantes biografías del Profeta del Islam escritas principalmente en latín en Francia y Alemania durante los siglos X y XI. No obstante, la antigua descripción del Islam como una herejía cristiana todavía mostraba un cierto respeto intelectual por la civilización y el pensamiento islámicos. Durante el Renacimiento, figuras como Petrarca abandonaron incluso ese respeto en favor de un desprecio categórico. Durante los siglos XVIII y XIX, ciertos pensadores como Voltaire intentaron utilizar algunos aspectos del Islam para atacar al cristianismo, aunque algunas figuras excepcionales, como Goethe y Emerson, tuvieran las enseñanzas islámicas en gran estima. Mientras tanto, los nuevos métodos racionalistas, historicistas y escépticos, generados por el llamado Siglo de las Luces (que fue en realidad una época de oscurecimiento del alma y eclipse del intelecto), empezaron a aplicarse al estudio del Islam en nombre del orientalismo. Incluso cuando no estaban al servicio de los poderes coloniales, la mayor parte de los orientalistas estudió el Islam con la arrogante creencia de poseer un método científico impecable que se aplicaba universalmente a todas las religiones. Lo que menos importaba a aquellos investigadores era qué pensaban los musulmanes, o los hindúes, o los budistas, sobre su propia religión y cómo experimentaban su universo religioso. Por supuesto, hubo excepciones, pero éstas no hacían sino confirmar la regla. Los estudios de los orientalistas sobre el Islam empezaban y terminaban con el presupuesto tácito de que el Islam no era una revelación, sino un fenómeno ideado por la actividad humana en una situación histórica particular. En este coro, las voces de Louis Massignon, H.A.R. Gibb y Henry Corbin, seguidos por una generación posterior de investigadores occidentales favorablemente dispuestos, como Annemarie Schimmel, siguen siendo verdaderamente excepcionales.

No fue hasta la segunda mitad del siglo XX cuando musulmanes de origen, versados en las lenguas occidentales y en sus métodos de investigación y expresión, empezaron a escribir en profundidad obras sobre el Islam en lenguas europeas para explicar la tradición de una manera seria al público occidental. A esta tarea se sumó cierto número de intelectuales y figuras espirituales de Occidente que habían sido capaces de penetrar el sentido del universo islámico y podían hablar y escribir desde dentro de su tradición. Como resultado de los esfuerzos de estos dos grupos, aparecieron en inglés y en otras lenguas europeas diversas obras veraces y profundas sobre diversos aspectos del Islam. En contraste con los períodos anteriores, al menos esas obras estaban disponibles, pero su voz siguió siendo ahogada por las disonancias de quienes rechazaban el Islam desde posturas de enfrentamiento, ya procedieran del cristianismo, el judaísmo o el agnosticismo secular. En realidad, no hay ninguna religión sobre la que sus oponentes en Occidente hayan escrito tanto como sobre el Islam. No se encuentra paralelismo alguno con el taoísmo, el confucianismo, el hinduismo o el budismo.

Desde la tragedia del 11 de septiembre, con el auge del interés por los asuntos islámicos, las disonancias se han hecho más fuertes, y ello hace necesario una explicación de las enseñanzas auténticas del Islam a la luz de los nuevos retos de la situación actual. Este libro es un humilde esfuerzo por conseguir ese fin. Fue encargado por HarperSanFrancisco y ha sido escrito con el propósito expreso de explicar algunos aspectos básicos del Islam y ciertas cuestiones ampliamente discutidas de una manera que resulte aceptable a las corrientes mayoritarias del pensamiento islámico y sea comprensible a la vez para el público occidental en general. Trata de ofrecer un servicio a todos aquellos occidentales sinceramente interesados en comprender el verdadero Islam y su relación con Occidente, para no tener que depender de las imágenes distorsionadas del Islam que a menudo se les presentan. Ni que decir tiene que, en un libro de estas dimensiones, no es posible hablar de todas las cuestiones relevantes, pero he procurado tratar, al menos, las más significativas en un esfuerzo por abrir un espacio espiritual e intelectual para un entendimiento mutuo. Indico también algunos principios que pueden permitir a musulmanes y occidentales vivir en paz y armonía uniendo sus manos contra todos aquellos que, desde un lado u otro, tratan de avivar el fuego del odio y precipitar el conflicto de naciones y civilizaciones.

Quiero agradecer a Stephen Hanselman, de Harper San Francisco, sus numerosas sugerencias para este libro, a Katherine O'Brien su ayuda en la preparación del manuscrito para su publicación, y a Joseph Lumbard su corrección de las pruebas del manuscrito. Que este humilde esfuerzo sirva como un pequeño paso hacia un mayor entendimiento entre las personas de buena voluntad de Occidente y del mundo islámico.

Bethesda, Maryland
Marzo de 2002
Dhu'l-ḥijjah 1423 H.

1. UN SOLO DIOS
Y MUCHOS PROFETAS

La Unidad de la Verdad
y la multiplicidad de las revelaciones

«Di: "¡Él, Dios, el Único, Dios, el Eterno.
No ha engendrado, ni ha sido engendrado. No tiene par".»
Corán 112, 1-4[1]

DIOS EL ÚNICO

En el corazón del Islam está la realidad de Dios, el Único, el Absoluto y el Infinito, el infinitamente Clemente y Misericordioso, el Único, que es a la vez transcendente e inmanente, mayor que todo lo que se pueda concebir o imaginar y, sin embargo, como atestigua el Corán, la Escritura Sagrada del Islam, más cercano a nosotros que nuestra vena yugular. El Dios Uno y Único, conocido por su Nombre árabe, Allah, es la realidad central del Islam en todas sus facetas, y la atestación de esta unicidad, que se denomina *tawḥīd*, es el eje en torno al cual gira todo lo islámico. Allah está más allá de toda dualidad y relacionalidad, más allá de las diferencias de género y de todas las cualidades que en este mundo distinguen a unos seres de otros. Sin embargo, Él es la fuente de toda la existencia y de todas las cualidades cósmicas y humanas, así como el Fin al que todos los seres retornan.

Testificar esta unicidad está en el corazón del credo del Islam, y la fórmula que expresa la verdad de esta unicidad, *Lā ilāha illa'Llāh*, «no hay dios sino Dios», es la primera de las dos atestaciones *(shahādahs)* por la que una persona atestigua su condición de musulmán; la segunda es *Muḥammadum rasūl Allāh*, «Muḥammad es el mensajero de Dios». La unicidad de Dios es para los musulmanes no sólo el corazón de su religión, sino el de toda religión auténtica. Es una reafirmación de la revelación de Dios a los profetas hebreos y a Cristo, a quienes los musulmanes consideran también sus profetas, la revelación de la verdad de que «el Señor es uno», la nueva confirmación de esa verdad intemporal que se afirma también en el credo católico, *Credo in unum Deum*, «creo en un solo Dios». Como afirma el Corán: «Antes de ti no mandamos a ningún enviado al que no le reveláramos: "¡No hay más dios que Yo! ¡Adoradme, pues!"» (21, 25). Como innumerables musulmanes, cuando leo los nombres de los profetas del pasado en el Corán o en las oraciones tradicionales, los experimento como realidades vivas en el universo islámico, aunque soy plenamente consciente del hecho de que son figuras veneradas en el judaísmo y el cristianismo. Soy también muy consciente de que todos ellos hablan del mismo Dios que es Uno y de ninguna otra divinidad.

El Dios único, o Allah, no es ni masculino ni femenino. Sin embargo, en las enseñanzas interiores del Islam, se alude frecuentemente a Su esencia en forma femenina, y la Divinidad se menciona a menudo como la Amada, mientras que el Rostro que tiene vuelto hacia el mundo como Creador y Sustentador se contempla en forma masculina. Lo masculino y lo femenino son creados por Él, y la raíz de la feminidad y la masculinidad se encuentran en la naturaleza divina, que transciende la dualidad entre ambos aspectos. Además, las cualidades de Dios, que se reflejan en toda la creación, son de naturaleza tanto femenina como masculina, y la comprensión islámica tradicional de la Divinidad no está en absoluto confinada, como algunos piensan, a una imagen puramente patriarcal.

El Corán, que es la Palabra literal de Dios para los musulmanes, comparable a Cristo en el cristianismo, revela no sólo el Nombre Supremo de Dios como Allah, sino que menciona también otros "bellos Nombres" de Dios, que las fuentes tradicionales cifran en noventa y nueve, y que revelan aspectos diferentes de la Divinidad. El Corán afirma: «Dios posee los nombres más bellos *(al-asmā' al-ḥusnā)*. Empléalos, pues, para invocarle» (7, 180). Estos Nombres se dividen en los de Perfección *(Kamāl)*, Majestad *(Jalāl)* y Belleza *(Jamāl)*, refiriéndose los primeros a la unidad y unicidad de Dios más allá de cualquier polarización y los dos últimos a las dimensiones masculina y femenina de la realidad *in divinis* (en el orden divino). Los nombres de Majestad incluyen el Justo, el Majestuoso, el Que lleva las Cuentas, el Que da la Muerte, el Victorioso y el Todopoderoso, y los de la Belleza, el Supremamente Misericordioso, El que Perdona, el Tierno, el Generoso, el Bello y Amor. Para los musulmanes, todo el universo consiste en el reflejo en varias combinaciones de los Nombres divinos, y la vida humana se desarrolla entre las polarizaciones y entre las tensiones y la armonía de las cualidades cósmicas y humanas derivadas de esos Nombres. Dios, al mismo tiempo, nos juzga según Su Justicia y nos perdona según Su Misericordia. Él está más allá de nuestro alcance, y, sin embargo, reside en el centro del corazón del fiel. Castiga al malvado, pero también ama a Sus criaturas y las perdona.

La doctrina del Dios Único, como se expone en el Corán, no sólo enfatiza la completa transcendencia, aunque haya poderosas expresiones de esta verdad como *Allāhu akbar*, traducido habitualmente como «Dios es grande», sino que significa que Dios es mayor que cualquier cosa que podamos concebir de Él, como atestigua también la teología apofática de las iglesias católica y ortodoxa, así como el judaísmo tradicional. El Corán acentúa también la cercanía de Dios a nosotros, afirmando que está más cerca de nosotros que nosotros mismos, y que está presente en todo lugar, como cuando afirma: «Adondequiera que os volváis, allí está la faz de Dios» (2, 115). La vida religiosa tradicional de un musulmán se basa en un movimiento rítmico entre los polos de transcendencia e inmanencia, de rigor y compasión, de justicia y perdón, de temor al castigo y esperanza de misericordia basada en el amor de Dios por nosotros. Pero la galaxia de los Nombres Divinos y la multiplicidad de las cualidades divinas reflejadas en el cosmos y dentro del ser de hombres y mujeres no distrae al musulmán, ni por un momento, de la unidad y la unicidad de Dios, de ese Sol ante cuya luz perece toda multiplicidad. Esforzarse por la comprensión de esa unidad, o *tawḥīd*, es el corazón de la vida islámica; y la medida de una vida religiosa plena es el grado en que uno es capaz de realizar el *tawḥīd*, que significa no sólo unicidad, sino también integración de la multiplicidad en la Unidad.

Por otra parte, y puesto que en el Islam no existe ninguna autoridad sacerdotal oficial, comparable al magisterio en el cristianismo católico romano, la autenticidad de la fe en el Islam ha sido determinada en general por la atestación del *tawḥīd*, mientras que el grado de realización interior de esa verdad es un asunto que decide Dios y no una autoridad externa. Ésta ha sido la norma general en la historia islámica, pero también ha habido excepciones, y existen ejemplos históricos de que un grupo particular o una autoridad política se hayan permitido determinar la autenticidad o falta de autenticidad de la creencia en el *tawḥīd* de alguna persona o escuela particulares. Pero nunca existió Inquisición en el Islam, y ha habido mayor libertad en la aceptación de ideas, especialmente místicas y esotéricas, que en la mayor parte de los períodos de la historia del cristianismo occidental antes de la penetración del modernismo en la teología cristiana.

Ahora bien, aunque el Islam se basa en la realidad de Dios, el Único, en Su condición de Absoluto y en su Mismidad, se dirige también a la humanidad en su realidad esencial, en su mismidad. El hombre, en el sentido tradicional del término que corresponde a *insān* en árabe o *anthro-*

pos en griego, que no es sólo el varón, es considerado en el Islam no un ser pecador a quien se le envía el mensaje del cielo para curar la herida del pecado original, sino como un ser que todavía porta su naturaleza primordial *(al-fiṭrah)* en sí mismo, aunque haya olvidado esa naturaleza, profundamente enterrada ahora bajo capas de negligencia. Como afirma el Corán: «Hemos creado al hombre dándole la mejor complexión *(aḥsan al-taqwīm)*» (95, 4), con una inteligencia capaz de conocer al Único. El mensaje del Islam se dirige a esa naturaleza primordial. Es una llamada al recuerdo, a la rememoración de un conocimiento amasado en la misma sustancia de nuestro ser, antes incluso de nuestra llegada a este mundo. En un famoso versículo que define la relación entre los seres humanos y Dios, el Corán, refiriéndose a la existencia precósmica del hombre, dice: «"¿No soy yo vuestro Señor?" Ellos dijeron: "¡Claro que sí, damos fe!"» (7, 172). "Ellos" se refiere a todos los hijos de Adán, hombres y mujeres, y el "sí" confirma la afirmación de la Unidad y Unicidad de Dios por nosotros en nuestra realidad ontológica preeterna.

Hombres y mujeres siguen llevando el eco de este «sí» en lo profundo de su alma, y el Islam apela precisamente a esa naturaleza primordial que pronunció el "sí" antes de la creación de los cielos y la tierra. Por consiguiente, la llamada del Islam se refiere, sobre todo, a la rememoración de un conocimiento profundamente enraizado en nuestro ser, la confirmación de un conocimiento que salva, de ahí la función soteriológica del conocimiento en el Islam. El Islam se dirige al ser humano no principalmente como voluntad, sino como inteligencia. Si el gran pecado en el cristianismo es la desobediencia, que ha deformado la voluntad, el gran pecado en el Islam es el olvido y la incapacidad resultante de la inteligencia para funcionar a la manera en que Dios la creó como medio de conocer al Único.

Por eso el mayor pecado en el Islam y lo único que Dios no perdona es *shirk*, o asociar otro a Dios, lo que significa negar la Unidad y Unicidad de Dios, o *tawḥīd*.

Esta alocución directa de Dios, el Único, a cada ser humano en su estado primordial exige la rendición total a la Majestad del Absoluto, ante el que, en última instancia, nada puede existir en realidad. En un sentido ordinario, significa la rendición o entrega de nosotros mismos a Dios, y en el sentido más elevado significa la conciencia de nuestra nada ante Él, pues, como dice el Corán: «Todo lo que está en los cielos y en la tierra perece. Sólo subsiste el Rostro de tu Señor, Majestuoso y Espléndido» (55, 26-27). El mismo nombre de la religión, Islam, procede de esta realidad, pues la palabra árabe *al-Islām* significa "entrega", así como la paz que surge de nuestra entrega a Dios. En realidad, el islam es la única de las grandes religiones, junto con el budismo (si consideramos que el nombre de esta religión procede de *Budd*, el Intelecto Divino, y no de *Buddha*), cuyo nombre no está relacionado con una persona o un grupo étnico, sino con la idea central de la religión. Por otra parte, el islam considera que todas las religiones auténticas se basan en esa entrega, de manera que *al-islam* significa no sólo la religión revelada a través del Corán al Profeta Muḥammad, sino toda religión auténtica en cuanto tal. Por eso en el Corán se llama también *musulmán* al profeta Abraham, esto es, alguien que está en el estado de *al-islām*.

Sin embargo, esta entrega no sólo se refiere a la voluntad. Debe implicar a todo nuestro ser. Una comprensión superficial de la entrega puede conducir a una actitud pasiva, en la que uno no se esfuerza en la vida como debiera según las promulgaciones de la religión, o a confundir la comprensión imperfecta que se tiene del Islam con la verdad y a realizar actos que van contra las enseñanzas de Dios aunque se pretenda estar actuando entregado a Dios. El Islam afirma que la persona debe ser el perfecto servidor *('abd)* de Dios en el sentido de seguir Sus mandatos. Pero puesto que Dios nos ha dado muchas facultades, incluido el libre albedrío y la inteligencia, nuestra entrega debe ser completa y total, no limitada sólo a ciertas facultades. Debe implicar a todo nuestro ser. De lo contrario, las emociones y los pensamientos ocultos, así como las ideas falsas, pueden combinarse con una sensación errónea de entrega externa de la voluntad propia a Dios para producir actos en nombre de la religión que pueden tener consecuencias calamitosas.

Actos así se han dado de vez en cuando históricamente y se pueden ver especialmente en nuestra época, pero son desviaciones y no la norma. La norma por la que la inmensa mayoría de los musulmanes ha vivido a través de los tiempos significaba entrega a Dios con todo el ser, siguiendo la Ley divina y las enseñanzas éticas del Islam en la medida de lo posible, esforzándose en vivir según las enseñanzas religiosas según la capacidad de cada uno, y resignándose luego a las consecuencias que se sigan y aceptando lo que el destino ha puesto ante nosotros. Es en este sentido en el que se debe comprender el dicho árabe común *maktūb*, «está escrito», que marca la señal de resignación ante un acontecimiento particular o ante el resultado de las acciones propias. Esta entrega no implica ciertamente ni fatalismo ni interpretación individualista de las normas divinas en nombre de la entrega. Por el contrario, ha conducido al esfuerzo interno y externo combinado con la serenidad que caracteriza los patrones tradicionales de la vida islámica, en contraste con las corrientes modernistas y muchas de las corrientes llamadas fundamentalistas que se encuentran actualmente en el mundo islámico.

LA CREACIÓN DEL MUNDO Y DE LOS SERES HUMANOS

Puesto que el Dios Único es Infinito y Absoluto, así como Infinitamente Bueno, no podía sino crear. Su infinitud implica que contiene en Sí mismo todas las posibilidades, incluida la de negarse a Sí mismo, y esta posibilidad tenía que realizarse en forma de creación. Además, como también afirmó san Agustín, está en la naturaleza del bien el comunicarse, y el Infinitamente Bueno no podía sino irradiar la realidad que constituye el mundo y, de hecho, todos los mundos. Pero creación o irradiación implica separación, y es esta separación ontológica de la Fuente de toda bondad lo que constituye el mal. Se podría decir que el mal no es nada sino separación del Bien y privación, aunque sea real en su nivel, tan real, en cierto sentido, como nuestro propio nivel existencial en el que nos encontramos con él. Y, sin embargo, el bien pertenece al polo del ser y el mal al del no ser.

Durante toda la historia del Islam se han desarrollado muchas y muy profundas discusiones metafísicas y teológicas respecto a la cuestión del mal, lo mismo que ha ocurrido en otras religiones, especialmente en el cristianismo. Pero en contraste con el Occidente moderno, en el que numerosas personas se han alejado de Dios y la religión porque no podían comprender cómo un Dios que es bueno pudo crear un mundo en el que existe el mal, en el mundo islámico esta cuestión de la teodicea apenas ha perturbado alguna vez la conciencia religiosa, incluso de las personas más inteligentes, ni las ha alejado de Dios. El énfasis del Corán en la realidad del mal en el plano moral combinado con las explicaciones sapienciales y teológicas de esta cuestión han hecho posible que hombres y mujeres se enfrentaran con este problema dentro del ámbito de la fe. El fuerte énfasis del Islam en la Voluntad de Dios ha desempeñado también un papel en la resignación de los musulmanes ante la presencia del mal en el mundo (mal que, no obstante, deben combatir en la medida de lo posible), aunque no puedan comprender su causas.

En cualquier caso, Dios ha creado el mundo, en el que hay imperfección y mal, pero el Corán considera el mundo como bueno, visión que se corresponde a la que se encuentra en el libro del Génesis. Y la creación tiene un propósito, pues, como dice el Corán, «Oh, Señor, Tú no has creado esto [el mundo] en vano» (8, 190). El propósito más profundo de la creación es explicado por un célebre *Ḥadīth qudsī* (dicho sagrado del Profeta, que no forma parte del Corán, en el que Dios habla en primera persona por boca del Profeta): «Yo era un tesoro oculto. Quise ser conocido. Por eso, creé el mundo para que se Me conociera». El propósito de la creación es, por lo tanto, el amor de Dios al conocimiento de Sí mismo realizado a través de su agente central en la tierra, la humanidad. Para el ser humano, conocer a Dios es cumplir el propósito de la creación. Además, Dios quiso ser conocido. Por eso, el amor de Dios y el amor a Dios penetra todo el universo, y durante siglos gran parte de la mística islámica de los sufíes ha hablado de ese amor al que Dante se refiere al final de la *Divina comedia* cuando habla del «amor que mueve el sol y las estrellas».

Este *Ḥadīth* sagrado *(ḥadīth qudsī)* habla también de que Dios es "un tesoro escondido", que es un símbolo de la verdad de que todo en el universo tiene su origen en la Realidad divina y es una manifestación de esa Realidad. Todo en el cosmos, visible e invisible, es una teofanía o manifestación de los Nombres y Cualidades divinas y procede del "tesoro" de Dios. La Sabiduría de Dios impregna de este modo el universo, y, de hecho, los musulmanes ven el cosmos como la revelación primordial de Dios. Todo en el universo, al reflejar la Sabiduría de Dios, también le glorifica, pues, como dice el Corán: «No hay nada que no celebre Sus alabanzas» (17, 44). De hecho, la misma existencia de los seres no es otra cosa que su invocación de los Nombres de Dios, y el mismo universo no es sino la consecuencia de la acción del Hálito del Compasivo *(nafas al-Raḥmān)* sobre las realidades arquetípicas de todos los seres en el Intelecto divino. Es por medio de Su Nombre *al-Raḥmān*, que significa el Infinitamente Bueno y Misericordioso, como nace el universo. Es importante señalar que gran parte del Corán está dedicado al cosmos y al mundo de la naturaleza, que desempeña un papel de integración en la vida tradicional de los musulmanes. Todos los ritos islámicos armonizan con los fenómenos naturales, y, en general, los musulmanes ven el mundo de la creación como la primera revelación de Dios, antes de que la Torá, los Evangelios, el Corán y otras Escrituras Sagradas fueran reveladas. Por eso en el Islam, lo mismo que en el judaísmo y el cristianismo medievales, el cosmos es contemplado como un libro en el que se deben leer los "signos de Dios", los *vestigia Dei* de los autores cristianos.

La comprensión islámica de la antropogénesis, la creación de los seres humanos, se asemeja a la del judaísmo y el cristianismo en muchos aspectos, pero también difiere en ciertas cuestiones significativas. De hecho, hay también importantes diferencias entre judaísmo y cristianismo cuando se llega a la cuestión del pecado original. En cuanto a la creación original de Adán, el Corán dice que Dios crea a Adán de arcilla e infunde Su Espíritu en él: «Y alenté mi Espíritu en él» (15, 29). El Corán continúa:

> Y cuando tu Señor dijo a los ángeles: «Pondré en la tierra un vicario *(khalīfah)*», ellos dijeron: «¿Pondrás en ella a quien extienda la corrupción y derrame la sangre, mientras

> nosotros te alabamos y te santificamos?». Respondió: «Yo sé lo que vosotros no sabéis».
>
> E instruyó a Adán en todos los nombres de los seres. Luego los presentó a los ángeles, y dijo: «Informadme de los nombres de estos seres, si sois verídicos».
>
> Ellos dijeron: «¡Alabado seas! No tenemos otro conocimiento que el que Tú nos enseñaste» (2, 30-32).[2]

Entonces, Dios pidió a los ángeles que se postraran ante Adán, y todos lo hicieron, salvo Iblīs, esto es, el Diablo o Satanás, que se negó por orgullo. Dios puso a Adán y a su esposa en el paraíso y les permitió comer los frutos que allí había, excepto el fruto del árbol prohibido. Ahora bien, Satanás "les hizo desviarse" y sobrevino la Caída. Pero se envió una revelación a Adán, que se arrepintió y se convirtió en el primer profeta y en padre de la humanidad.

El relato coránico contiene todas las características principales de la antropología sagrada del Islam y su visión de la naturaleza de los hombres y las mujeres. En primer lugar, Dios eligió al ser humano como representante *(khalīfah)* Suyo en la tierra, lo que significa que dio a los seres humanos poder para dominar la tierra, pero a condición de que permaneciesen obedientes a Él, esto es, como servidores de Dios, o *'abd Allāh*. Hay numerosas referencias coránicas a esta verdad. Los dos rasgos principales del ser humano son el servicio y la representación: ser pasivo hacia el Cielo en sometimiento a la Voluntad de Dios, por una parte, y ser activo como agente de Dios y hacer Su voluntad en el mundo, por otra. Además, a Adán se le enseñaron todos los nombres, lo que significa que Dios puso en la naturaleza humana una inteligencia que ocupa un lugar central y es el medio por el que puede conocer todas las cosas. Ello también significa que los seres humanos son la teofanía, o manifestación visible, de todo lo contenido en los Nombres de Dios. No hay en principio límite a la naturaleza humana para conocer la naturaleza de las cosas (la cuestión de conocer la Esencia divina es un asunto diferente), a menos que exista un obstáculo que la impida funcionar correctamente. Por eso los musulmanes creen que cualquier inteligencia sana y normal será llevada de manera natural a la confirmación de la Unidad y Unicidad divina, y se sienten desorientados cuando los escépticos racionalistas de Occidente se niegan a aceptar al Único (la mayoría de los musulmanes son inconscientes de los obstáculos en el alma del escéptico que reduce la inteligencia a la razón analítica e impide que funcione en su plenitud). Adán, el prototipo de la humanidad, es superior a los ángeles en virtud de su conocimiento de los nombres de todas las cosas, así como por ser el reflejo de todos los Nombres y Cualidades divinas.

En cuanto a Iblīs, su rebelión procede del orgullo al considerar que su naturaleza, que estaba hecha de fuego, era superior a la de Adán, que había sido hecho de arcilla. Se negó a postrarse ante Adán porque el fuego es un elemento más noble que la tierra o la arcilla. No pudo ver el efecto del Espíritu que Dios había infundido en Adán. Por consiguiente, Satanás fue el primero en hacer un uso indebido de la analogía, al tratar de sustituir la inteligencia por el razonamiento lógico ordinario. Su caída estuvo, pues, relacionada también con el ámbito del conocimiento. La falta de un conocimiento total por su parte creó el sentimiento de orgullo, que en el Islam, como en el cristianismo, es el origen de todos los demás vicios.

El Corán menciona a la mujer de Adán, pero no su nombre. Sin embargo, las fuentes del *Ḥadīth* confirman que su nombre era Ḥawwā', o Eva. En realidad, los nombres islámicos para los primeros padres de la humanidad, Ādam y

Ḥawwa', son los mismos que en el judaísmo y el cristianismo. El Corán, sin embargo, no menciona cómo fue creada la mujer. Algunos comentaristas tradicionales han repetido el relato bíblico según el cual Dios la creó de la costilla de Adán, mientras que otras autoridades han mencionado que fue creada de la misma arcilla con la que Dios creó a Adán. Es importante señalar, en cuanto a la visión islámica de la mujer y de su papel en la vida social y religiosa, que, en contraste con la historia bíblica, Eva no tentó a Adán para que comiera la fruta prohibida. Fue Iblīs quien tentó a ambos, y por lo tanto Eva no fue la causa de la expulsión del paraíso. Adán también fue responsable; los dos participaron en el acto que condujo a su caída y, por lo tanto, hombres y mujeres se enfrentan por igual a sus consecuencias. En cuanto a lo que se refiere al fruto prohibido, el Corán no lo menciona explícitamente, pero según los comentarios tradicionales no había sido una manzana, como pensaban cristianos y judíos, sino trigo.

La creación de los seres humanos complementa la creación del cosmos y añade al orden creado un ser central que es representante de Dios, capaz de conocer todas las cosas, de dominar la tierra, con el poder de hacer el bien, pero también de hacer estragos y, de hecho, de corromper la tierra. Según un célebre *Ḥadīth*, «Dios creó al hombre en Su forma», aunque aquí forma no significa imagen física, sino más bien reflejo de los Nombres y Cualidades de Dios. Pero a los seres humanos se les ha dado también la libertad de rebelarse contra Dios, e Iblīs puede ejercer su poder sobre ellos. En realidad, el ser humano contiene dentro de sí mismo todas las posibilidades. El alma es un inmenso campo en el que se manifiestan los signos de Dios. Como afirma el dicho coránico: «Les mostraremos nuestros signos *(āyāt)* en los horizontes y en las almas hasta que se les haga manifiesto que [el Corán] es la verdad» (41, 53). Por lo tanto, en cierto sentido, el ser humano es una revelación igual que el macrocosmos.

Se podría decir que, desde el punto de vista islámico, creación y revelación son inseparables, y que, en realidad, hay tres grandes revelaciones: el cosmos, el estado humano y las religiones, y a las tres el Islam las considera "libros". Está, en primer lugar, el libro cósmico, que debe ser leído y descifrado. Está luego el libro interior del alma, que llevamos dentro de nosotros. Y, finalmente, están las Escrituras Sagradas, que han sido enviadas por Dios por medio de Su Misericordia para guiar a la humanidad a través de los tiempos y que son los cimientos de las diversas religiones y las claves de lectura de los otros dos libros, el del cosmos y el del alma.

Muchas revelaciones, muchos profetas

Desde la perspectiva islámica, la Unidad y Unicidad de Dios tiene como consecuencia no una sola profecía, sino una multiplicidad de ellas, dado que Dios, como Infinito, creó un mundo en el que hay multiplicidad y ésta incluye, por supuesto, el orden humano. Para el Islam, revelación y profecía son necesarias y universales. La humanidad, según el Corán, fue creada de una sola alma, pero luego se diversificó en razas y tribus, pues, como dice el Corán, «os he creado [a la humanidad] de una sola alma» (39, 6). El origen único de la humanidad implica la unidad profunda en la diversidad de la naturaleza humana, y, por consiguiente, la religión basada en el mensaje de la Unidad y Unicidad divinas no podía estar sólo destinada o ser únicamente accesible a una parte de la humanidad. La multiplicidad de razas, naciones y tribus exige la diversidad de las revelaciones. Por tanto, el Corán afirma, por una parte, que «a todos los pueblos [hemos enviado] un mensajero» (10, 48), y, por otra, que «para cada uno [cada pueblo] hemos dado una Ley divina y un camino. Si Dios hubiera querido, habría hecho de vosotros una sola comunidad. Pero quería probaros en lo que os dio. Así pues, rivalizad entre vosotros en buenas obras. Todos vosotros volveréis a Dios, y Él os informará de aquello en que diferíais» (5, 48). Según éste y otros versículos, la multiplicidad de las religiones no sólo es necesaria, sino que es también un reflejo de la riqueza de la naturaleza divina y es querida por Dios.

Religión *(dīn)*, revelación *(waḥy)* y profecía *(nubuwwah)* tienen un sentido claro en el contexto de la cosmovisión islámica y, por lo tanto, es necesario definirlas con cuidado en el contexto moderno, en el que todos estos términos se han vuelto ambiguos en el discurso ordinario. La palabra más próxima al término occidental "religión" es *dīn* en árabe, término que muchos dicen deriva de una raíz que significa "obedecer, someterse, humillarse ante Dios". *Al-dīn* significa religión en su sentido más amplio, como norma sagrada según la cual debe moldearse toda la vida. Es un modo de vida global basado en las enseñanzas procedentes de Dios. Estas enseñanzas llegan a la humanidad mediante la revelación, lo que significa la transmisión directa de un mensaje desde el cielo (entendiéndose la revelación al margen de todas las complicaciones psicológicas que ha adquirido en gran parte del pensamiento religioso occidental). Por otra parte, no se debe confundir la revelación con la inspiración *(ilhām)*, que es posible para todos los seres humanos.

El Islam ve la revelación no como una encarnación en el sentido hindú o cristiano, sino como el descenso de la Palabra de Dios en forma de Escritura Sagrada a un profeta. De hecho, el Corán utiliza el término "libro" *(kitāb)* no sólo para el Corán, sino también para todos los demás libros sagrados y la totalidad de las revelaciones. El Corán considera que todas las revelaciones están contenidas en ese "Libro arquetípico" o *Umm al-kitāb* (literalmente, "el Libro Madre"), y que las Escrituras Sagradas están emparentadas puesto que transmiten el mismo mensaje básico de la religión primordial de la unidad en lenguas y contextos diferentes. Como dice el Corán: «Nunca enviamos un mensajero si no es con la lengua de su pueblo» (14, 4). Aunque el Corán dice que «la religión ante Dios es *al-islām*» (3, 19), o afirmaciones similares, *al-islām* se refiere a esa entrega universal al Único y a la religión primordial contenida en el núcleo de todas las religiones inspiradas celestialmente, no sólo al Islam en su sentido más particular. Existe, además, un criterio de verdad y falsedad en lo que se refiere a las religiones, y la confirmación del Corán de la universalidad de la revelación no significa que todo lo que haya pasado por religión ayer u hoy, sea auténtico. A lo largo de la historia han existido religiones y profetas falsos, a los que también se refirió Cristo, así como religiones que se corrompieron o desviaron de su forma original.

El Islam se considera heredero de esta larga cadena de profetas que se remonta hasta Adán, y cree que todos ellos, en número de 124.000 según la tradición, son también suyos. No cree, sin embargo, haber heredado sus enseñanzas gracias a una transmisión histórica y temporal, pues el Profeta no debe nada a nadie y recibe todo del Cielo, pero cree que su mensaje tiene el carácter de sello definitivo. El Islam se considera a la vez la religión primordial, el retorno a la religión de la unidad y la unicidad, y la religión final; el propio Corán llama al Profeta del Islam "Sello de los profetas". Y, de hecho, mil cuatrocientos años de historia han confirmado la pretensión del Islam, pues durante todo ese tiempo no ha existido otra manifestación plena de la Verdad como las que dieron lugar al nacimiento del budismo y el cristianismo, por no hablar de las grandes religiones anteriores. Su carácter de primordialidad y su carácter conclusivo han conferido al Islam su rasgo de universalidad y la capacidad de absorber intelectual y culturalmente gran parte de lo que llegó antes de él. Ha hecho también espiritualmente vivas las presencias proféticas que le precedieron, de manera que figuras como Abraham, Moisés y Cristo, por ejemplo, desempeñan un papel mucho mayor en el universo espiritual del Islam de lo que lo hacen Abraham y Moisés en el universo cristiano.

Al hablar del carácter conclusivo de la revelación islámica para este ciclo de la historia humana, que durará hasta los acontecimientos escatológicos del final del tiempo histórico, debemos decir algo sobre el "orden" y la "economía" de la revelación desde el punto de vista islámico. Los musulmanes creen que cada revelación sucede por la Voluntad divina, pero también sobre la base de una economía espiritual y no por ningún medio *ad hoc*. Cada revelación cumple una función principal en la historia humana considerada desde el punto de vista religioso. Por ejemplo, en torno al paso del siglo -VI al -V, momento que marca también la transición del tiempo mitológico al tiempo histórico, se produjo un cambio cualitativo en la marcha del tiempo, tiempo que para el Islam, como para el hinduismo, no es simplemente lineal. Ése es el momento en que los mitos de Homero y Hesíodo ceden terreno como flores de la historia griega y los relatos de las dinastías persas míticas quedan atrás cuando toma forma el Imperio persa. Desde el punto de vista humano, este cambio cualitativo en la vida terrestre de la humanidad exigía nuevos decretos del Cielo, y, desde la perspectiva metafísica, tales decretos marcaron el nuevo capítulo de la historia humana que entonces comenzaba.

Este período, que filósofos como Karl Jaspers han denominado la Era Axial, fue testigo de la aparición de Confucio y Lao-Tsé en China, con la nueva cristalización de la tradición china primordial en el confucianismo y el taoísmo, y la aparición del shintoísmo en Japón y el comienzo de la vida terrenal de los emperadores solares que marcaron el principio de la civilización histórica japonesa. Esta época fue testigo también de la vida del Buda, cuya enseñanza se difundió a través de la India y el Tibet y pronto transformó la vida religiosa del este y el sudeste de Asia. Casi al mismo tiempo, vemos aparecer a Zoroastro, que estableció el zoroastrismo en Persia y cuyas enseñanzas influyeron de forma notable en la vida religiosa posterior del Asia occidental. Finalmente, hacia la misma época se asiste al auge de Pitágoras y el pitagorismo, que fue fundamental para la vida espiritual de la Grecia antigua y de donde nació el platonismo. Este grupo extraordinario de personajes, que incluye también a varios de los profetas hebreos, y a los que los musulmanes consideran profetas, transformó la vida religiosa de la humanidad, aunque las religiones todavía vivas y viables del período anterior, como judaísmo e hinduismo, sobrevivieran. Por otra parte, esta lista de figuras no agota todos los sabios y profetas notables de la Era Axial.

Se podía pensar que el ciclo de revelación había terminado en la Era Axial. Pero la decadencia de las religiones griega y romana en torno a la cuenca mediterránea, y el debilitamiento de las religiones del norte de Europa, crearon un vacío que sólo una nueva revelación podía llenar. En consecuencia, Dios reveló el cristianismo. Aunque originalmente fuera una religión semítica, de manera providencial pronto se convirtió en una religión en alguna medida helenizada, y Cristo fue casi transformado en un héroe solar "ario" para los europeos, que estaban destinados a encontrar el camino de salvación a través de este nuevo designio del cielo. Sin duda no fue accidental que en Europa el cristianismo permaneciera fuerte y unificado, mientras que en el Mediterráneo oriental y el norte de África, destinados a formar parte de la futura "morada del Islam", se hendiera en numeras y pequeñas denominaciones que luchaban tanto entre sí como contra Bizancio.

Esta situación, sumada a la debilidad interna del zoroastrismo en el Imperio persa y de algunas otras religiones en otras partes, creó otro vacío que iba a ser llenado, esta vez por una nueva religión semítica: el Islam. El Islam, como el judaísmo, permaneció fiel a su origen semítico, pero, como el cristianismo, no se limitó a un grupo étnico particular. De este modo, el Islam vino a reafirmar la doctrina plena de la Unidad divina a una escala universal después de la Era Axial y la aparición del cristianismo, poniendo, en cierto sentido, el último ladrillo en ese muro de oro que es la revelación. Con él, la estructura del muro se completó y, en lo que a los musulmanes se refiere, aunque se puedan producir pequeños movimientos religiosos en uno u otro lugar, no habrá ninguna otra revelación plena después del Islam según la Divina Providencia y la economía espiritual de los planes de Dios para la humanidad actual. Cuando se pregunta a los musulmanes cómo saben que eso es así, ellos señalan el propio Corán y el hecho de que ninguna revelación anterior hizo nunca explícita esa pretensión. Al ser la religión final de este ciclo, el Islam no sólo está estrechamente relacionado con sus monoteísmos hermanos, judaísmo y cristianismo, sino que posee también un nexo interno con las religiones de la Edad Axial, así como con el hinduismo. Este nexo es el que hace que al Islam le resulte más fácil que al cristianismo incorporar gran parte de la sabiduría del hinduismo y de las religiones de la Era Axial, desde el budismo y el pitagorismo al zoroastrismo e incluso más tarde al confucianismo, en su perspectiva sapiencial.

Paradójicamente, la insistencia del Islam en Dios como el Único y el Absoluto ha tenido como concomitante la aceptación de la multiplicidad de profetas y revelaciones, y ninguna Escritura Sagrada es más universalista en su comprensión de la religión que el Corán, cuya perspectiva respecto a la universalidad de la revelación puede ser considerada un "triunfalismo vertical". En contraste, en el cristianismo, debido al énfasis en el Dios Trino, el Dios Único es más contemplado en términos de la relacionalidad de las tres hipóstasis, lo que se podría denominar "relatividad divina"; la visión de la manifestación de lo divino se confinaba así al Hijo único y la encarnación, en la que quedó absorbida la luz de todos los profetas anteriores. En el cristianismo, está la visión del Dios Trino y un mensaje de salvación y un salvador únicos, de ahí el *extra ecclesiam nulla salus* (fuera de la Iglesia no hay salvación), mientras que en el Islam está el Dios Único y los numerosos profetas. Aquí se encuentra la diferencia principal entre la manera en que los musulmanes han considerado a judíos y cristianos a lo largo de los siglos y la manera en que los cristianos han considerado a judíos y musulmanes, así como a los seguidores de otras religiones. Para los musulmanes, el Corán completa el mensaje de los textos sagrados anteriores sin infravalorar de ningún modo su importancia. De hecho, en el texto del Corán se mencionan por su nombre la Torá y los Evangelios como Escrituras Sagradas junto con el Corán. Igualmente, aunque el Profeta concluye la larga cadena de la profecía, los profetas anteriores no pierden en absoluto su importancia espiritual. Más bien aparecen en el cielo islámico como estrellas, mientras que el Profeta es como la luna en ese firmamento.

El Corán

La Escritura Sagrada del Islam, conocida en árabe por muchos nombres, de los que el más conocido es *al-Corán*, "la Recitación", es considerada por todos los musulmanes, cualquiera que sea la escuela a que pertenezcan, como la revelación literal de la Palabra de Dios hecha descender al corazón, alma y mente del Profeta del Islam por mediación del arcángel de la revelación, Gabriel, o Jibra'īl en árabe. Tanto las palabras como el significado del texto se consideran sagrados, como lo es todo lo que se relaciona con él, como la salmodia de sus versículos o la caligrafía de sus frases. Los musulmanes nacen con los versículos del Libro, al que llaman "el noble Corán", leídos junto a su oído, pasan toda su vida escuchando sus versículos y repitiendo también algunos capítulos durante sus oraciones cotidianas, contraen matrimonio con el acompañamiento de la recitación coránica y mueren escuchando cómo se canta junto a ellos.

El Corán (o Corán) es la teofanía central del Islam, la fuente fundamental de su metafísica, y en él se encuentra su cosmología, teología, ley, ética, historia sagrada y su cosmovisión general. En cierta manera, el alma del musulmán tradicional es como un mosaico compuesto de las frases del Corán, que se repiten a lo largo de toda la vida, como la *basmalah*, "en el Nombre de Dios, el Clemente, el Misericordioso", con la que comienzan y se consagran todos los actos legítimos; *alḥamduli'Llāh*, "alabanza a Dios", con que se termina una acción o acontecimiento en actitud de agradecimiento; *inshā'a'Llāh*, "si Dios quiere", que acompaña cualquier expresión referente al futuro, pues el futuro está en manos de Dios y nada sucede sino por medio de su voluntad. Incluso el saludo diario de los musulmanes, *as-salāmu 'alaykum*, "la paz sea contigo", que enseñó el Profeta a sus compañeros como el saludo de quienes están en el paraíso, procede del Corán. Como han señalado algunos estudiosos occidentales del Islam, tal vez no haya un solo libro que sea tan influyente en una religión como lo es el Corán en el Islam.

Para comprender plenamente la importancia del Corán, el occidental de origen cristiano debe entender que, aunque el Corán pueda compararse en cierto sentido con el Antiguo y el Nuevo Testamento, sería más real compararlo con el propio Cristo. En el cristianismo, el espíritu y el cuerpo de Cristo son sagrados, y él es considerado la Palabra de Dios. El Corán es igualmente para los musulmanes la Palabra de Dios *(kalimat Allāh)*, y tanto su significado interior, o espíritu, como su cuerpo, o forma externa, el texto en la lengua árabe en que fue revelado, son sagrados para ellos. El árabe es la lengua sagrada del Islam, y el árabe coránico desempeña en el Islam un papel análogo al papel del cuerpo de Cristo en el cristianismo. Además, así como los cristianos consumen el pan y el vino como símbolos de la carne y la sangre de Cristo, los musulmanes pronuncian, utilizando el mismo órgano del cuerpo, esto es, la boca, la Palabra de Dios en las oraciones diarias. Los métodos racionalista y agnóstico de la crítica académica aplicada por algunos investigadores occidentales al texto del Corán, que no fue compilado pasados muchos siglos, como ocurrió con el Antiguo y el Nuevo Testamento, es para los musulmanes tan doloroso como una blasfemia, como lo sería para los creyentes cristianos que algunos arqueólogos musulmanes pretendieran haber descubierto algún resto físico de Cristo y emplearan el análisis del ADN para determinar si nació milagrosamente o fue hijo de José.

En cualquier caso, para los propios musulmanes, sunníes y chiíes por igual, hay un solo texto del Corán, que consta de ciento catorce capítulos con unos seis mil versículos revelados al Profeta del Islam en La Meca y Medina en los veintitrés años de su misión profética. Los versículos fueron memorizados por los compañeros, que eran árabes de memoria prodigiosa, tal como habían sido recibidos y luego pronunciados por él. Los versículos fueron escritos por amanuenses. El orden de los capítulos del Corán fue dado por el Profeta por orden divina. Durante el califato del tercer califa, 'Uthmān, unos veinte años después de la muerte del Profeta, cuando muchos de los que habían memorizado el Corán fueron muriendo en diversas batallas, el texto completo del Corán se copió en varios manuscritos y se envió a los cuatro rincones del mundo islámico. Las copias posteriores se basan en esta temprana compilación definitiva.

Se dice en el Islam que Dios concede a cada profeta un milagro que corresponde a lo que era importante en su época. Puesto que la magia era tan importante en Egipto, Dios dio a Moisés el poder de transformar su vara en una serpiente. Dado que la medicina era un arte tan importante en la época de Cristo, Dios le concedió el milagro de resucitar a los muertos a la vida. Y puesto que la elocuencia poética era la más valorada de todas las virtudes entre los árabes preislámicos, Dios reveló a través del Profeta la más elocuente de todas las obras árabes. De hecho, se dice que el milagro mayor del Islam es la elocuencia del Corán. Su elocuencia no sólo movió el corazón y el alma de aquellos árabes del siglo VII que fueron los primeros en escucharle, sino que conmueve también actualmente hasta las lágrimas a los creyentes musulmanes de todo el mundo, incluso aquellos cuya lengua materna no es el árabe, pues el árabe es la lengua de las oraciones diarias de todos los musulmanes, árabes y no árabes por igual. La gracia, o *barakah* (que corresponde etimológicamente y en su significado al término hebreo *barak*), del texto transciende su mensaje mental y mueve a las almas hacia Dios de la misma manera que, en Occidente, escuchar el canto gregoriano en latín ha conmovido profundamente durante siglos incluso a aquellos que no comprendían las palabras latinas. Por supuesto, lo mismo se puede decir de la misa en latín, cuya hermosa liturgia fue de importancia crucial durante unos mil quinientos años incluso para aquellos católicos que no sabían latín.

El Corán tiene muchos nombres, cada uno de los cuales revela un aspecto de su realidad. Es *al-Corán*, o "recitación", que significa también "reunión" o "concentración". Es *al-Furqān*, o "discernimiento", porque proporciona los criterios para discernir entre la verdad y la falsedad, entre la bondad y la maldad, entre la belleza y la fealdad. Es *Umm al-kitāb*, el libro arquetípico que contiene la raíz de todo conocimiento, y es *al-Hudā*, la guía para el viaje de hombres y mujeres hacia Dios. Para los musulmanes, el Corán es la fuente de todo conocimiento, externo e interno, el fundamento de la ley, la guía suprema de la conducta ética, y una red con la que el Pescador divino atrapa el alma humana y la lleva de nuevo a la Unidad.

El Corán contiene varios grandes temas. En primer lugar, trata de la naturaleza de la realidad, la Realidad divina y su relación con el reino de la relatividad. Segundo, el Corán dice mucho sobre el mundo natural, y en cierto sentido la visión islámica del cosmos es una parte de la revelación coránica. Además, contiene muchas páginas sobre historia sagrada, pero estos episodios se relatan más por su sentido en tanto que enseñanzas para la vida interior del alma que como relatos históricos de épocas pasadas. La historia sagrada del Corán contiene, sobre todo, enseñanzas morales y espirituales para nosotros aquí y ahora.

El Corán se ocupa también de las leyes para el individuo y la sociedad, y es la fuente más importante de la Ley islámica, o *Sharī'ah*. Además, el Corán insiste una y otra vez en la cuestión de la ética, el bien y el mal, y la importancia de llevar una vida virtuosa. Finalmente, el Corán habla, sobre todo en sus últimos capítulos, en un lenguaje majestuoso sobre los acontecimientos escatológicos, sobre el fin de este mundo, el día del Juicio, el paraíso, el purgatorio y el infierno. El lenguaje del Corán, especialmente cuando trata de las realidades escatológicas, es concreto y simbólico, no abstracto ni descriptivo en el sentido ordinario, lo que sería en cualquier caso imposible cuando se trata de realidades que nuestra imaginación terrenal no puede captar. Esta característica ha hecho que muchos criticaran desde fuera el Corán por sus alusiones sensuales a las delicias del paraíso, como si se tratara simplemente de una sublimación de las alegrías y los placeres terrenales. En realidad, toda alegría y deleite de este mundo, en especial la sexualidad, que es sagrada para el Islam, es el reflejo de un prototipo paradisíaco, no al revés.

Según el Profeta y muchas de las autoridades más antiguas como 'Alī y Ja'far al-Ṣādiq, el Corán tiene múltiples niveles de significado, el más elevado de los cuales es conocido sólo por Dios. De la misma manera que Dios es el Exterior *(al-Ẓāhir)* y el Interior *(al-Bāṭin)*, Su Libro tiene también una dimensión exterior y una dimensión interior, o, en realidad, varios niveles de significado interior. A lo largo de la historia islámica, se han escrito comentarios coránicos desde ambos puntos de vista, el exterior y el interior. El primero se llama *tafsīr* y el segundo *ta'wīl*. Los trabajos de ambas categorías son cruciales para la comprensión del texto del Corán, pues cada palabra y cada letra son como un ser vivo con numerosos niveles de significado, incluido el simbolismo numérico, que se estudia en la ciencia denominada *jafr*, correspondiente a la Cábala judía y cristiana.

Los capítulos *(sūrahs)* y versículos *(āyahs)* del Corán son el camino y el poste indicador del viaje terrenal del musulmán. La raíz de todo lo islámico, desde la metafísica y la teología hasta la ley y desde la ética hasta las ciencias y las artes, se puede encontrar en él. Cada movimiento que ha surgido en la historia islámica, sea religioso, intelectual, social o político, ha buscado su legitimación en el Corán, y el flujo permanente de la vida diaria de los musulmanes tradicionales no afectados por esos movimientos estuvo igualmente marcado en un hondo sentido por la presencia del Corán. Los juristas han tratado de interpretar sus versículos legales y los sufíes su significado interior. Los filósofos han sacado de él sus expresiones filosóficas y los teólogos han debatido sus afirmaciones sobre la naturaleza de los Atributos de Dios y Su relación con el mundo. Hoy, como cuando fue revelado, el Corán sigue siendo la realidad fundamental del Islam y el núcleo de la vida musulmana en sus aspectos individuales y sociales.

El Profeta del Islam

El Profeta del Islam, a quien en adelante nos referiremos simplemente como "el Profeta", es la realidad del universo islámico peor comprendida por Occidente. Durante más de mil años ha sido difamado por diversas fuentes europeas como apóstata, simulador, e incluso como el Anticristo, y se ha tenido que esperar más de mil años, hasta el siglo XX, para ver aparecer un tratamiento justo de él en las lenguas europeas. Hasta hace poco, los cristianos lo comparaban con frecuencia, por supuesto de forma muy desfavorable, con Cristo, dando por supuesto que ocupaba la misma posición en el Islam que ocupa Cristo en el cristianismo. Por eso, los occidentales hablaban hasta hace unas décadas de "mahometismo" y "mahometanos", términos detestados por los musulmanes, y concentraban sus ataques contra él para infamar al Islam. Incluso aquellos que admitían sus extraordinarios logros en este mundo se negaban a aceptarle como profeta. Los ataques cristianos contra él fueron, de hecho, el elemento más doloroso y divisor en la relación del Islam con el cristianismo a lo largo de los siglos. Todavía hoy, el malentendido general que sobre el Profeta existe en Occidente sigue siendo un gran obstáculo para el entendimiento mutuo. En la época moderna, algunos escritores occidentales opuestos al cristianismo trataron de utilizar al Profeta como instrumento en sus ataques contra el cristianismo sin ninguna valoración o entendimiento real del Profeta. Rara vez se encuentra en la historia occidental más antigua una figura como el poeta alemán Goethe, que abrigaba un profundo respeto, e incluso amor, por el Profeta.

Para comprender el corazón del Islam es esencial, por lo tanto, comprender la importancia del Profeta desde el punto de vista de los musulmanes tradicionales, no de los musulmanes modernistas, que desdeñan su dimensión espiritual, o de los llamados reformadores puritanos que, por otras razones, menosprecian su importancia en la economía religiosa global del Islam. El Corán afirma claramente que el Profeta era un hombre y no un ser divino, pero añade también que Dios le eligió como Su mensajero final, "Sello de los profetas", que le fue otorgada la más noble y elevada condición, y que fue escogido como modelo al que los musulmanes debían emular, como se menciona en este versículo: «En el Mensajero de Dios tenéis un ejemplo excelente para el que piensa en Dios y en el último día y recuerda a Dios a menudo» (32, 21). Este versículo es la base para la emulación de la *Sunnah*, o costumbres (en el sentido de acciones y hechos) del Profeta, que es central para todo el Islam. Para los musulmanes, el Profeta es un hombre mortal *(bashar)*, pero también la criatura más perfecta de Dios, o lo que los sufíes, los místicos del Islam, llaman el Hombre Universal *(al-insān al-kāmil)*. Como dice un poema sufí recitado con frecuencia en todo el mundo islámico:

> *Muḥammad es un hombre, pero no como los demás.*
> *Es como un rubí, mientras que los demás son como piedras.*

El Profeta nació en La Meca el "año del elefante", esto es, el año 570, en una rama aristocrática de una tribu principal de La Meca conocida como Quraysh. Su familia descendía de Hāshim, por eso él y sus descendientes son conocidos como hachemíes, que era una rama de los Quraysh. Su padre, 'Abd Allāh, murió antes de que él naciera, y su madre, Āminah, murió también cuando Muḥammad, cuyo nombre más célebre significa "el más alabado", era muy joven, dejándole huérfano. Fue criado en la casa de su tío Abū Ṭālib, el padre de 'Alī, cuarto califa sunní y primer Imam del chiísmo. El joven Muḥammad pasó también algún tiempo con los beduinos en el desierto, para dominar la elocuencia árabe y aprender sus recursos, lo que había sido costumbre del pueblo de La Meca desde la antigüedad. Desde su juventud fue conocido por su honradez y sinceridad, y se le dio el título de al-Amīn, "el Leal". Tenía también una fuerte tendencia contemplativa que le hacía retirarse a menudo al desierto para orar. Aunque en esa época los mequíes practicaban una forma burda de idolatría, había entre ellos quienes todavía seguían el monoteísmo primordial de Abraham, y a ellos se alude en el Corán como los *ḥunafā'*, los primordialistas. El Profeta fue uno de ellos y creía en el único Dios aun antes de ser elegido profeta.

Cuando era todavía joven, Muḥammad empezó a viajar

con las caravanas a Siria, y los musulmanes piensan que fue durante uno de esos viajes cuando un monje cristiano, Baḥīrah, predijo que se convertiría en profeta. Por su honradez y seriedad, que se había hecho famosa, llamó la atención de una rica mujer de negocios de La Meca, Khadījah, que era quince años mayor que él pero que le propuso matrimonio y le pidió que se hiciera cargo de sus negocios. Muḥammad aceptó y tuvo un matrimonio muy feliz, del que nacieron cuatro hijas, la más conocida de las cuales es Fāṭimah. Ésta se casó más tarde con 'Alī y es la madre de todos los descendientes del Profeta, que son llamados *sayyids* o *sharīfs* y que han desempeñado un extraordinario papel en la historia islámica. El Profeta tuvo un matrimonio monógamo hasta que Khadījah murió cuando él tenía cincuenta años. Fue únicamente en los últimos años de su vida cuando contrajo otros matrimonios, la mayoría de ellos con el propósito político de unificar a las diversas tribus árabes.

Cuando Muḥammad tenía cuarenta años y estaba rezando en una cueva denominada al-Ḥira', cerca de La Meca, el arcángel Gabriel llegó a él con los primeros versículos de la revelación que constituyen el comienzo de la sura 96, «El coágulo». Así comenzó su misión profética, que iba a cumplir en la situación más difícil que se pueda pensar, pues era un mensaje de monoteísmo inflexible en una ciudad que era el centro de la idolatría árabe. La Ka'bah, o Casa de Dios, que está en el centro de La Meca y es el lugar más santo del Islam, fue construida en origen, según la creencia musulmana, por el mismo Adán, y reconstruida por Abraham. Pero este santuario primordial se había llenado con los ídolos de las diversas tribus que regularmente visitaban La Meca en peregrinación. En consecuencia, La Meca se había convertido en un centro principal para el comercio, y gran parte del poder y la riqueza de los mequíes se debía a la presencia de la Ka'bah en su ciudad. El mensaje del Profeta golpeó, por tanto, no sólo el corazón de la religión, sino también la fuente de poder y riqueza de los habitantes de su ciudad, incluida su familia.

Al principio, sólo Khadījah, 'Alī y Abū Bakr, viejo amigo del Profeta, aceptaron el mensaje que se les reveló. Sin embargo, poco a poco algunos otros, incluidas personalidades eminentes como 'Umar ibn al-Khaṭṭāb, que debía convertirse más tarde en el segundo califa después de Abū Bakr, y 'Uthman ibn 'Affān, futuro tercer califa, abrazaron el Islam. El propio éxito de la misión del Profeta hizo que la oposición a él y a sus seguidores se endureciera cada día más. Hubo varios atentados contra su vida hasta que, en el año 622, después de acuerdos con los emisarios enviados desde la ciudad de Yathrib, al norte de La Meca, emigró por mandato divino a esa ciudad junto con sus seguidores. Esa emigración, llamada en árabe *al-hijrah*, marca el momento decisivo de la historia islámica, cuando el Islam pasó de ser un pequeño grupo de devotos a una comunidad de pleno derecho. Yathrib llegó a ser conocida como *Madīnat al-nabī*, la Ciudad del Profeta, y es conocida hasta el día de hoy con el nombre de Medina. Aquí se fundó la primera sociedad islámica, que ha seguido siendo el modelo ideal para todas las sociedades islámicas posteriores.

Poco antes de la emigración, se produjo un acontecimiento de suprema importancia espiritual y religiosa en la vida del Profeta, acontecimiento que se menciona también en el Corán. Según la tradición islámica, fue transportado por Gabriel, en un caballo sobrenatural llamado al-Burāq, en lo que se denomina el "viaje nocturno" o *al-mi'rāj*, de La Meca a Jerusalén. Luego, desde el lugar en que ahora se sitúa la mezquita de la Cúpula de la Roca, fue llevado a través de todos los cielos, esto es, de todos los estados superiores del ser, hasta la presencia divina, encontrando en el viaje a profetas anteriores como Moisés y Jesús. El *mi'rāj* es el prototipo de todo caminar y realización espiritual en el Islam, e incluso su estructura sirvió de modelo a *La divina comedia* de Dante. Además, las experiencias de este viaje celestial constituyen la realidad interior de las oraciones cotidianas islámicas y también la culminación de la realización de su forma exterior.

Fue durante este viaje cuando el Profeta accedió a la presencia divina, más allá incluso de los estados paradisíacos de la estación que marca la frontera de la existencia universal; más allá de esta estación, que el Corán llama el "Árbol de Loto del Fin Supremo", no hay nada más que el misterio oculto de Dios que sólo Él conoce. Fue en este estado supremo donde el Profeta recibió la revelación que contiene lo que podemos considerar el núcleo del credo del Islam: «El Mensajero cree, y los fieles creen, en lo que le ha sido revelado por su Señor. Todos ellos creen en Dios y en Sus ángeles y en Sus libros y en Sus mensajeros: no hacemos ninguna distinción entre ninguno de Sus mensajeros. Y ellos dicen: oímos y obedecemos; concédenos Tú, nuestro Señor, Tu perdón; Eres Tú el fin de todo» (2, 285).[3]

Jerusalén había sido la primera dirección hacia la que miraban los musulmanes cuando oraban *(qiblah)*, antes de que fuera reemplazada por La Meca por mandato divino, y se considera también que es el lugar de los acontecimientos escatológicos al final del tiempo, según la tradición islámica. Pero el Viaje Nocturno hizo a Jerusalén aún más importante para los musulmanes. En realidad, las tres ciudades santas del Islam, a saber, La Meca, Medina y Jerusalén, están indisociablemente ligadas con la vida del Profeta.

En Medina, la comunidad naciente tuvo que hacer frente enseguida a los ataques de los mequíes, y se libraron varias guerras denominadas *maghāzī*, en las que habitualmente los musulmanes prevalecieron contra todo pronóstico. Finalmente, el mensaje del Islam se extendió por toda Arabia. El Profeta volvió triunfalmente a La Meca, perdonando a todos aquellos que tanto daño le habían hecho a él y a sus seguidores. Purificó la Ka'bah de los ídolos que había en su interior y encima de ella, y luego realizó, junto con otros ritos, circumambulaciones de la Casa de Dios, siguiendo el ejemplo de Abraham, una peregrinación llamada *ḥajj*, que continúa siendo actualmente uno de los "pilares" o elementos fundamentales de la religión. Pero no permaneció en la ciudad en la que había nacido y había sido educado. Por el contrario, volvió a Medina, donde murió en 632, después de tres días de enfermedad. Fue enterrado en su propia casa, que estaba contigua a la mezquita que había construido. Llamada Mezquita del Profeta, o Masjid al-nabī, es el modelo original de todas las mezquitas posteriores y es visitada hasta el día de hoy por millones de peregrinos musulmanes que acuden todos los años desde todas las partes del mundo.

El Profeta murió después de unificar Arabia, acabar con la violencia imperante y establecer la paz entre tribus que habían estado luchando entre sí desde tiempo inmemorial. Con pocos medios, un hombre que había sido huérfano y había pasado por grandes sufrimientos, echó los cimientos de una nueva sociedad y una nueva civilización religiosa que pronto debía dejar su marca en gran parte del mundo, comenzando así un nuevo capítulo de la historia humana. Este breve relato de la vida del Profeta se basa en la manera en que los musulmanes contemplan la vida del fundador de su religión. Para comprender el Islam, es fundamental captar la importancia que esta historia tiene para los musulmanes y no aceptar ciegamente lo que los antiguos polemistas revisionistas cristianos o los historiadores agnósticos contemporáneos puedan haber escrito en Occidente sobre él.

Para comprender la importancia del Profeta en el Islam es necesario recordar que los grandes fundadores de religiones son de dos tipos. El primero está formado por aquellas figuras que predican el desapego del mundo y una vida espiritual no enredada en los asuntos mundanos ordinarios, con toda su ambigüedad y complejidad. Ejemplos supremos de este tipo se encuentran en Cristo y el Buddha, que fundaron lo que fueron originalmente pequeñas comunidades al margen de las condiciones políticas, sociales y económicas de la sociedad en general y no integradas en ella. Cristo, que dijo que su reino no era de este mundo, no se casó y no fue dirigente ni gobernante de una sociedad humana, y el Buddha abandonó su vida matrimonial de príncipe para entregarse a la vida monástica y llegar a la iluminación.

El segundo tipo está ejemplificado por Moisés, David y Salomón en el mundo abrahámico y por Rama y Krishna en el hinduismo. Esas figuras, se las considere profetas o avataras, entraron en las complejidades del orden humano ordinario para transformarlo y santificarlo. Los profetas hebreos, así como algunas figuras avatáricas del hinduismo, fueron también líderes políticos y gobernantes de comunidades humanas. Se casaron y tuvieron hijos, y por ese motivo parecen, a quienes han sido educados según la deslumbrante perfección espiritual de Cristo o el Buddha, demasiado inmersos en la vida del mundo y, por consiguiente, menos perfectos. Ese juicio olvida que, una vez que cristianismo y budismo se convirtieron en la religión de toda una sociedad, también tuvieron que tratar con las realidades terrenales de la sociedad humana, con la justicia, la guerra y la paz, con la cuestión de la familia y las relaciones sexuales.

En cualquier caso, el Profeta debe ser considerado dentro de la segunda categoría. Su carácter contemplativo era interior, pero exteriormente tuvo que afrontar casi cualquier situación humana imaginable. Las experimentó siendo huérfano, viviendo la vida de comerciante, sufriendo persecución. Lloró profundamente la muerte de su amada esposa Khadījah y de su hijo de dos años Ibrāhīm, pero conoció también la felicidad de la vida familiar y el triunfo final en el mundo. Él, que amaba la soledad y la contemplación, tuvo que hacer frente a los asuntos de los hombres y las mujeres, con todas sus fragilidades y defectos. Tuvo que gobernar toda una sociedad y ejercer de juez en los casos de quejas de unas facciones contra otras. Se podría decir que su misión fue la de santificar toda la vida y crear un equilibrio en la vida humana que pudiera servir de base a la entrega y la anulación ante la Verdad divina.

En cada religión, todas las virtudes de los fieles derivan de las que estaban presentes en el fundador de su religión. De la misma manera que ningún cristiano puede pretender poseer una virtud que no fuera poseída en una medida suprema por Cristo, ningún musulmán puede poseer alguna virtud que el Profeta no poseyera en el grado más eminente. Más específicamente, el Profeta ejemplifica las virtudes de humildad, nobleza, magnanimidad y caridad, veracidad y sinceridad. Para los musulmanes, el Profeta es el modelo perfecto de humildad absoluta ante Dios y el prójimo; de nobleza y magnanimidad de alma, que significa ser estricto con uno mismo pero generoso, caritativo e indulgente con los otros; y, finalmente, de sinceridad perfecta, que significa ser totalmente veraz con uno mismo y con Dios. Esta virtud islámica suprema exige la disolución de nuestro ego ante Dios, pues, como dice el dicho sufí, «aquel cuya alma no se derrite como la nieve en la mano de la religión [es decir, de la Verdad], la religión se derrite en su mano como la nieve».[4]

El amor al Profeta incumbe a todos los musulmanes y, de hecho, constituye un aspecto básico de la vida religiosa del

Islam. Se podría decir que este amor es la clave del amor a Dios, pues para amar a Dios, Dios debe amarnos primero, y Dios no ama a quien no ama a Su mensajero. El Profeta es tratado con la mayor estima y respeto. Tiene muchos nombres, como Aḥmad ("el más digno de alabanza de los que alaban a Dios"), 'Abd Allāh ("servidor de Dios"), Abu'l-Qāsim ("Padre de Qāsim"), y al-Amīn ("el Leal"), así como Muḥammad. Siempre que se menciona uno de estos nombres, se hace seguir de la fórmula "que la paz y las bendiciones sean con él". Se considera una falta de respeto mencionar su nombre o el nombre de cualquier otro profeta sin invocar la bendición de la paz para ellos. La invocación de bendición para el Profeta es tan importante para los musulmanes que se podría decir que es el único acto realizado tanto por Dios como por los seres humanos, pues, como dice el Corán: «Dios y Sus ángeles bendicen al Profeta. ¡Oh, los que creéis! Pedid bendiciones para él y saludadle con un saludo digno» (33, 56).

El amor y respeto por el Profeta se extienden también a otros profetas que están espiritualmente vivos en el universo islámico. En realidad, los musulmanes no consideran que el hecho de que el mensaje del Profeta fuera definitivo signifique que fuera también exclusivo. El Profeta es para ellos la persona que aman y admiran como la criatura más perfecta de Dios y la continuación de la larga cadena de profetas con los que está interiormente conectado. Un musulmán devoto nunca pensaría en alabar al Profeta mientras denigra a los profetas que vinieron antes que él, especialmente los mencionados en el Corán. En el sentido metafísico, el Profeta es la manifestación del Logos y el Logos mismo, el principio del ciclo profético y su final, y, siendo su final y su sello, contiene en su interior, desde un punto de vista interior y esencial, toda la función profética. En este sentido, Maḥmūd Shabistarī cantó al Profeta, utilizando su nombre esotérico

Aḥmad, en su *Gulshan-i rāz* («El jardín secreto de los misterios divinos»):

> *Puesto que el número cien ha venido, noventa está también con nosotros.*
> *El nombre de Aḥmad es el nombre de todos los profetas.*

Por consiguiente, el amor a Muḥammad, lejos de disminuir el respeto por otros profetas, ha aumentado la admiración de los musulmanes por aquellos que precedieron al Profeta del Islam y por los que él mismo tuvo el mayor respeto, como queda reflejado en numerosas tradiciones, o dichos, transmitidos a partir de él.

Estos dichos, llamados en plural *aḥādīth*, fueron reunidos después de su muerte y, tras un concienzudo estudio crítico, fueron recogidos en colecciones canónicas tanto por los estudiosos sunníes como chiíes. Después del Corán, constituyen la fuente más importante de todo lo islámico y son, de hecho, el primer comentario al Corán. Técnicamente, el *Ḥadīth* forma parte de la *Sunnah*, es decir, de todos los hechos o costumbres del Profeta. La *Sunnah* es el modelo en el que los musulmanes han basado su vida, incluidos los rituales ordenados por el Corán. Junto con las enseñanzas del Corán, la *Sunnah* es la fuente principal de la unidad, tan perceptible entre musulmanes de tantos grupos étnicos y culturas diferentes. En cuanto a los *aḥādīth*, algunos tratan de las verdades espirituales más sublimes y otros de los aspectos cotidianos de la vida, como la forma de realizar una transacción económica de manera justa o el trato equitativo para con la familia. Incluyen dichos como éstos:

> «Nadie es un verdadero creyente a menos que desee para su hermano lo que desea para sí mismo.»

«Iluminad vuestro corazón mediante el hambre, y esforzaos por conquistar vuestro ego mediante el hambre y la sed; no dejéis de llamar con el hambre a las puertas del Paraíso.»
«Honrar a una persona anciana es mostrar respeto por Dios.»
«Hay recompensas celestiales para todo acto de amabilidad con un animal vivo.»
«Dios es bello y ama la belleza.»
«La caridad es un deber para todo musulmán. Quien no tenga medios para hacerla, que haga un acto bueno o se abstenga de uno malo. Eso es caridad.»
«Cuando el féretro de alguien pase junto a ti, sea judío, cristiano o musulmán, ponte en pie.»
«Dios es puro y ama la pureza y la limpieza.»
«El mejor *jihād* es la conquista del yo.»
«El cielo está a los pies de las madres.»
«La llave del Paraíso es la oración.»
«Dios dice: "Yo satisfago la fe de quienquiera que pone su fe en Mí, y estoy con él, y cerca de él, cuando me recuerda".»

La realidad espiritual del Profeta está siempre presente en la sociedad islámica por el carácter vivo de su *Sunnah* y la autoridad de su *Ḥadīth*. Se la experimenta además por la gracia que emana de su realidad espiritual, y se la denomina «*barakah* muhammadiana», gracia que está siempre presente en la vida del sufismo, en las letanías que se cantan en honor del Profeta, en la visita a los lugares santos por todo el mundo islámico, que son como otras tantas extensiones de Medina, y en el corazón de todos los musulmanes, para quienes el amor al Profeta es la concomitancia necesaria y el medio de acceder al amor de Dios. Este amor al Profeta supone también amor y respeto por otros mensajeros, a los que el Corán se refiere tan frecuentemente. Incluso la definición islámica de fe *(al-īmān)* afirma la necesidad de tener fe en Dios, Sus ángeles y Sus *mensajeros*, no sólo en Su *mensajero*. Como dice el Corán: «¡Oh, los que creéis! Creed en Dios y en Su mensajero y en la Escritura que Él ha revelado a Su mensajero y en la Escritura que Él reveló antes. Quien no crea en Dios, Sus ángeles, Sus Escrituras, Sus mensajeros y en el Último Día en verdad se ha extraviado» (4, 136). No es sólo no creer en el *mensajero*, sino en todos los *mensajeros* de Dios lo que extravía a la persona de la senda de la creencia correcta y de la fe. Pero, por supuesto, ser musulmán requiere específicamente la aceptación del carácter de mensajero y profeta de Muḥammad; de ahí, la segunda atestación *(shahādah)* del Islam, *Muḥammadun rasūl Allāh* («Muḥammad es el mensajero de Dios»). Mediante este pronunciamiento, junto con la primera *shahādah*, la persona se convierte formalmente en musulmana. La primera *shahādah*, *Lā ilāha illa'Llāh* («No hay más dios que Dios»), es por sí misma, de hecho, testimonio universal de la aceptación de la religión como tal, de *al-dīn*, que está en el corazón no sólo del Islam sino de todas las religiones auténticas reveladas antes del descenso del Corán.

LA ACTITUD DEL ISLAM HACIA LAS OTRAS RELIGIONES DE LA HISTORIA

A la luz de lo que hemos dicho de la concepción islámica de la revelación y de la diversidad religiosa, es importante mencionar que antes de los tiempos modernos el Islam fue la única religión revelada que tuvo contacto directo con casi todas las religiones importantes del mundo. Se había encontrado con el judaísmo y el cristianismo en su lugar de nacimiento, en Arabia, y más tarde en Palestina, Siria y Egipto; con las religiones iranias como el zoroastrismo y el maniqueísmo después de su conquista de Persia en el siglo VII; con el hinduismo y el budismo en el este de Persia y la India poco después; con las religiones chinas a través de la ruta de la seda así como a través de los comerciantes musulmanes que viajaban a Cantón y otros puertos chinos; con las religiones africanas poco después de la difusión del Islam en el África negra hace unos catorce siglos; y con el chamanismo siberiano en la forma de las religiones arcaicas de los pueblos turco y mongol cuando bajaron hasta el mundo islámico. Hace siglos, Zoroastro y el Buddha eran nombres conocidos de todos los musulmanes de los países orientales del mundo islámico, especialmente Persia. Los musulmanes indios tuvieron conocimiento de Krishna y Rama hace mil años. El polímato al-Bīrunī había compuesto una importante obra sobre la India en el siglo XI, obra que sigue siendo una valiosa fuente de conocimiento para el hinduismo medieval. Además, hace siglos se tradujeron al persa numerosos textos del hinduismo clásico y algunos de budismo, incluidas las *Upanishads* y la *Baghavad-gita*. Los estudiantes musulmanes chinos conocían a los clásicos confucianos y muchos consideraban profetas a Confucio y Lao-Tsé.

La naturaleza global del conocimiento religioso del erudito musulmán asentado en Ispahán en el siglo XIV era muy diferente de la de un pensador escolástico de París o Bolonia en la misma época. Sobre la base de la doctrina coránica de la universalidad religiosa y las vastas experiencias históricas de naturaleza global, la civilización islámica desarrolló una perspectiva religiosa cosmopolita y de escala mundial, sin comparación antes del período moderno con la de cualquier otra religión. Esta visión global forma todavía parte de la cosmovisión de los musulmanes tradicionales, de aquellos que no han abandonado su visión universal como resultado de la acometida del modernismo o de las reacciones a esta acometida en la forma de lo que se ha venido a llamar "fundamentalismo".

En este contexto religioso global, las tradiciones judía y cristiana son, por supuesto, aquellas con las que el Islam tiene una mayor afinidad. Tanto los profetas hebreos como Cristo son muy respetados por los musulmanes. El Corán atribuye a la Virgen María la posición espiritual más elevada entre las mujeres. Un capítulo del Corán toma su nombre de ella, y es la única mujer a la que se menciona por su nombre en la Escritura Sagrada del Islam. Por otra parte, el Corán reconoce el nacimiento milagroso de Cristo de una madre virgen. El respeto por esas enseñanzas es tan profundo entre los musulmanes que, actualmente, en los diálogos interreligiosos con cristianos y judíos, con frecuencia los musulmanes defienden doctrinas tradicionales judías y cristianas, como el nacimiento milagroso de Cristo, ante los intérpretes modernistas, que las reducirían a metáforas, o la historia sagrada de los profetas hebreos que, en el mejor de los casos, serían para esos intérpretes relatos inspirados.

En el Corán se mencionan con frecuencia las figuras sagradas del judaísmo y el cristianismo, y también en las oraciones que se rezan en diversas ocasiones. Las tumbas de los profetas hebreos, que son también profetas islámicos, son veneradas y visitadas en peregrinación por los musulmanes hasta hoy. Baste recordar la santidad para los musulmanes de la tumba de Abraham en al-Khalīl, o Hebrón, en Palestina, o la de Josué en Jordania, y la última morada de Moisés en el monte Nebo, también en Jordania. De forma ocasional, algunos musulmanes han podido criticar intelectualmente, o incluso atacar militarmente, a judíos y cristianos, pero no han criticado a los profetas judíos ni a Cristo (aunque existieran algunas diferencias teológicas con los seguidores del judaísmo y el cristianismo), al menos no aquellos que han tenido en cuenta la llamada del Corán y han comprendido su mensaje. El Islam se ve a sí mismo como la tercera de las religiones abrahámicas, que están vinculadas entre sí por innumerables creencias teológicas, éticas y escatológicas, aunque estén marcadas por diferencias queridas por Dios.

Hablar de la tradición judeocristiana, con la que el Islam se mide, como lo "otro" es una injusticia al mensaje de Abraham y es también teológicamente falso, por cómodo que pueda ser para algunos. Hay tanta diferencia entre judaísmo y cristianismo como la hay entre cristianismo e Islam. En ciertos aspectos, el judaísmo está más cerca del Islam que del cristianismo: tiene una lengua sagrada, el hebreo, como el árabe en el Islam, y tiene una ley sagrada, la *Halakhah*, que se corresponde con la *Sharī'ah*. Además, comparten la oposición a toda forma de idolatría y a la creación de un arte sagrado icónico que permite que se esculpa o pinte la imagen de la Divinidad. En otros aspectos, el Islam está más cerca del cristianismo: los dos enfatizan la inmortalidad del alma, las realidades escatológicas y el acento en la vida interior. Luego están aquellos principios básicos en que coinciden las tres religiones: la unicidad de Dios, la profecía, la Escritura Sagrada, gran parte de la historia sagrada y normas éticas básicas como la santidad de vida, el respeto a las leyes de Dios, un trato humano para con los otros, la honradez en todos los asuntos humanos, la amabilidad hacia el prójimo, la aplicación de la justicia, etc. El Islam es una parte inalienable e inseparable de la familia de las religiones abrahámicas, y se siente estrechamente vinculada a las dos religiones monoteístas que la precedieron. El Islam se considera el complemento de esas religiones, y la expresión final del monoteísmo abrahámico, confirmando las enseñanzas de judaísmo y cristianismo, pero rechazando cualquier forma de exclusivismo.

¿QUIÉN ES CREYENTE? ¿QUIÉN ES INFIEL?

Con este marco en la mente, será más fácil comprender la división que establece el Islam entre creyentes *(mu'mins)* y lo que en Occidente se ha traducido como "infieles" o "no creyentes" *(kāfirs)*, que significa literalmente "aquellos que encubren la verdad". Cada religión tiene una forma de distinguirse de las otras. El judaísmo habla de judíos y gentiles, y el cristianismo de fieles y paganos. Cada una de estas categorizaciones tiene una raíz teológica y otra popular e histórica, relacionada con la comprensión que esa religión tiene de sí misma, así como con su historia. En el caso del Islam, la distinción se fundamenta más en la cuestión de la fe, o *īmān*, y menos en el término más general *islām*. En el Corán, la fe implica un nivel superior de participación en la religión, como analizaremos en el capítulo siguiente, y aún en la actualidad sólo quienes toman su religión muy seriamente y son virtuosos son llamados *mu'min* (o poseedores de *īmān*). Y, sin embargo, el Corán no limita el término *mu'min* solamente a los que siguen la religión islámica; incluye a los fieles del Islam junto con los seguidores de otras religiones, como evidencia la afirmación coránica: «Ciertamente, quienes tienen fe [en lo que se reveló al Profeta] y quienes son judíos, cristianos y sabeos –quienes tienen fe en Dios y en el Último Día y hacen el bien– sin duda tendrán su recompensa con su Señor, y no tienen que temer y no serán afligidos» (2, 62). En este versículo, como también en el 69 de la sura 5 («La mesa servida»), que casi repite el mismo mensaje, el reconocimiento de las otras religiones se extiende incluso más allá del judaísmo, cristianismo y sabeísmo, para incluir "a quienquiera que tenga fe en Dios", y la posibilidad de salvación se hace también explícitamente universal. Igualmente desaparece la frontera entre el fiel musulmán y el fiel de otras religiones. Por consiguiente, se podría decir que en el sentido más universal, quien tenga fe y acepte al Único Dios, o Principio Supremo, es creyente, o *mu'min*, y quien no lo acepte es un infiel, o *kāfir*, sea cual fuere la identificación nominal, étnica e incluso religiosa de esa persona.

Como resultado de esta universalidad explícita del texto coránico, el uso de los términos "creyente" o "fiel" y "no creyente" o "infiel" es mucho más complicado que en el cristianismo. En el Islam existe, en primer lugar, la visión metafísica sufí de la Verdad absoluta, que está más allá de toda dualidad, incluso más allá de la dicotomía de *īmān* y *kufr*, o fe e infidelidad; sin embargo, para llegar a la Verdad transcendente más allá de toda dualidad, se debe empezar con fe y partir de los cimientos formales del Islam, lo que se distingue claramente de *kufr*. La comprensión esotérica de *kufr* e *īmān*, tan presente en la poesía sufí clásica, especialmente entre poetas persas como Rūmī, Shabistarī y Ḥāfiẓ, no debe confundirse, por lo tanto, con la idea dominante en algunos círculos occidentales de que cada cual puede alcanzar la Verdad absoluta simplemente evitando tanto el mundo de la fe como el de la infidelidad. En los niveles de las formas religiosas externas, *īmān* tiene que ver con verdad, y *kufr* con falsedad. Esta dicotomía no se anula por la exhortación de los sufíes a ir más allá de *kufr* y de *īmān*, lo que significa alcanzar el *tawḥīd*, o la unidad más allá de oposiciones y dicotomías.

En el plano formal y popular, los musulmanes tradicionales han utilizado a menudo la categoría de "creyente" o "fiel" para los musulmanes y los seguidores de otras religiones, especialmente cristianos y judíos. Pero han existido también períodos históricos en los que se reservó el término "fiel" para los musulmanes, y se utilizó *kāfir* o "infiel" para los no musulmanes, como en el imperio otomano, donde se llamaba *kuffār*, infieles, a los europeos. Sin embargo, la situación se hace aún más complicada por el hecho de que a lo largo de la historia islámica algunos grupos musulmanes han llamado infieles a otros grupos musulmanes, llegando algunos incluso al extremo de tratarlos en la práctica como enemigos. Por ejemplo, durante la primera época de la historia islámica, los khawārij, que se oponían a los sunníes y chiíes como infieles, atacaron a ambos grupos física y militarmente. Más tarde, los ismailíes fueron considerados *kuffār* por muchos eruditos sunníes, e incluso en el Islam predominante algunos eruditos sunníes y chiíes duodecimanos se han llamado unos a otros *kāfir* durante siglos. En el siglo XVIII, el movimiento wahhabí, que comenzó en Najd, Arabia, consideró que los sunníes y chiíes ortodoxos no era auténticos musulmanes, y a menudo arrojó sobre ellos el anatema de infieles, lo que se denomina *takfīr*, mientras que muchos eruditos hanafíes otomanos consideraban que los wahhabíes eran *kuffār*.

La imagen dominante en Occidente de que todos los musulmanes están unidos en tanto que fieles contra los infieles sencillamente no es cierta, aunque algunos conocidos predicadores cristianos repiten a su grey esta afirmación hecha por algunos extremistas del mundo islámico. Siempre han existido quienes han hablado de la necesidad de la unidad de los musulmanes en tanto que fieles, y en cierto sentido esa unidad ha existido siempre, a pesar de la diversidad que se da en muchos niveles. Pero la pregunta de quién es creyente, o persona de fe, y quién es increyente, o infiel, requiere una respuesta mucho más matizada de lo que por lo general se da en las fuentes habituales.

Por otra parte, el término *kāfir* tiene una definición teológica y judicial y otra definición popular, política y social, y no se deben confundir. En la conciencia de muchos musulmanes devotos, un cristiano o un judío piadosos siguen siendo considerados creyentes, mientras que un agnóstico con nombre árabe o persa es considerado *kāfir*. Y el anatema de *kufr*, lejos de referirse únicamente a los de fuera, ha incluido también a varios grupos dentro del propio mundo islámico. En la actualidad, aunque algunos musulmanes sostienen que los "infieles" son responsables de la acometida de la cultura secularista de Occidente, utilizan la misma caracterización para aquellos que, dentro del propio Islam, aunque todavía formalmente musulmanes, aceptan y predican ideas secularistas que niegan los cimientos mismos de la revelación islámica. En realidad, el secularismo es el enemigo común de todas las tradiciones abrahámicas, y la erosión de la autoridad moral en las sociedades seculares que observamos hoy en día plantea problemas tanto a judíos y cristianos como a musulmanes.

EL ISLAM Y EL PLURALISMO RELIGIOSO EN LA ACTUALIDAD

Hoy en día, los musulmanes siguen viviendo con la presencia de otras religiones entre ellos, como lo han hecho durante siglos. En medio del mundo islámico hay minorías cristianas, la mayoría en Egipto, y también algunos judíos, especialmente en Irán y Turquía, aunque la mayor parte de los judíos de los países árabes emigraron a Israel después de 1948. Todavía hay zoroastrianos en Irán, y musulmanes que viven con hindúes en la India, desde luego, pero también en Bangladesh, Nepal, Malasia e Indonesia, y con budistas en Sri Lanka, Thailandia, Ladakh, Myanmar (antes Birmania), China y en otras partes. Viven también con confucianos y taoístas no sólo en China, sino también en Malasia e Indonesia. En general, a través de la mayoría de los períodos de la historia islámica, la relación entre los musulmanes y las minorías religiosas que vivían entre ellos ha sido pacífica. Han surgido excepciones cuando graves cuestiones políticas, como la partición de Palestina o la India, han alterado las relaciones ordinarias entre los musulmanes y los seguidores de otras religiones. Actualmente, a pesar de algunos abusos en determinados puntos procedentes de las llamadas corrientes fundamentalistas en varios países islámicos, la situación de las minorías religiosas en el mundo islámico es por lo general mejor que la de las minorías musulmanas en otros países, salvo en América y algunos países occidentales, donde han podido practicar su religión hasta ahora sin restricciones manifiestas u ocultas. Basta comparar la situación de las minorías cristianas de Siria, Irak e Irán, tres estados no conocidos por su inclinación hacia Occidente, con las minorías musulmanas en China, Filipinas, la India y el Cáucaso ruso, por no hablar de los Balcanes, donde el horror infligido por los serbios cristianos sobre los bosnios y kosovares musulmanes está todavía fresco en la memoria.

La presencia pacífica en el mundo islámico de varias minorías religiosas, especialmente cristianos, se ha visto perturbada en gran medida en épocas recientes por la actividad misionera occidental, lo que ha provocado una severa reacción no sólo entre los musulmanes, sino también entre hindúes, budistas y otros. Esta cuestión de la actividad misionera cristiana (de las iglesias occidentales, no de la ortodoxa) es un asunto complicado que requiere ser tratado de forma extensa e independiente, pero debemos mencionarlo aquí aunque sea brevemente. Baste decir que, en la medida en que se refiere al mundo islámico, esta actividad estuvo combinada desde el principio del período moderno con el colonialismo, y muchos misioneros cristianos occidentales han predicado tanto el cristianismo como la secularizada cultura occidental. Muchos de ellos trataron, y tratan todavía, de difundir el cristianismo no sólo a través de las enseñanzas de Cristo, sino principalmente por el atractivo de ayuda material como arroz y medicamentos, proporcionados en nombre de la caridad cristiana, pero con el objetivo de la conversión. En muchas de sus escuelas se mostraban felices si podían apartar a los estudiantes musulmanes de su firme creencia en el Islam, aunque no pudieran hacerles cristianos. No es accidental que algunos de los más virulentos líderes políticos árabes secularizados de tendencias antioccidentales de las décadas pasadas se graduaran en escuelas americanas de Oriente Próximo establecidas inicialmente por misioneros, escuelas en las que estos estudiantes fueron desarraigados religiosa y culturalmente.

Para comprender las reacciones islámicas actuales a la actividad misionera cristiana en muchos países, deberíamos preguntarnos cómo respondería la gente de Texas y Oklahoma, de donde proceden muchos evangelistas americanos, a la siguiente situación hipotética: supongamos que, con el dinero procedente del petróleo del mundo islámico, se establecieran escuelas islámicas en esos estados y que tales escuelas, debido a su prestigio, atrajeran a los hijos de familias poderosas y adineradas, y que esos futuros líderes sufrieran así un proceso sistemático de arabización cultural, aunque no participaran en la alentada conversión formal al Islam.

La actividad misionera occidental no es como la de los predicadores medievales del Evangelio, o como la de los misioneros ortodoxos entre los inuit de Canadá, que querían adoptar la lengua de los inuit e incluso su forma de vestir. La mayor parte de la actividad misionera moderna en Asia y África ha significado, sobre todo, occidentalización y globalización combinadas con el culto al consumismo, en nombre del cristianismo. Si no existiera esa presión política, económica e incluso militar tan poderosa detrás de la presencia de estos misioneros, su presencia sería en cierto sentido como la de los budistas tibetanos o los musulmanes en Canadá o en Estados Unidos y no supondría un peligro para la existencia de las religiones y culturas locales. Pero la situación es distinta y, por lo tanto, la actividad misionera cristiana, especialmente en lugares como Indonesia, Pakistán y el África subsahariana, desempeña un papel muy importante en la creación de tensiones entre el Islam y el cristianismo e, indirectamente, entre el Islam y Occidente, que da apoyo político y material a estos misioneros, aunque, como en Francia, el Estado sea declaradamente secular.

Por supuesto, esta identificación con la moderna cultura occidental secularista y ahora consumista no se ha dado siempre con todos los misioneros. El padre De Foucault, sacerdote católico francés, vivió durante largo tiempo entre los musulmanes del norte de África como testigo humilde de Cristo y era muy respetado por sus vecinos musulmanes, como lo fueron algunos otros monjes y sacerdotes. También ha habido protestantes humildes que fueron a los musulmanes a dar testimonio del mensaje de Cristo sin hacer prosélitos de manera agresiva mediante la tentación material de los pobres. Sin duda esas excepciones han existido. Sin embargo, la actividad misionera cristiana occidental, sostenida como está, directa o indirectamente, por todo el poder de Occidente, plantea un importante problema para las relaciones de los musulmanes contemporáneos con el cristianismo occidental, en contraste con las formas locales de cristianismo con las que los musulmanes han vivido habitualmente en paz durante siglos. Basta recordar en este contexto que mientras Bagdad estaba siendo bombardeada durante la guerra del golfo Pérsico, ningún musulmán iraquí atacó a ninguno de los cristianos iraquíes que estaban unas calles más allá, mientras que no hubo una reacción análoga con ocasión de los trágicos actos terroristas del 11 de septiembre; varios musulmanes americanos y europeos fueron atacados y acosados como consecuencia de la xenofobia religiosa, social y étnica que se generó en ciertos círculos por esa gran tragedia.

Al hablar de actividad misionera hay que decir algo sobre las enseñanzas islámicas referentes a la apostasía *(irtidād)*, que han sido criticadas por misioneros y otros círculos en Occidente. Según las interpretaciones clásicas de la *Sharī'ah*, el castigo por apostasía para el musulmán era la muerte, y muchos occidentales interpretan que esto denota la falta de libertad de conciencia en el Islam. Para clarificar esta cuestión, en primer lugar, unas palabras sobre la conversión. Dice el Corán: «No cabe coacción en religión» (2, 256), y en la mayoría de las etapas de la historia islámica no hubo ninguna conversión forzada de las "gentes del Libro". En realidad, la conversión forzada es una afrenta a Dios y a la dignidad de la conciencia humana creada por Él. Arabia, en el tiempo de la revelación coránica, fue una excepción. Allí se dio a los árabes paganos que practicaban la forma más burda de politeísmo la opción de convertirse en musulmanes o luchar contra ellos. Fue muy semejante a la elección que los cristianos ofrecieron a los "paganos" europeos una vez el cristianismo logró el poder en ese continente. Pero ni siquiera en Arabia los judíos y cristianos fueron obligados a convertirse en musulmanes.

La sanción *shariíta* de la apostasía puede, por tanto, parecer extraña a la luz de la actitud del Islam hacia otras religiones celestialmente inspiradas. La razón de esa decisión debe buscarse en el hecho de que la adhesión al Islam se relacionaba antes de la época moderna con el hecho de ser miembro tanto del Estado como de la comunidad islámicos y, por lo tanto, se consideraba la apostasía una traición contra el

Estado, y no sólo una conversión religiosa. Actualmente, cuando el Estado no es ya islámico en el sentido tradicional en la mayor parte de los países islámicos, muchos estudiosos religiosos han hablado contra la pena capital por apostasía. Además, en la práctica, aunque la ley siga estando "en los libros", en muchos lugares apenas se ha aplicado alguna vez, como se puede ver por la presencia de varios millones de musulmanes convertidos al cristianismo por los misioneros en países como Indonesia, Pakistán y varias naciones del África occidental. En la práctica, esta ley es algo así como las leyes contra el adulterio que siguen estando "en los libros" en Inglaterra, pero no se aplican en la práctica. No obstante, todavía se producen luchas sectarias entre musulmanes y cristianos recién convertidos en Indonesia, Pakistán, Nigeria, Sudán y algún otro lugar, pero estos enfrentamientos tienen que ver más con cuestiones locales políticas, económicas y sociales que con el tratamiento tradicional de la apostasía por parte de la *Sharīʻa*.

La sanción *shariíta* tradicional, que ahora está siendo enmendada por algunas autoridades legales y que generalmente es ignorada debido a las nuevas condiciones, se debe comprender no en el contexto del Occidente moderno, donde la religión ha sido en gran medida marginada y expulsada del espacio público, sino en el marco del Occidente cristiano. Sólo hay que pensar lo que les habría sucedido a los cristianos en la Francia medieval o en la España del siglo XVII si se hubieran convertido al Islam. En cualquier caso, la cuestión de la apostasía, planteada tan a menudo por quienes preguntan sobre la relación del Islam con otras religiones, se debe comprender tanto en su contexto clásico como en la situación actual, cuando en gran parte se deja de lado debido a las nuevas condiciones y está siendo reinterpretada por los especialistas del Islam en materia legal.

Otra cuestión que se plantea a menudo cuando se discute la relación del Islam con otras religiones es que el Islam no permite la presencia de no musulmanes en una cierta área alrededor de La Meca, mientras que el cristianismo permite la presencia de los no cristianos incluso en el Vaticano. Ahora bien, se debe comprender que cada religión tiene su propia regulación respecto a los espacios sagrados. En el hinduismo, existen algunas zonas en Benarés cerradas a los no hindúes, y los musulmanes han respetado esas reglas incluso cuando gobernaban la ciudad, y no se abrieron paso a la fuerza para entrar en el Templo del Mono u otros lugares sagrados. Como el hinduismo y algunas otras religiones, el Islam tiene un espacio sagrado alrededor de La Meca cuyos límites designó el propio Profeta y donde no se permite entrar a los no musulmanes.

Eso no ha significado nunca que el resto del mundo islámico haya estado cerrado a la presencia de otras religiones y sus casas de culto. Las iglesias salpican el perfil de El Cairo, Beirut, Damasco y muchas otras ciudades, y también se encuentran sinagogas en todas partes en las que vive una comunidad judía, desde Teherán a Fez. En el imperio otomano, en muchos lugares de los Balcanes, donde vivieron juntos judíos, cristianos y musulmanes, se construyeron sinagogas, iglesias y mezquitas muy próximas entre sí. Actualmente, esta presencia armoniosa de diferentes casas de culto es visible en el propio Estambul. Fuera del *ḥarīm*, o barrio sagrado, en Arabia, el deber del Estado musulmán, según la *Sharī'ah*, es permitir la construcción y el mantenimiento de casas de culto de los "pueblos del Libro", y cualquier orden en sentido contrario va contra los principios de la Ley islámica y la práctica tradicional.

Por supuesto, durante la historia islámica se han dado situaciones en que, después de un gran triunfo, se convirtiera una iglesia en mezquita, como sucedió con la Hagia Sophia, pero también sucedió lo contrario con frecuencia, como cuando la gran mezquita de Córdoba fue convertida en catedral. En conjunto, para el Islam la norma general es la establecida por 'Umar, que, cuando conquistó Jerusalén, ordenó que la Iglesia del Santo Sepulcro fuera honrada y protegida como iglesia. Por lo demás, en el mundo islámico, la mayoría de las iglesias que más tarde se convirtieron en mezquitas fueron las abandonadas por los cristianos, algo así como lo que vemos en algunas ciudades de Gran Bretaña en la actualidad.

En el plano intelectual, hay actualmente en el mundo islámico un gran interés por el diálogo religioso, cuyo impulso se originó en círculos cristianos principalmente después de la Segunda Guerra Mundial. En muchos países, como Marruecos, Egipto, Jordania, Siria, Líbano, Irán, Malasia e Indonesia, este diálogo religioso incluso ha sido alentado por los gobiernos, así como por individuos y organizaciones religiosas. En muchas partes del mundo se han celebrado conferencias con protestantes, católicos y, más recientemente, cristianos ortodoxos; con hindúes en la India e Indonesia; y con budistas y confucianos en Malasia. Debido al problema palestino-israelí, el diálogo con el judaísmo ha sido algo más difícil, pero incluso ése ha continuado también en alguna medida en Oriente Próximo y Occidente. En esos diálogos han participado investigadores de muchas escuelas de pensamiento diferentes, tanto del interior del mundo islámico como de musulmanes que viven en Occidente. Ha habido algunos exclusivistas que se opusieron a tales diálogos, como ocurre también entre judíos y cristianos, pero la actividad del diálogo religioso ha continuado durante décadas en el mundo islámico y es ahora parte importante del paisaje religioso e intelectual del Islam actual.

Incluso en el nivel más teórico y filosófico, lo que se ha llegado a conocer como "pluralismo religioso" se ha convertido en asunto de gran interés y principal reto intelectual en muchos países islámicos, incluidos algunos de los que en Occidente se llaman "fundamentalistas". No hay ningún país del mundo islámico en el que exista mayor interés por las cuestiones teológicas y filosóficas implicadas en la cuestión del pluralismo religioso que Irán. Allí se han traducido obras sobre el tema de famosos escritores protestantes y católicos, como John Hick y Hans Küng, y se discuten en los medios públicos de comunicación; allí, el pensamiento, que es también el mío, de metafísicos tradicionalistas como Frithjof Schuon, que habla de la "unidad transcendente de las religiones", forma parte integrante del discurso intelectual general. El mismo interés entusiasta se encuentra en países tan diferentes como Turquía, Pakistán y Malasia.

Enfrentados al peligro de la pérdida de identidad y el debilitamiento de la religión como resultado de la embestida del modernismo con su inclinación secularista, algunos musulmanes, muchos muy activos y vociferantes, abrazan un punto de vista radical y exclusivista cuando se plantea la cuestión de la relación del Islam con otras religiones. Pero la doctrina coránica de la universalidad de la revelación y la pluralidad de los profetas bajo el Dios Único sigue resonando profundamente en el corazón y en el alma de la inmensa mayoría de los musulmanes, y se siguen recordando los numerosos versículos del Corán referentes a la realidad del Dios Único y la multiplicidad de revelaciones enviadas por Él. Cuando piensan en su amado Profeta, recuerdan estas palabras de Dios:

> Te inspiramos a ti [Muḥammad] como inspiramos a Noé y los profetas que le siguieron, como inspiramos a Abraham,

Ismael, Isaac, Jacob y las tribus, a Jesús, Job, Jonás, Aarón y Salomón, como dimos los Salmos a David.

Y a los mensajeros que te hemos mencionado antes, y a mensajeros que no te hemos mencionado; y Dios habló directamente a Moisés.

Mensajeros de buenas noticias y de advertencia; para que la humanidad no pueda tener ningún argumento contra Dios después de los mensajeros. Dios es Poderoso y Sabio (4, 163-165).

2. EL ESPECTRO DEL ISLAM

SUNNISMO, CHIÍSMO Y SUFISMO; INTERPRETACIONES TRADICIONALES, MODERNISTAS Y "FUNDAMENTALISTAS" DEL ISLAM EN LA ACTUALIDAD

«¡Oh humanidad! En verdad os hemos creado
macho y hembra,
y os hemos hecho naciones y tribus
para que os conozcáis.»
Corán 49, 13.

«Las diferencias entre los sabios de mi comunidad
son una gracia de Dios.»
Ḥadīth

MODELOS ISLÁMICOS

Con frecuencia, en Occidente se describe el Islam como algo monolítico y se presta poca atención a la fecunda diversidad existente en la religión y en la civilización islámicas. Sin embargo, los acontecimientos recientes han hecho del mundo islámico centro de atención. Aunque el intento de los medios de comunicación de hablar más del Islam sea loable, lo que se ofrece es por lo general muy selectivo y está muy condicionado políticamente, dominado por el conflicto árabe-israelí y el extremismo que se manifiesta en amenazas o actos de terror. Por lo tanto, a pesar del gran interés en cubrir asuntos pertenecientes al Islam, el mensaje reduccionista asociado con el extremismo sigue dominando el panorama, ocultando al público occidental la gran diversidad del mundo islámico y las múltiples interpretaciones de su religión.

El mundo inmenso del Islam es en la actualidad como una alfombra persa de medallones; posee una diversidad y complejidad increíbles, aunque esté dominado por una unidad en la que se integra toda esa complejidad de arabescos y dibujos geométricos. Se puede comprender mejor esta complejidad si se ve como la superposición de un conjunto de dibujos en el plano de la alfombra. También en el inmenso mundo del Islam se puede lograr una mejor comprensión del conjunto separando los dibujos y viendo cómo cada uno está relacionado con las dimensiones vertical y horizontal de la religión del Islam, así como con factores culturales, étnicos y lingüísticos. Luego se reúnen los dibujos para ver cómo todos ellos encajan y ofrecen una visión total del Islam, en el que la unidad conduce a la diversidad, y la diversidad se integra en la unidad.

FACTORES QUE CREAN UNIDAD

Antes de volver a los componentes del espectro islámico y a la cuestión de la diversidad, preguntémonos primero qué factores han creado y sostienen la unidad en ese mundo. A pesar de la fragmentación política, las diferencias teológicas y las distinciones étnicas, existe en el corazón de todos los musulmanes una intensa sensación de la unidad de la comunidad islámica *(ummah)* y el deseo constante de una mayor unidad política en la "morada del Islam" *(dār al-Islām)*, y existe, por supuesto, una unidad visible en la civilización islámica.

El factor central en la creación de unidad entre los musulmanes es el Corán. Para todos los musulmanes es la Palabra de Dios, con el mismo texto, que se canta y se lee y se escribe; es el mismo mensaje para todos, aunque las interpretaciones varíen entre los diversos grupos y existan niveles de significado en el texto. Está luego la *Sunnah* y los *aḥādīth* del Profeta, que son factores unificadores muy poderosos, aunque también aquí existan variaciones locales de interpretación en cuanto a ciertos hechos y rasgos de la vida, las acciones y las palabras del Profeta. A pesar de estas variaciones en la recepción de las dos fuentes de la religión islámica, esto es, el Corán y la *Sunnah* (junto con el *Ḥadīth*), hay tres doctrinas centrales en las que coinciden todas las escuelas del Islam, a saber, la Unidad y Unicidad divina o *tawḥīd*, la profecía o *nubuwwah* y la escatología o *ma'ād*, sobre la que volveremos en el capítulo 6. Sólo grupos muy pequeños aquí y allá se han desviado de estos principios básicos, que son la fuente de las enseñanzas prácticas y sapienciales del Islam y cuyo poder unificador difícilmente puede ser exagerado. Quienes se han desviado de estas doctrinas básicas han producido en ocasiones crisis civiles y religiosas en la comunidad, y a veces incluso violencia.

Otro factor unificador es la Ley islámica, o *Sharī'ah*, que se interpreta según escuelas diferentes pero cuyos elementos básicos son los mismos en todo el mundo islámico, especialmente cuando se refieren a los ritos de la religión. Estos ritos consisten en cinco oraciones diarias que se realizan en árabe, esté uno en Malasia o en Bosnia, la peregrinación anual *(hajj)* hecha desde todas las partes del mundo islámico, el ayuno del mes de Ramaḍān realizado por todos los musulmanes adultos sanos de todo el mundo, la limosna entregada a los pobres, y otros actos religiosos, y unen a los musulmanes dondequiera que puedan estar. A través de los siglos, las normas éticas relacionadas con la *Sharī'ah*, los requerimientos del Corán y la *Sunnah*, y la cortesía espiritual, o *adab*, asociada a la ética y basada en el modelo profético, han actuado también como poderosas fuerzas integradoras. A ellas se debe añadir la presencia de las órdenes sufíes, que atraviesan las fronteras confesionales y étnicas y que, basándose por definición en la Unidad que transciende la multiplicidad, han sido un importante factor de integración en la sociedad islámica. Finalmente, en el plano de las formas, se debe mencionar el arte islámico, desde el canto del Corán a los dibujos geométricos que se encuentran en artículos y estructuras, un arte que, a pesar de las diferencias locales, muestran un genio único y ha desempeñado un papel muy importante en cuanto a la creación de una unidad en el plano físico que permite las variaciones locales y la diversidad cultural.

FUENTES DE DIVERSIDAD: LOS NIVELES JERÁRQUICOS DE SENTIDO Y LA INTERPRETACIÓN DE LA TRADICIÓN

Para comprender las fuentes de diversidad del mundo islámico se debe considerar, en primer lugar, la jerarquía en la religión del propio Islam. Se puede decir que la religión total denominada "Islam" consta de los niveles *islām*, *īmān*, e *iḥsān*, o entrega, fe y belleza espiritual. El Corán se refiere a menudo al *muslim*, el poseedor de entrega, el *mu'min*, el poseedor de fe, y el *muḥsin*, el poseedor de virtud. Aunque el Corán enfatiza que todos los musulmanes son iguales ante Dios, insiste también en que los seres humanos se distinguen en rango según su conocimiento de la verdad y la virtud, como en este versículo: «¿Son iguales los que saben y los que no saben?» (39, 9), a lo que el Corán responde que no; y en este otro: «Verdaderamente, entre vosotros están más cerca de Dios aquellos de mejor conducta» (59, 13). Estos versículos se refieren a los grados de perfección de los creyentes, como se ve también en el cristianismo, y de ninguna manera implican ninguna exclusión, ostracismo ni apoyo a la violencia contra unos grupos u otros.

Posteriormente los sabios islámicos, especialmente los sufíes, hablaron también de la jerarquía de la *Sharī'ah*, o Ley divina, la *Ṭarīqah*, o sendero espiritual, la *ḥaqīqah*, o Verdad divina, que es el origen de ambas. El Islam se ve, pues, como un círculo cuyo centro es la *ḥaqīqah*. Los radios del círculo son las *ṭuruq* (plural de *ṭarīqah*), identificadas más tarde con las órdenes sufíes, y la circunferencia es la *Sharī'ah*. Cada musulmán es como un punto de la circunferencia, cuyo conjunto compone la comunidad islámica, o *ummah*. Para alcanzar la *ḥaqīqah*, se debe estar primero en la circunferencia, esto es, practicar la *Sharī'ah*, y luego seguir la *Ṭarīqah*, o camino hacia Dios, cuyo final es el Centro, Dios mismo, o la *ḥaqīqah*.

En una famosa tradición del Profeta conocida como el *Ḥadīth* de Gabriel, se hace evidente esta fundamental estructura vertical y esta jerarquía, que de ninguna manera obvia la realidad de que cada musulmán es su propio sacerdote ante Dios:

> Dijo 'Umar: «Cierto día, cuando estaba sentado con el Mensajero de Dios, vino hasta nosotros un hombre de vestimenta sumamente blanca y cuyo cabello era de una extrema negrura; no había ningún signo en él de que estuviera de viaje, aunque ninguno de nosotros le conocíamos. Se sentó rodilla con rodilla frente al Profeta, en cuyos muslos colocó la palma de sus manos, diciendo: "Oh, Muḥammad, dime lo que es la entrega *(islām)*". El Mensajero de Dios le contestó diciendo: "La entrega es testificar que no hay más dios que Dios y que Muḥammad es el Mensajero de Dios, realizar la oración, dar limosnas, ayunar en Ramaḍān y hacer, si puedes, la peregrinación a la Casa Santa". Él dijo: "Has hablado verazmente", y nos asombró, que tras haberle preguntado, le corroborara. Luego dijo: "Dime qué es la fe *(īmān)*". Respondió: "Creer en Dios, en Sus ángeles, en Sus libros, en Sus mensajeros y en el Último Día, y creer que no viene ningún bien ni ningún mal sino de Su Providencia". "Has hablado verazmente", dijo, y añadió a continuación: "Dime qué es la excelencia *(iḥsān)*". Respondió: "Adorar a Dios como si le vieras, pues aunque no Le veas, Él, sin embargo, te ve". "Has hablado verazmente", dijo. [...] Luego el extranjero se marchó, y yo me quedé allí un rato después de que se hubiera ido; y el Profeta me dijo: "Oh, 'Umar, ¿sabes quién era el que me ha interrogado?". Y yo dije: "Dios y Su Mensajero lo saben mejor". Me respondió: "Era Gabriel. Vino a enseñaros vuestra religión"».[1]

Para los musulmanes es evidente, a partir de este *Ḥadīth* clarificador del *dīn*, o religión, que *islām* abarca lo que se espera de todos ellos en cuanto a la aceptación y ejecución de los "pilares" *(arkān)* del Islam, de los que trataremos más tarde. *Īmān*, o fe, implica no sólo creencia, en el sentido ordinario, en Dios, Sus ángeles y mensajeros, Sus libros revelados y las realidades escatológicas (tiempo final), sino también conocimiento de estas materias, y fue en esta dimensión de la tradición islámica donde se integraron disciplinas intelectuales como la teología y la filosofía tradicional. En cuanto a *iḥsān*, es obvio que nadie puede adorar a Dios como si Le viera. Ésta es la estación de los santos, e *iḥsān*, que significa "virtud" y "belleza", se asocia al sendero espiritual que conduce a la santidad y se considera prácticamente una definición del sufismo.

No todo el que es *muslim* es un *mu'min*, y no todo *mu'min* es un *muḥsin*, pero el *muḥsin* debe ser también un *mu'min* y el *mu'min* debe ser un *muslim*. En algunas fuentes se hace también referencia a esta distinción jerárquica como las dimensiones exotérica, o exterior *(ẓāhir)*, y esotérica, o interior *(bāṭin)*, de la tradición. En cualquier caso, a lo largo de la historia islámica han existido los creyentes ordinarios, o *muslims*, los de una piedad intensa, o *mu'mins*, y quienes han buscado a Dios aquí y ahora, o *muḥsins*, de los que dice el Corán: «Dios ama a los *muḥsinīn*» (3, 133, y muchos otros versículos). Posteriormente, *iḥsān* llegó a cristalizarse casi por completo, aunque no exclusivamente, en el sufismo, que todavía se puede encontrar por todo el mundo islámico. La vinculación seria al sufismo exige también vinculación a la *Sharī'ah*, y, por lo tanto, la persona que sea sufí debe ser también seguidora de una u otra escuela de la ley. Algunos musulmanes *shariítas* pueden rechazar el sufismo, especialmente entre los círculos modernizados y entre los llamados "fundamentalistas" o los reformistas, pero los sufíes muestran una plena adhesión a la *Sharī'ah*, cuyo significado interior tratan de alcanzar. Y deben seguir necesariamente alguna de sus escuelas.

No tiene sentido preguntar, como han hecho muchos investigadores occidentales, especialmente los antropólogos, si un musulmán particular es sunní o sufí, o chií o sufí. Un sunní o un chií puede ser o no sufí, pero no se trata de alternativas, porque estas dimensiones de la religión no se sitúan en el mismo nivel. Por eso la presencia del sufismo no ha sido nunca causa de división en la sociedad islámica tradicional. Por el contrario, ha sido motivo de integración y retorno a esa unidad interior cuyo logro es el objetivo del Islam. En realidad, la primera división en la estructura de la religión debe buscarse no en la diferencia entre Islam *shariíta* y sufismo, sino en la separación entre sunnismo y chiísmo en el siglo I de la historia islámica. La diferenciación sunní-chií es la división más importante en la estructura formal del Islam, aunque ni siquiera esta división destruya la unidad del Islam, pues ambos comparten los elementos unificadores ya mencionados. Además, el sufismo, al representar la dimensión interior de la religión, transciende esta dicotomía. No sólo hay tanto sunníes como chiíes que son sufíes, sino que chiísmo y sufismo comparten también el mensaje interior original del Profeta y el poder de guía espiritual e iniciática *(walāyah/wilāyah)*, de manera que la situación es algo más compleja que la planteada. Pero, para este análisis, basta decir que el sufismo, o la *Ṭarīqah*, pertenece a la dimensión interior del Islam y trasciende las diferencias *shariítas*, y que sunnismo y chiísmo marcan una división dentro del Islam en el nivel formal y legal.

Además, en el tema del sufismo se debe recordar también que esta corriente ha desempeñado un papel muy importante en la difusión del Islam, aparte de su función vital en la preservación y purificación de la vida ética, en la creación de las artes y en la exposición del conocimiento unitivo *(ma'rifah)* y la metafísica en la sociedad islámica. Desde los siglos XI y XII en adelante, el sufismo se organizó en órdenes, denominadas habitualmente por el nombre de sus fundadores; a las más antiguas, como la Rifā'iyyah y la Qādiriyyah, que todavía sobreviven, les siguieron muchas otras posteriores, como la Shādhiliyyah, la Khalwatiyyah, la Mawlawiyyah, la Chishtiyyah, la Naqshbandiyyah, y la Ni'matullahiyyah. Algunas órdenes se extinguieron con el paso del tiempo, y ocasionalmente se han creado otras nuevas, pero todas ellas dependen de la continuidad de la cadena "iniciática" o *silsilah*, que se remonta al Profeta. Apenas hay un solo país islámico en el que no se encuentre una orden sufí, y desde principios del siglo XX algunas de ellas, empezando por la Shādhiliyyah, se han extendido a Europa y América. En algunos países, como Senegal y Sudán, las órdenes sufíes son tan populares que la identificación de una persona en el nivel *shariíta* se combina a menudo con su afiliación a la *Ṭarīqah*. Sin embargo, esa situación se produce sólo en el sunismo, y no en el chiísmo, a menos que se identifique la rama ismailí del chiísmo como una *Ṭarīqah* en sí misma, como tienden a hacer muchos ismailíes.

Es importante recordar aquí el hecho de que, en contraste con la afirmación de quienes sólo ven los aspectos cuantitativos de las cosas y consideran que el elemento esotérico de la religión es marginal y periférico, la dimensión esotérica está realmente en el corazón de la religión y es la fuente de su perduración y su renovación. Observamos esta verdad no sólo en el Islam, sino también en las tradiciones cabalística y jasídica del judaísmo y en varias corrientes místicas del cristianismo. En el Islam, el sufismo ha sido durante siglos el corazón oculto que ha renovado la religión intelectual, espiritual y éticamente, y ha desempeñado un papel enorme en su difusión y en su relación con las otras religiones.

Sunnismo y chiísmo y sus ramas

Actualmente, el 87% de los musulmanes son sunníes y un 13% son chiíes. La mayoría sunní en el Islam es la mayor en comparación con cualquier denominación en otras religiones, como el catolicismo en el cristianismo y el mahayana en el budismo. Pero la población chií está localizada casi completamente en el corazón del Islam, esto es, en el área entre Egipto y la India. Países como Irán, Irak, Azerbaiyán, Bahrein y el Líbano islámico tienen poblaciones de mayoría chií, y la India, Pakistán, Afganistán, Siria, Arabia Saudí, los estados del golfo Pérsico y África oriental tienen minorías chiíes notables. Intelectual e históricamente, el chiísmo ha desempeñado un papel mucho mayor en el mundo islámico de lo que su número podría hacer creer, y el acuerdo o desacuerdo entre sunnismo y chiísmo hoy día es uno de los factores más importantes en la sociedad islámica contemporánea.

La palabra *sunni* en árabe procede del término *ahl al-sunnah wa'l-jamā'ah*, esto es, las personas que siguieron la *Sunnah* del Profeta y la mayoría, mientras que el chiísmo procede del término árabe *shī'at 'Alī*, que significa partidarios de 'Alī ibn Abī ṭālib. Después de la muerte del Profeta, mientras 'Alī, su yerno y sobrino mayor, y el resto de la familia estaban enterrándole, el resto de la comunidad se reunió en Medina y escogió a Abū Bakr como sucesor del Profeta, no en su función profética, sino como gobernante de la recién establecida comunidad islámica. Se le dio por ello el título de *khalīfah rasūl Allāh*, o representante del Mensajero de Dios, del que procede el título de "califa", adoptado no sólo por los cuatro primeros califas, que son llamados "los rectamente guiados" *(rāshidūn)*, sino también por gobernantes musulmanes posteriores de la dinastía Omeya, abbasí y fatimí, e incluso por los otomanos. Algunas personas pensaron que 'Alī debería haberse convertido en sucesor del Profeta y se apiñaron alrededor de él formando el primer núcleo del chiísmo. El propio 'Alī se negó a oponerse a Abu Bakr, y de hecho trabajó estrechamente con él y sus dos sucesores, 'Umar y 'Uthmān, hasta que él mismo se convirtió en el cuarto de los califas "rectamente guiados" del Islam sunní. Fue sólo después de su muerte a manos de un miembro de los kahwārij, grupo extremista que rechazaba las pretensiones tanto de los mu'āwiyyah, que habían rechazado el califato de 'Alī, como del propio 'Alī, cuando el chiísmo se convirtió en un movimiento religioso-político organizado en Irak.

El principal punto de disputa entre sunnismo y chiísmo no era sólo la cuestión de quién debía suceder al Profeta, sino la cuestión de qué aptitudes debía tener esa persona. Para el sunnismo, la función del califa era proteger las fronteras del Islam, mantener la seguridad y la paz, nombrar jueces, etc. Para los chiíes, esa persona tenía que tener también un conocimiento profundo de la Ley islámica, así como conocimiento esotérico del Corán y de las enseñanzas proféticas. Por lo tanto, no podía ser elegido, sino que tenía que ser escogido por el Profeta a través del mandato divino. Los chiíes creen que, de hecho, esta investidura se produjo en el pozo Ghadīr Khumm cuando el Profeta volvía a Medina de la peregrinación a La Meca. Según los chiíes, la persona escogida por él fue 'Alī, a quien consideran su primer Imam, utilizando este término en el sentido especial de alguien que lleva la Luz muhammadiana *(al-nūr al-muḥammadī)* y el poder de iniciación en sí mismo, y que es maestro de las ciencias exotéricas y esotéricas. Por lo demás, el término *imām*, procedente de una raíz que significa "estar delante o al frente", se emplea en general para la persona que dirige las oraciones diarias, y en el Islam sunní es también un título honorífico otorgado a grandes eruditos religiosos como, por ejemplo, Imam al-Ghazzālī, uno de los primeros teólogos y sufíes de la historia islámica. De vez en cuando, también los autores sunníes se han referido al califa como *imām*, pero todos estos sentidos deben distinguirse del uso específicamente chií del término.

Por lo tanto, la interpretación del término *imām* difiere enormemente en el sunnismo y el chiísmo. En el Islam sunní, el término tiene muchos usos, pero nunca se utiliza en el sentido místico y esotérico que se le da en el chiísmo. En el chiísmo, el Imam, como los profetas, es infalible *(ma'ṣūm)* y está protegido del pecado por Dios. Posee un conocimiento perfecto de la Ley y del Camino, así como del significado exterior e interior del Corán. Posee también el poder de iniciación *(walāyah/wilāyah)* y es el guía espiritual por excelencia, como los maestros sufíes en sus órdenes respectivas. De hecho, los ocho primeros Imames chiíes son también autoridades espirituales centrales, o polos, del sufismo, y aparecen en la cadena iniciática de casi todas las órdenes sufíes. 'Alī, que es el representante por excelencia de las enseñanzas islámicas esotéricas, es no sólo el primer Imam del chiísmo, sino que también está en el origen de la cadena iniciática de casi todas las órdenes sufíes. En realidad, son muchos los sunníes, como la mayoría de los egipcios, casi todos los cuales son sunníes, que tienen el mismo amor y respeto que los persas o los iraquíes chiíes por los Imames chiíes y los *Ahl al-bayt*, esto es, los miembros de la familia del Profeta con los que están asociados los Imames y el chiísmo.

En lo que se refiere al sunnismo, sus seguidores se dividen según las escuelas de la Ley *(madhhab)* que detallaremos a continuación. En los siglos VIII y IX, los doctores de la Ley codificaron las escuelas de *fiqh* o jurisprudencia. Algunas de estas codificaciones o escuelas se extinguieron, pero cuatro de ellas sobrevivieron en el pasado milenio y constituyen el cuerpo principal del sunnismo tradicional. Son la hanafí, la malikí, la shafií y la hanbalí.

El hanafismo fue fundado por un persa, el Imam Abū Ḥanīfah (m. 768), que fue discípulo del Imam Ja'far al-Ṣādiq (m. 757), sexto Imam del chiísmo y fundador de la Ley chií duodecimana, que se denomina ley jafarí. El Imam Abū Ḥanīfah trató de crear posibilidades para la mayor integración posible de las prácticas locales en la Ley. Su escuela resultó desde el principio muy atractiva para los turcos, así como para los musulmanes del subcontinente indio. Actualmente, la escuela hanafí es la que tiene el mayor número de seguidores en el mundo sunní, incluidos la mayor parte de los turcos sunníes, el pueblo turco de Caucasia y Asia central, musulmanes europeos y del subcontinente indio. En cuanto a la parte sunní de Afganistán, su población, como los sunníes de Pakistán, es en su mayoría hanafí, y éste es uno de los elementos que une especialmente la parte oriental de Afganistán con Pakistán.

El malikismo, fundado por el Imam Mālik ibn Anas (m. 795), se basa principalmente en la práctica de Medina y es muy conservador en su enfoque de la Ley. Ha habido algunos malikíes en el este de Arabia y especialmente en Egipto, pero el núcleo más importante está en el norte de África. En realidad, el conjunto islámico del norte de África y, exceptuando Egipto, África occidental, es enteramente malikí, y esta homogeneidad legal ha supuesto una importante contribución para la unidad cultural de la zona, que en la geografía islámica tradicional se denomina al-Maghrib, o el Occidente, el nombre que ahora se utiliza para el "Lejano Oeste" del mundo islámico, esto es, Marruecos.

La escuela shafií fue fundada por un discípulo del Imam Abū Ḥanīfah, Imam Muḥammad al-Shāfi'ī (m. 820). Fue él quien completó y perfeccionó los métodos de jurisprudencia de la Ley islámica. En muchos aspectos, de las diferentes escuelas sunníes de la ley es ésta la más próxima a la escuela jafarí. Enterrado en El Cairo, al-Shāfi'ī es muy amado y admirado por los egipcios, casi todos shafiíes, como lo son muchos al sur de Egipto, así como la mayoría de los malayos en el sudeste de Asia, ya se trate de Indonesia, Malasia, Singapur o Thailandia.

La escuela hanbalí, fundada por el Imam Aḥmad ibn Ḥanbal (m. 855) de Bagdad, se basaba únicamente en el Corán y el *Ḥadīth* y daba una interpretación muy estricta de la *Sharī'ah*. Aunque en otro tiempo tuvo muchos seguidores en Irak, Persia y otros países, en tiempos recientes sus partidarios se han limitado principalmente a Siria. El wahhabismo, que es dominante en Arabia Saudí, es un vástago del hanbalismo, pero no se debe identificar simplemente con él. El wahhabismo, que surgió como movimiento reformista en el siglo XVIII en Najd, el sudeste de Arabia, se opone a los refinamientos posteriores de la cultura islámica en filosofía y teología, así como en las artes; en el ámbito de la religión se opone con fuerza al sufismo y al chiísmo, y está en contra de la visita a las tumbas de los santos y de la intercesión de los santos ante Dios por el creyente individual. A él se opusieron no sólo los chiíes, sino también los sunníes ortodoxos, e incluso en el siglo XIX el califa otomano envió un ejército para someter el movimiento. Pero mediante la alianza establecida entre los eruditos wahhabíes y la Casa de Sa'ūd, el movimiento se mantuvo vivo en Najd hasta el comienzo del siglo XX, cuando empezó a consolidar su poder político. Después de la Primera Guerra Mundial, tomó Hijaz, donde están La Meca y Medina, y creó el reino de Arabia Saudí.

Como resultado de este proceso histórico, el wahhabismo fue aceptado en toda Arabia Saudí como interpretación oficial del Islam. A pesar de su oposición a la corriente principal del Islam sunní, al chiísmo y al sufismo, el wahhabismo no fue siempre violento, aunque fue íntegramente exotérico y exclusivista en su interpretación del Islam. Sin embargo, su influencia permaneció confinada a Arabia Saudí hasta que el aumento de riqueza en el reino debido a los ingresos por el petróleo hizo posible que las escuelas y mezquitas wahhabíes se establecieran en muchas otras zonas del mundo. Pero incluso entonces su influencia siguió siendo limitada, y actualmente de ninguna manera se puede considerar que la inmensa mayoría de los sunníes sean wahhabíes, por no hablar de los chiíes, que siempre se opusieron al wahhabismo. En la propia Arabia ha habido en las dos últimas décadas una notable apertura en algunos círculos religiosos hacia otras escuelas del Islam, sunníes y chiíes, aunque la influencia del wahhabismo sigue siendo dominante.

Los cuatro fundadores de las escuelas tradicionales de la Ley sunní mencionados anteriormente son muy respetados y venerados por todos los sunníes. De vez en cuando se produce el paso de una escuela a otra, y en la época moderna algunos gobernantes han recurrido a varias escuelas, incluido el chiísmo, para crear leyes civiles en sus propios países. La diferencia entre las escuelas sunníes de la Ley y la escuela jafarí u otras escuelas chiíes es menor, especialmente cuando se llega a la práctica de los ritos. En algunos campos, como las leyes de herencia o la legalidad del matrimonio temporal, existen, sin embargo, diferencias notables.

En cuanto al chiísmo, aunque se podría distinguir entre las distintas escuelas sobre la base de su orientación legal, un criterio de distinción más revelador, utilizado por los propios musulmanes así como por estudiosos occidentales, es la postura de cada rama del chiísmo con respecto a los Imames. Después de 'Alī, su hijo Ḥasan se convirtió en Imam. Llevó una vida tranquila, inactiva políticamente, en Medina, difundiendo el conocimiento del Corán, pero su hermano Ḥusayn, que se convirtió en el tercer Imam, se levantó contra Yazīd, hijo de Mu'āwiyyah, que se había opuesto a 'Alī y había fundado el califato Omeya con su capital en Damasco. El pueblo de la ciudad iraquí de Kufa invitó a Ḥusayn a ir a Irak, y prometieron apoyarle. Y así, en el año 680 se puso en camino con su familia y muchos seguidores de Medina a Irak. Sin embargo, antes de llegar a Kufa se encontró con el ejército de Yazīd en Karbalā', donde Ḥusayn y todos los miembros varones de la familia del Profeta, salvo Zayn al-'Ābidīn, que estaba enfermo, fueron asesinados. El cuerpo de Ḥusayn fue enterrado en Karbalā', y su cabeza fue llevada a Damasco, pero Yazīd, temeroso de las reacciones que pudieran producirse, trató de distanciarse del incidente y exilió a Zaynab, la hermana de Ḥusayn, a Egipto con la cabeza de su hermano. Según la tradición sunní, Zaynab enterró la cabeza en un lugar que se convirtió en el centro de lo que más tarde sería la ciudad conocida como al-Qāhirah, o El Cairo. Este trágico acontecimiento cristalizó el movimiento chií en Irak y más tarde en otras partes, especialmente en Persia, y llevó finalmente a la caída de los Omeyas. Hasta hoy, la tragedia de Karbalā' se conmemora el diez de Muḥarram en muchos países, especialmente en Irán, Irak, el subcontinente indopakistaní y el Líbano, y estos acontecimientos constituyen las ceremonias religiosas populares más notables del Islam después de la peregrinación anual, o *ḥajj*. En mi memoria está todavía grabado de manera indeleble el recuerdo de inmensas procesiones religiosas, sermones y representaciones de la pasión en Muḥarram que dominaron la vida de Teherán durante mi infancia, que transcurrió en esa ciudad.

Todos los demás Imames del chiísmo fueron descendientes de Ḥusayn a través del único hijo que sobrevivió, Zayn al-'Ābidīn al-Sajjād, que se convirtió en el cuarto Imam. La rama principal del chiísmo, que incluye a la inmensa mayoría de los chiíes, se denomina Ithnā 'ashariyyah, o chiísmo duodecimano, que es dominante en Irán y es mayoría en Irak, Azerbaiyán, Bahrein, y entre los musulmanes del Líbano. Los duodecimanos aceptan una cadena de Imames descendientes del cuarto, incluyendo a su hijo, Muḥammad al-Bāqir, el quinto Imam, y su hijo, Ja'far al-Ṣādiq, el sexto Imam, hasta el duodécimo, Muḥammad al-Mahdī, al que creen que Dios dio una vida misteriosamente larga, pero que está en ocultación *(ghaybah)*. Vive como Elías, que fue llevado vivo al cielo según la creencia judía. Pero el duodécimo Imam es también el Señor secreto de este mundo y puede aparecer a quienes están en el estado espiritual apropiado para verle. Aparecerá públicamente antes del final de los tiempos, cuando la injusticia y la opresión se hayan hecho dominantes, para restablecer la justicia y la paz sobre la tierra, y preparará la segunda venida de Cristo, acontecimiento en el que los musulmanes tienen una fe tan firme como los cristianos. Esta esperanza escatológica se denomina mahdismo y no se limita de ningún modo al chiísmo. También el sunnismo contiene esas enseñanzas, con la diferencia de que los chiíes pretenden saber aquí y ahora quién es el Mahdī, mientras que los sunníes esperan que una figura con ese nombre aparezca en el futuro.

El pensamiento apocalíptico, aunque presente en el Islam, no desempeña sin embargo el mismo papel que en el cristianismo contemporáneo, especialmente entre ciertos televangelistas de América, que han comercializado sus polémicas interpretaciones del Apocalipsis y de otras fuentes cristianas sobre la base de un exclusivismo asombroso. En el mundo islámico, aunque exista la idea de la venida del Mahdī, públicamente se habla mucho menos de ello, especialmente en la televisión, y se hace poco énfasis en la creación del club exclusivo de los que serán salvados, mientras que el resto se condenará. Aunque en el África negra hayan existido unos cuantos líderes mahdiístas con seguidores dispuestos a morir por ellos, en el núcleo del Islam no existen fenómenos como el de Waco y Jonestown, salvo el episodio ocurrido en La Meca en 1980, cuando una persona que pretendía ser el Mahdī entró en la Mezquita santa con sus seguidores y finalmente fue muerto cuando las fuerzas gubernamentales atacaron al grupo en el interior de la mezquita.

La segunda rama más importante del chiísmo es el ismailismo, que se separó del cuerpo principal del chiísmo por la cuestión de la identidad del séptimo Imam. El sexto Imam, Ja'far al-Ṣādiq, había escogido, por mandato divino según la creencia chií, a su hijo Ismā'īl como séptimo Imam, pero Ismā'īl murió cuando su padre vivía todavía. Posteriormente, el Imam Mūsā al-Kāẓim fue elegido séptimo Imam, pero algunos miembros de la comunidad chií se negaron a aceptar esta investidura y siguieron considerando a Ismā'īl como su imam, de ahí el nombre de ismailismo. Durante algún tiempo sus imames no se presentaron en público, hasta que de repente, en el siglo X, aparecieron los ismailíes en Túnez, donde tomaron el poder y de ahí extendieron su dominio hasta Egipto, gran parte del resto del norte de África e incluso Siria. Establecieron el califato fatimí, que compitió y se opuso al califato sunní abbasí, que tenía su capital en Bagdad. Hicieron de El Cairo su capital, y construyeron allí un gran centro de las ciencias y las artes. La Universidad al-Azhar, con mil años de antigüedad y la sede más importante del saber sunní en el mundo islámico actual, fue construida por los fatimíes, cuyos gobernantes eran también imames ismailíes.

Los fatimíes representaban la forma más moderada del ismailismo, pero le siguieron otros movimientos más radicales. El califa fatimí Mustanṣir bi'Llāh había transferido la investidura del imamato de su hijo mayor, Nizār, al más joven, Musta'lī. A su muerte, en 1094, algunos ismailíes siguieron a Nizār y otros a Musta'lī. Los mustalíes, o seguidores de Musta'lī, siguieron las enseñanzas moderadas de los primeros fatimíes, pero quienes siguieron a Nizār se volvieron más radicales. En Irán, los nizaríes construyeron fortalezas en la cima de las montañas, la más famosa de las cuales fue Alamūt. El ismailí persa Ḥasan Ṣabbāḥ desempeñó un papel principal en la creación de estos fuertes y en la propagación de la causa nizarí. En 1164, el imam ismailí de la época, Ḥasan, declaró la Gran Resurrección y proclamó que, en adelante, sólo importaban el aspecto espiritual y esotérico del Islam, y que el aspecto legal y formal debía ser dejado de lado. El ismailismo nizarí se convirtió en una fuerza radical y revolucionaria hasta que finalmente fue derrotado por los mongoles. Se dice que los devotos ismailíes, que sacrificaron su vida como mártires y fueron llamados *fadā'iyān*, asesinaban a los oponentes sunníes que les oprimían. La palabra "asesino" procede muy probablemente del nombre de Ḥasan, aunque algunos estudiosos occidentales pretenden que deriva de *ḥashīsh*, sustancia que sus enemigos decían que tomaban antes de realizar sus actos criminales.

El carácter revolucionario del ismailismo se extinguió después de la invasión mongola del siglo XIII, y en la misma Persia la mayoría de los ismailíes fueron clandestinos. Mientras tanto, los mustalíes florecieron en Yemen. Hubo también un tercer grupo de ismailíes, que se instalaron en Sindh y Gujarat, en la India, al principio de la historia islámica y convirtieron también a algunos hindúes al ismailismo. Esta comunidad se dividió posteriormente, y su grupo principal fue conocido como Sat Panth (Senda Verdadera). Esta rama del ismailismo era muy ecléctica en sus prácticas, e incorporaba muchos elementos hindúes. Su poesía religiosa, llamada *Ginān*, tiene versos en los que se compara, e incluso se identifica, con varios avataras hindúes a las figuras principales de la historia sagrada islámica, como 'Alī. Hacia el siglo XIX, las ramas persa y yemení del ismailismo conocidas como ṭayyibiyyah se establecieron también en la India, especialmente con la emigración del Aga Khan de Persia a la India. Unificada ahora, tiene dos ramas, los Aga Khanid y los Bohras, cuyos seguidores se concentran en la India y, en alguna medida, en Pakistán. Pero hay también comunidades ismailíes notables en Asia central, Persia, Siria, África oriental y Canadá, adonde emigraron muchos ismailíes de África oriental tras las tragedias políticas de las décadas de 1960 y 1970.

Nadie fuera de la comunidad ismailí conoce el número exacto de sus miembros, aunque, dado que su imam vive y funciona como jefe de la comunidad, están bien organizados y tienen una sólida red global que abarca a toda la comunidad. Aunque su número es relativamente pequeño en comparación con la Ithnā 'ashariyyah, los ismailíes han desempeñado un importante papel en la historia islámica, intelectual, artística y políticamente, y constituyen, a pesar de su número relativamente pequeño, una parte notable del espectro islámico.

Finalmente, la tercera rama del chiísmo, la zaydí, escogió a Zayd, hijo del cuarto Imam, como líder. Los zaydíes representan una forma moderada de chiísmo y, en contraste con los ismailíes, no enfatizan la dimensión esotérica de la religión sobre la exotérica. Tuvieron muchos seguidores en Persia y Arabia oriental en el siglo X, pero gradualmente retrocedieron a Yemen, donde en la actualidad constituyen casi la mitad de la población, y gobernaron durante mil años hasta 1962, tras la invasión egipcia del Yemen. El zaydismo tiene su propia escuela de ley y teología, así como una filosofía política según la cual cualquier musulmán devoto e instruido, que pueda defender el país y preservar la paz y la seguridad, puede ser aceptado como imam y gobernante.

Aunque los zaydíes y los ismailíes sean unos pocos millones, el chiísmo duodecimano tiene unos ciento cincuenta millones de seguidores. La historia de su primera expansión estuvo menos relacionada con instituciones políticas que con la difusión de sus enseñanzas por sus seguidores individuales. En realidad, su expresión política fue posterior a la del zaydismo y el ismailismo. No fue hasta 1499 cuando los safawíes se establecieron como gobernantes de Persia, país que incluía no sólo el Irán actual, sino también Afganistán así como partes de Pakistán, Caucasia y Asia central. Establecieron el chiísmo duodecimano como religión de Estado, y apoyaron el chiísmo en otros lugares, especialmente en Irak, país sobre el que gobernaron durante algún tiempo antes de perderlo a manos otomanas. Hubo también en la India dinastías locales que fueron chiíes duodecimanas. El número de chiíes duodecimanos ha crecido considerablemente durante los últimos siglos y hoy en día constituye la inmensa mayoría de los chiíes de todo el mundo.

LAS SECTAS RELIGIOSAS EN EL MUNDO ISLÁMICO

Hay un *Ḥadīth* del Profeta según el cual su comunidad se dividiría en setenta y dos grupos, de los que sólo uno poseería la Verdad, pero este dicho se relaciona más con las diferencias teológicas *(kalām)* que con las *shariítas*. En la práctica, hay muchas menos sectas en el Islam que en el cristianismo, que ha experimentado una fragmentación y una división continuas en el protestantismo desde la Reforma. En primer lugar, el sunnismo y el chiísmo mayoritario deben ser entendidos como la corriente principal ortodoxa y no como sectas tal como se utiliza este término habitualmente. En el contexto del Islam, el término "secta" *(firqah)* se puede usar en su sentido clásico para referirse a pequeños grupos que abrigan ideas teológicas particulares que se desvían de la norma general; también se puede emplear este término con el sentido habitual en las modernas lenguas occidentales de "denominación disidente" o "grupo cismático que sostiene una doctrina particular", aplicado al caso del Islam. El significado clásico tiene que ser dejado de lado en un trabajo como éste, porque la discusión de *firaq* (plural de *firqah*) en el pensamiento islámico clásico requeriría ahondar en minucias de teología islámica e historia sagrada que no podemos tratar aquí. Sin embargo, es importante, para comprender todos los detalles del tapiz del mundo islámico actual, mencionar algunos de los pequeños grupos religiosos más importantes que se pueden calificar de "sectas" tal como se entiende corrientemente el término en Occidente.

En primer lugar, están los restos del Khawārij primero, que existió en el siglo VII y que se oponía al sunnismo y al chiísmo. En esa época, eran un movimiento revolucionario y violento con algunos seguidores entre los nómadas. Más tarde, se concentraron en comunidades arraigadas. En la actualidad se encuentran principalmente en el sur de Argelia y en Omán y son conocidos como ibadíes. Tienen su propia escuela de ley y, aunque empezaron como secta, están hoy más cerca de la tendencia general de lo que puedan estarlo otras sectas.

Antes de la época moderna, la mayoría de las sectas del Islam surgieron de formas extremas del chiísmo que se desviaron en la dirección de la divinización de 'Alī o algún otro personaje, o enfatizando ciertas enseñanzas esotéricas sin las enseñanzas exotéricas correspondientes. Actualmente, hay una secta conocida como 'Alīallāhī en Irak e Irán que diviniza a 'Alī. Los drusos, que viven en el sur del Líbano y en Siria así como en el norte de Israel, se separaron del ismailismo fatimí y consideran que el séptimo califa fatimí, al-Ḥākīm bi'Llāh, es una encarnación divina. En Turquía, están los alawíes (que no deben ser confundidos con los alawíes de Siria ni con las órdenes sufíes alawíes). Los alawíes turcos, que viven principalmente en Anatolia central, son restos de los chiíes que, después del ascenso de los safawíes y la oposición otomana, quedaron aislados y oprimidos, olvidando muchos de los principios del chiísmo tradicional. Los alawíes de Siria, también conocidos como nusayríes, que ahora ocupan el poder en el país, fueron originalmente una secta religiosa preislámica con raíces en el gnosticismo y las religiones babilónicas. Han sobrevivido definiéndose a sí mismos como una escuela de chiísmo y, en las últimas décadas, han tratado de conseguir una mayor legitimidad chií.

Existen otras pequeñas comunidades de este tipo en el mundo islámico, como los yazidíes de Irak, los habitantes de Kafirestán, en el norte de Afganistán, y los sabeos de Irak e Irán. Como los nusayríes, son restos de religiones preislámicas y no pueden ser denominados propiamente sectas islámicas. Existen también grupos de este tipo entre los musulmanes del África negra. Sin embargo, se debe subrayar que el número de todas estas sectas y otras similares es bastante reducido. Sólo llegaron a desempeñar un papel más prominente cuando se convirtieron en un factor en el equilibrio de poder en situaciones locales, como se ve en el caso de los drusos en Líbano y en Israel, o en el caso excepcional de los alawíes de Siria, una pequeña secta que ha sido capaz de tomar las riendas del poder. El caso de los talibán en Afganistán ofrece otro ejemplo de un grupo extremista minoritario que dominó el país durante varios años.

A principios del siglo XIX, una de las respuestas a la dominación del mundo islámico por los poderes coloniales fue la ola de mahdismo que azotó muchos países musulmanes. En ciertas zonas, produjo Mahdīs locales con una considerable influencia política y religiosa, como se ve en el caso de 'Uthmān Dan Fadio, que cambió el paisaje religioso de África occidental, o el Mahdī de Sudán, cuyos seguidores desempeñan actualmente un papel importante en ese país. Pero esos movimientos no dieron origen a nuevas sectas. Los movimientos que, sin embargo, crearon sectas incluyen al babismo en Persia y el movimiento aḥmadiyyah en el Penjab, el primero de origen chií y el segundo de origen sunní. En Persia se había desarrollado ya en el siglo XVIII el movimiento shayjí, que era una forma muy piadosa de chiísmo con un énfasis extremo en la veneración de los imames y una actitud "antiintelectual" en la teología y la ley. No obstante, el movimiento se mantuvo en el redil del chiísmo duodecimano. A partir de ahí surgió en las primeras décadas del siglo XIX el movimiento babí, cuyo fundador, Sayyid Muḥammad Bāb, pretendía ser el *bāb*, o "puerta", del Mahdī. Uno de los discípulos de Bāb, Bahā'Allāh, fue más allá y se declaró no sólo el Mahdī, sino un nuevo profeta y fundador del bahā'ismo, que también está presente hoy en día en Occidente, pero que, aunque basado en un fondo chií, no puede ser llamado islámico. Más bien es un movimiento religioso modernista que trata de vincularse a algunos principios proféticos y universalistas del Islam, pero no en la manera en que los musulmanes entienden esos principios.

El movimiento Aḥmadiyyah, fundado por Ghulām Aḥmad en lo que ahora es Pakistán, fue en varios sentidos una reacción a la actividad misionera inglesa en la India. Su fundador reivindicaba para sí mismo una nueva dispensación divina, si no una genuina misión profética. Estableció, por primera vez en el Islam, una actividad misionera semejante en sus líneas generales a la versión cristiana. Apoyados por los británicos, en gran medida por razones políticas, los Aḥmadiyyah establecieron la primera mezquita importante en Gran Bretaña, que todavía subsiste, y enviaron abundantes misioneros a África, así como a Europa. En la práctica, los Aḥmadiyyah, en contraste con los Bahā'īs, siguen las prácticas islámicas, pero sus concepciones teológicas son rechazadas por la comunidad islámica en general, especialmente su idea de que Cristo emigró a la India, donde murió, y el sutil desafío de Ghulām Aḥmad al carácter concluyente de la misión profética de Muḥammad. Dado su origen, el estatuto de los Aḥmadiyyah ha sido algo ambiguo. Algunos musulmanes los han aceptado como secta islámica, aunque irregulares de alguna manera, mientras otros les han negado la condición de musulmanes. En cualquier caso, su estatus con relación al Islam es diferente del baha'ísmo, que se separó claramente del Islam y no puede ser considerado de ningún modo una secta o rama islámica.

Diversidad teológica e intelectual

Además de aquellas variaciones que determinan las realidades del sunnismo, el chiísmo y las numerosas sectas, existieron desde el principio, en la corriente principal de la historia islámica, teologías y filosofías diferentes que han contribuido a la diversidad del mundo islámico, incluso en el interior de una particular escuela de la ley. Cuando se piensa en el Islam, es importante recordar que, en los niveles intelectual y teológico, así como en el jurídico, el Islam no es una estructura monolítica, sino que despliega una diversidad extraordinaria cuyos elementos se unen por la doctrina del *tawḥīd*, o unidad. A lo largo de los siglos el Islam ha creado una de las tradiciones intelectuales más ricas del mundo, que se puede comparar favorablemente en su profundidad y diversidad con las de la India, China y el Occidente cristiano. De hecho, en la época medieval se crearon en Europa numerosas escuelas teológicas y filosóficas judías y cristianas como resultado de la influencia de la enseñanza filosófica y teológica islámica y como respuesta a ella.

Pero no es posible analizar en profundidad aquí las diferentes escuelas teológicas y filosóficas, ni siquiera las más importantes. Lo que nos interesa en este contexto es mencionar las escuelas más conocidas y señalar que incluso en algunas de las cuestiones religiosas más importantes –como el significado de la Unidad divina especialmente en relación con la multiplicidad, la naturaleza de los Nombres de Dios y sus Cualidades, la relación entre fe y obras en relación con la salvación, la predestinación y el libre albedrío, la revelación y la razón, la relación entre la Misericordia de Dios y Su Justicia, y cuestiones de escatología, por no mencionar la filosofía política– han existido numerosos puntos de vista, a veces incluso opuestos.

En la teología, que en el Islam se llama *'ilm al-kalām* o simplemente *kalām*, se desarrolló en primer lugar en el mundo sunní, en el siglo VIII, la escuela mutazilí, que favorecía el uso extenso de la razón en la interpretación de los temas religiosos, postura a la que se opusieron algunos intérpretes literalistas del Corán y la *Sunnah*, como los hanbalíes. En realidad, los hanbalíes se han seguido oponiendo a toda forma de *kalām* hasta hoy, como su vástago wahhabí. Actualmente, la enseñanza de cualquier forma de *kalām* está prohibida en las universidades religiosas de Arabia Saudí.

En el siglo X surgió en Bagdad una nueva escuela de *kalām* llamada escuela asharí con el objetivo de crear un terreno intermedio en muchas cuestiones, promoviendo la aplicación de la razón en asuntos religiosos. El asharismo, que muchos orientalistas han identificado con la ortodoxia teológica islámica como tal, se extendió con rapidez entre los shafiíes y en muchos aspectos alcanzó su cima con al-Ghazzālī, que, sin embargo, mantuvo algunas ideas no asharíes, y con Fakhr al-Dīn al-Rāzī, en los siglos XI y XII. Gradualmente el asharismo se difundió también entre hanafíes y malikíes y se convirtió en la escuela de *kalām* más apreciada en el mundo sunní hasta la época contemporánea. Pero hubo también otras escuelas sunníes de *kalām* que dominaron en algunas localidades, como el maturidismo en Khorasán y Asia central, y el tahawismo en Egipto. Desde finales del siglo XIX, algunos "reformadores" musulmanes como Muḥammad 'Abduh de Egipto, trataron de revivir el mutazilismo porque hacía un uso mayor de la razón en lugar de basarse predominantemente en los principios de la revelación.

También en el chiísmo el *kalām* ha tenido una larga historia. El *kalām* ismailí, que se ha desarrollado desde el siglo VIII en adelante, estuvo estrechamente vinculado con la filosofía ismailí y se interesó más por lo que en Occidente se llamaría teología mística que por las escuelas de *kalām* sunníes. En cuanto al *kalām* chií duodecimano, se desarrolló según líneas más intelectuales que el *kalām* asharí y recibió su formulación sistemática en el siglo XIII de manos de Naṣīr al-Dīn Ṭūsī, que fue también uno de los más insignes filósofos, matemáticos y astrónomos del Islam. Los zaydíes adoptaron más o menos el *kalām* mutazilí, que, de este modo, sobrevivió en Yemen mucho después de que hubiera sido eclipsado por el asharismo después del siglo XI en los centros intelectuales del corazón del mundo islámico en el este de Arabia y Persia.

La filosofía islámica fue desarrollada por pensadores islámicos enraizados en la revelación coránica y que reflexionaron sobre las traducciones de textos griegos y siríacos al árabe. El resultado fue la integración de ideas tomadas principalmente del pitagorismo, el platonismo, el aristotelismo, el neoplatonismo, el hermetismo y, en alguna medida, el estoicismo en la cosmovisión coránica y la creación de nuevas perspectivas filosóficas. Se desarrollaron varias escuelas, empezando con la peripatética *(mashshā'ī)* e ismailí desde el siglo IX en adelante. Este primer período produjo filósofos famosos como al-Kindī, al-Fārābī, Ibn Sīnā (Avicena) e Ibn Rushd (Averroes), cuya influencia sobre el Occidente medieval fue inmensa. No se puede concebir la filosofía cristiana de la Edad Media, con figuras como Alberto Magno, santo Tomás y Duns Scoto, ni la filosofía judía medieval, representada por maestros como Ibn Gabirol y Maimónides (que escribió su famosa obra, *Guía de perplejos*, primero en árabe), sin considerar la influencia que sobre ellos tuvieron la primera filosofía islámica y, en alguna medida, el *kalām*.

Aunque la influencia de la filosofía islámica en Occidente llegó más o menos a su fin en el siglo XIII con la traducción de Averroes y los primeros filósofos islámicos al latín, la filosofía islámica no sólo no llegó a su final, sino que revivió en las tierras orientales del Islam y especialmente en Persia. En el siglo XII, Suhrawardī fundó una nueva escuela de filosofía llamada "escuela de la iluminación" *(ishrāq)*, y en el siglo XVII Ṣadr al-Dīn Shīrāzī creó una importante síntesis de filosofía, sufismo doctrinal o gnosis, en el sentido de conocimiento iluminativo y unitivo *('irfān)*, y teología en una nueva escuela que él denominó "teosofía trascendente" *(al-ḥikmat al-muta'āliyah)*. Estas dos escuelas están todavía muy vivas en la actualidad y han desempeñado un importante papel en la vida intelectual de Persia, la India y, en lo que se refiere a la escuela del *ishrāq*, también, en alguna media, de la Turquía otomana.

Otra escuela importante que se desarrolló en la historia posterior del Islam es el sufismo doctrinal, o gnosis, asociada más que ninguna al nombre del sufí andalusí del siglo XIII Muḥyī al-Dīn ibn 'Arabī, la figura intelectual más influyente del Islam durante los últimos siete siglos. Sus enseñanzas se extendieron desde Sumatra y China a Mali y Mauritania, y su escuela produjo numerosos pensadores y poetas de relieve en casi todas las tierras islámicas.

Todas estas escuelas de *kalām*, filosofía y gnosis, junto con la filosofía de la ley, métodos del comentario coránico y estudio de otras ciencias tradicionales de las que no podemos tratar aquí, así como varias escuelas de ciencias, desde medicina hasta astronomía, todas ellas de suma importancia tanto para el Islam como para el desarrollo de la ciencia en Occidente, tuvieron sus defensores y sus oponentes, y todas ellas deben ser consideradas como otras tantas hebras del tapiz de la tradición intelectual islámica. Aunque todas estuvieran relacionadas con los aspectos intelectuales de la religión, el cosmos a la luz de las verdades de la revelación o el conocimiento puramente teórico, a menudo también ejercieron una influencia directa o indirecta en el nivel popular. En cualquier caso, se debe considerar su diversidad al estudiar el espectro del Islam en su conjunto. Su misma existencia demuestra también la extraordinaria apertura del universo del discurso intelectual en el marco de la tradición islámica, apertura que marcó muchos períodos de su historia, pero que no llevó a una rebelión contra el marco sagrado establecido por el Islam, como debía suceder con el cristianismo en Occidente después de la Edad Media.

LA CUESTIÓN DE LA ORTODOXIA Y LA HETERODOXIA

La cuestión de la ortodoxia en cualquier religión es de la máxima importancia, pues la palabra significa "corrección de la creencia o la doctrina". Si existe la verdad, existe también el error, y si nada es falso, entonces no existe la verdad. Como dice el Corán: «Ha llegado la verdad y ha perecido el error» (17, 81). Ortodoxia significa posesión de la verdad religiosa, y ortopraxis es la manera correcta de practicar y alcanzar la verdad. En el contexto del conjunto de la tradición islámica y a la luz de lo que se ha dicho del espectro del Islam, se pueden entender ortodoxia y ortopraxis como el estado del que se encuentra en el «camino recto» *(al-ṣirāṭ al-mustaqīm)*; el propio Islam es denominado en ocasiones la «religión del camino recto».

No existe magisterio en el Islam, como ocurre en el catolicismo, para determinar la corrección de la doctrina, y en el nivel de creencia y doctrina el Islam ha sido menos estricto que el catolicismo a la hora de determinar lo que es ortodoxo. Habitualmente, ha bastado la aceptación de las atestaciones de fe, es decir: «No hay dios sino Dios» y «Muḥammad es su Mensajero», aunque se haya practicado la oposición a otras creencias e interpretaciones de una persona o grupo particular. Como el judaísmo, el Islam ha insistido más en la importancia de la ortopraxis que en la ortodoxia. Aunque haya sido indulgente en el nivel de la ortodoxia siempre y cuando se aceptara el principio del *tawḥīd* y la condición de enviado del Profeta, ha sido más estricto en el nivel de la práctica de las oraciones diarias, el ayuno, la peregrinación, etc., en la observación de las leyes dietéticas como abstenerse de cerdo y de bebidas alcohólicas, y en el seguimiento de leyes morales referentes a las relaciones sexuales, el robo, el asesinato, etc.

En cuanto a qué instancia desempeña en el Islam el papel del magisterio, la respuesta más adecuada sería la *ummah*, es decir, la propia comunidad islámica, y para el chiísmo la guía del imam. A lo largo de la historia islámica el consenso de la comunidad ha decidido a largo plazo qué nuevas interpretaciones del Corán y de la *Sunnah* en el nivel del pensamiento y la acción son permisibles y cuáles deben ser rechazadas. Pero esta acción de la comunidad debe quedar siempre subordinada a las enseñanzas de la Palabra de Dios y Su Profeta. En ese nivel, cualquier innovación *(bid'ah)* ha sido considerada siempre un pecado importante y una desviación del "camino recto", pero el fuerte rechazo de *bid'ah* en su sentido técnico religioso nunca ha significado oposición a la adaptación y aplicación de los principios inmutables del Islam a las nuevas condiciones y situaciones, como sucedió con frecuencia a lo largo de la historia islámica.

Con estas definiciones en mente, podemos ahora volvernos al conjunto del Islam y plantear la pregunta: «¿Qué constituye el Islam ortodoxo?». En la mayor parte de los estudios occidentales, se limita la ortodoxia a su aspecto exotérico, y cuando se piensa en el Islam, sólo las cuatro escuelas sunníes de la ley se consideran ortodoxas. Pero esta valoración es totalmente inadecuada. Existe una ortodoxia y una ortopraxis exotéricas y una ortodoxia y una ortopraxis esotéricas. El sufismo tradicional y ortodoxo no es sólo parte de la ortodoxia islámica, sino que es su corazón y no debe ser entendido como algo análogo a las diversas manifestaciones místicas y ocultas del cristianismo postmedieval que se denominan heterodoxas. El sufismo forma parte de la ortodoxia islámica igual que la espiritualidad franciscana o dominica formaba parte de la ortodoxia católica de la Edad Media.

Para comprender la posición del chiísmo en la tradición islámica, se debe comparar no con el protestantismo, que surgió muchos siglos después de la fundación del cristianismo como protesta contra el catolicismo, sino con la ortodoxia oriental, que ha estado allí desde el principio. Aunque catolicismo y ortodoxia hayan estado casi siempre enfrentados a lo largo de casi mil años, los dos pertenecen al conjunto de la ortodoxia cristiana. Lo mismo se puede decir en lo que se refiere al sunnismo y la tendencia principal del chiísmo de la escuela duodecimana. Se podría decir que en el centro del espectro del Islam, en lo que se refiere a ortodoxia y heterodoxia, están el sunnismo y el chiísmo duodecimano. Por el lado del sunnismo, la inclinación en la dirección del extremismo está en los khawārij y otros grupos similares, y por el lado del chiísmo más allá de los zaydíes y los ismailíes moderados están los llamados extremistas chiíes *(ghulāt)*, incluidas las formas eclécticas de ismailismo y las diversas sectas descritas antes. Ciertamente, en el nivel formal y exotérico, las cuatro escuelas de la Ley, sunníes, el chiísmo duodecimano, el zaydismo, así como aquellos que se encuentran a los dos lados de la franja central del espectro, sean ismailíes o ibadíes, siempre y cuando practiquen la *Sharī'ah*, pertenecen a la ortodoxia islámica, como, por supuesto, todo el sufismo normativo que se basa en la práctica de los mandatos *shariíes*. En realidad, debido a la importancia central de la ortopraxis se podría decir que los musulmanes que practican la *Sharī'ah* pertenecen también a la ortodoxia islámica siempre que no rechacen las doctrinas principales de la fe; por ejemplo, que el Profeta es el sello de la profecía, como hacen los Aḥmadiyyah.

El uso de términos tales como "heterodoxia" y "secta" deben ser sopesados atentamente a la luz de la naturaleza y estructura de la tradición islámica. Nunca se debería hacer referencia al chiísmo en su conjunto como una secta, del mismo modo que no se debería pensar en la Iglesia ortodoxa como secta. Nadie debería considerar heterodoxo al sufismo, a menos que se esté señalando a una figura o grupo particular que hayan adoptado creencias o prácticas que resulten, en efecto, heterodoxas para el consenso, o *ijmā'*, de la comunidad predominante sobre la base del Corán y la *Sunnah*, pero ese fenómeno palidece en insignificancia cuando se compara con la inmensa realidad del sufismo. El esoterismo auténtico, lejos de ser heterodoxo, está en el corazón de la ortodoxia y la ortopraxis en su sentido más universal.

Zonas culturales de la civilización islámica

Se habla con frecuencia del Islam árabe, persa o turco como si fueran tres realidades diferentes, cuando en verdad existe un único Islam, pero con coloraciones locales relacionadas con los rasgos étnicos, lingüísticos y culturales de pueblos diferentes que formaron parte de la comunidad islámica. Dondequiera que llegó el Islam, no trató de nivelar a ras de suelo las estructuras culturales existentes, sino de preservarlas y transformarlas siempre que no se opusieran al espíritu y la forma de la revelación islámica. El resultado fue la creación de una sola identidad islámica. De este modo, el área inmensa de la "morada del Islam" *(dār al-Islām)* llegó a desplegar una extraordinaria diversidad en el plano humano, mientras que se reflejaba en todas partes el mensaje único del Corán revelado por medio del Profeta. Esta diversificación étnica y cultural debe añadirse, por consiguiente, a todos los factores ya mencionados para dejar más claros los modelos que, superpuestos unos a otros, han creado la gran diversidad en la unidad que se encuentra en el Islam.

La primera zona cultural del mundo islámico es la zona

árabe, que se extiende desde Irak y el golfo Pérsico hasta Mauritania y antes de 1492 a la parte sur de la península ibérica. Ni que decir tiene que, en contraste con lo que piensan muchos occidentales, "mundo árabe" no es de ningún modo sinónimo de "mundo islámico". De hecho, los musulmanes árabes, que son unos 220 millones de personas, constituyen menos de la quinta parte de todos los musulmanes, pero como el Corán fue revelado al Profeta árabe del Islam y la primera sociedad islámica se estableció en Arabia, la zona árabe de la "morada del Islam" es la parte más antigua de la comunidad islámica y sigue siendo su centro. Uno de los mayores misterios de la primera historia islámica es que cuando los ejércitos árabes salieron de Arabia, las tierras que conquistaron al norte y el oeste se islamizaron y se arabizaron. La palabra "árabe" es un término lingüístico y no étnico cuando se utiliza en una frase como "el mundo árabe". Hubo también mucha emigración árabe a ese mundo, pero lo que le hizo decisivamente árabe fue la adopción de la lengua árabe desde Marruecos a Irak. Incluso un país con un pasado incomparablemente antiguo como Egipto se hizo árabe y, de hecho, sigue siendo actualmente el centro de la cultura árabe. En contraste, el pueblo del Imperio persa bajo los sasánidas, que fueron derrotados por los árabes en el siglo VII, se hizo musulmán, pero no adoptó la lengua árabe. En cambio, desarrolló el persa sobre la base de las lenguas iranias antiguas y retuvo una zona cultural propia profundamente diferenciada. Irak fue la única excepción. Aunque sede de la capital sasánida, se hizo árabe y, de hecho, fue el centro del califato abbasí, pero siempre conservó importantes elementos persas.

Es interesante comparar este desarrollo con la difusión del cristianismo en Europa. Al hacerse cristiana, Europa se convirtió también en alguna medida en parte del mundo abrahámico, pero fue mucho menos semitizada que los musulmanes no árabes que abrazaron el Islam, porque a través de san Pablo el cristianismo mismo se había vuelto menos "semita" antes de extenderse a Europa. Por eso la cristianización de Europa no fue acompañada de la difusión del arameo o cualquier otra lengua semítica de la misma manera que se extendió el árabe por Oriente Próximo y África y también entre persas e indios, que pertenecían al mismo tronco lingüístico y racial que los europeos. No sólo los Evangelios se escribieron en griego y no en arameo, que era la lengua de Jesús, sino que también la propia Biblia fue pronto traducida al latín como la Vulgata y se separó lingüísticamente de su origen. En su papel de lengua de la religión y el saber en Occidente, el latín se convirtió en la lengua más cercana a lo que era el árabe en el mundo islámico, con la gran diferencia de que el árabe es *la lengua sagrada* del Islam, como el hebreo lo es del judaísmo, mientras que el latín es una lengua *litúrgica* del cristianismo, junto con otras lenguas litúrgicas como el griego y el eslavo. La arabización de lo que es ahora el mundo árabe y la importancia de lo árabe entre los musulmanes no árabes no se puede equiparar, por lo tanto, con la cristianización de Europa y el papel del latín en el Occidente medieval, aunque se puedan trazar algunos paralelos interesantes entre los dos mundos.

La zona árabe, caracterizada por el uso del árabe no sólo como lengua de la religión, que es común a todos los musulmanes, sino también como lengua de la vida cotidiana, está además dividida en una parte oriental y otra occidental, con la línea de demarcación en el centro de Libia. Las tierras occidentales, llamadas en el árabe clásico al-Maghrib, es decir, "el Occidente", están además divididas en el "Occidente próximo", que incluye el oeste de Libia, Túnez y la mayor parte de Argelia, y el "Occidente lejano", que incluye el oeste de Argelia, Marruecos, Mauritania y, en períodos más antiguos de la historia islámica, al-Andalus o la Iberia musulmana. También en la zona occidental hay importantes grupos no árabes, siendo el más importante el bereber, que habita principalmente en las montañas del Atlas y que tiene su propio lenguaje distintivo.

La segunda zona de la cultura islámica, cuyos pueblos fueron el segundo grupo étnico en abrazar el Islam y en participar con los árabes en la construcción de la civilización islámica clásica, es la zona persa, que incluye el Irán actual, Afganistán y Tajikistán (con algunas ciudades de Uzbekistán). La lengua dominante de la población de todos estos países es el persa, conocido localmente por tres nombres diferentes, farsi, dari y tajik, aunque los tres son la misma lengua; las diferencias entre ellos no son mayores que las que puede haber entre el inglés de Australia, el de Inglaterra y el de Tejas. Esta zona incluía también la Caucasia del sur, el antiguo Khorasán, Transoxiana y partes de lo que es actualmente Pakistán antes de la emigración de los pueblos turcos hacia el sur desde los siglos X y XI con los subsiguientes cambios étnicos y geopolíticos. Los pueblos de esta zona son predominantemente de raza irania, que es una rama de los pueblos arios o indoiranioeuropeos, y el persa está relacionado con las lenguas indoeuropeas, como también otras lenguas iranias habladas en esa zona, como el kurdo, el baluchi y el pashtu. Esta zona tiene una población de unos cien millones de personas, pero su influencia se deja sentir poderosamente más allá de sus fronteras en otras áreas de cultura islámica en Asia, desde la turca y la india hasta la china.

El primer persa en abrazar el Islam fue Salmān-i Fārsī, un esclavo al que el Profeta hizo liberar, haciéndole miembro de su "casa". Desde el principio, los persas fueron profundamente respetuosos con la "familia del Profeta", y muchos de sus descendientes, incluido el octavo Imam, 'Alī al-Riḍā, están enterrados en Persia. Pero sería falso pensar que los persas fueron siempre chiíes y los árabes sunníes. El chiísmo tuvo su origen entre árabes, y en el siglo X gran parte del oriente árabe era chií, mientras que Khorasán, importante provincia persa, era sede del pensamiento sunní. Fue sólo después del establecimiento de los safawíes cuando Persia se hizo predominantemente chií, y esta mayoría aumentó cuando Afganistán, una parte de Baluchistán y gran parte de Asia central, que eran sobre todo sunníes, se separaron de Persia y se creó Irán en su forma actual. En cuanto a Afganistán, durante el período safawí y hasta el siglo XVIII fue parte de Persia. Entonces el líder de las tribus afganas derrotó a los safawíes y mató al último de sus reyes. Poco después Nādir Shāh, el último conquistador oriental, se apoderó de territorios hasta Delhi, incluido lo que hoy es Afganistán. Sin embargo, después de su muerte el este de este país se hizo independiente, y finalmente en el siglo XIX, bajo la presión británica, Persia renunció a su pretensión sobre Herat y el oeste de Afganistán, y así nació Afganistán tal como la conocemos hoy en día.

La tercera zona de cultura islámica es la del África negra. Entre el séquito del Profeta, además de Salmān, había otro conocido compañero que no era árabe. Fue Bilāl ibn Rabah al-Ḥabashī, el muecín, es decir, el que llamaba a la oración, que era africano negro. Su presencia simboliza la rápida extensión del Islam entre la población negra y la creación del área negroafricana de la cultura islámica, que abarca una zona inmensa desde las tierras altas de Etiopía, donde el Islam se difundió ya en el siglo VII, a Mali y Senegal. Se dice que los descendientes de Bilāl emigraron a Mali, donde formaron el clan mandinke Keita, que ayudó a crear el imperio de Mali. Algunos de los compañeros del Profeta emigraron también a Chad y establecieron allí el Islam una generación después del Profeta. En general, el Islam se extendió por el África negra principalmente a través del comercio, y tribus como los sanhaja, que abrazaron pronto el Islam, se convirtieron en mediadores entre los musulmanes africanos del norte y los africanos negros. Hacia el siglo XI se estableció en Ghana un poderoso reino islámico, y hacia el XIV el imperio de Mali, ya musulmán, era uno de los más ricos del mundo; su dirigente más famoso, Mansa Mūsā, fue uno de los gobernantes más notables de todo el mundo islámico.

En África oriental, que recibió el Islam antes que África occidental, el proceso de islamización tomó un camino diferente y estuvo muy influido por la emigración de árabes y persas hacia el interior de las áreas costeras de África occidental. Hacia el siglo XII se estableció un reino swahili, con la capital en Kilwa, y de la mezcla del árabe, el persa y el bantú nació la nueva lengua swahili, quizá la lengua islámica más importante del África negra musulmana. Pero en contraste con los mundos árabe y persa, donde domina una sola lengua, la zona negroafricana de cultura islámica consta de numerosas subzonas con lenguas muy distintas, que van desde el hausa y el fulani al somalí. Algunas de estas lenguas las hablan también los cristianos y son culturalmente importantes para el cristianismo africano.

Aunque el norte del continente africano fuera ya árabe un siglo después del triunfo del Islam, el área denominada clásicamente Sudán, que incluía las estepas y los pastizales que van desde el Sudán actual hasta Senegal, se hizo también en gran medida musulmán hace más de un milenio. Sin embargo, sólo a partir del siglo XIX el Islam empezó a penetrar hacia el interior del sur de las regiones boscosas del Sudán clásico. Existen también, por supuesto, regiones intermedias entre el norte árabe y el África negra donde las dos zonas se entremezclaron, como el Sudán actual, Eritrea y Somalia. La zona negroafricana de cultura islámica, con una población de más de 150 millones de personas, es desconcertantemente variada y ofrece un panorama extraordinario de diversidad étnica y cultural dentro de la unidad local de la cultura negra africana y la unidad universal del propio Islam.

La cuarta zona de cultura islámica es la turca, que abarca a todos los pueblos que hablan las lenguas altaicas, la más importante de las cuales es el turco, pero que incluye también el adhari (azeri), checheno, uighur, uzbeko, kirghiz y turkemano. El pueblo turco, que era nómada en origen, emigró al sur desde las montañas Altai y conquistó el Asia central a los persas, lo que transformó su naturaleza étnica aunque permanecieron culturalmente muy próximos al mundo persa. Antes de entrar en lo que entonces era Persia, habían abrazado ya el Islam y, de hecho, se habían convertido en sus grandes adalides. No sólo derrotaron a gobernantes persas locales como los samánidas, sino que pronto continuaron hacia el oeste, hacia Anatolia, derrotando al ejército bizantino en la batalla de Manzikert (Malazgirt en turco) en 1071. Ésta fue una de las batallas claves, de la historia islámica. Abrió los pastizales anatolios a los nómadas turcos y condujo a la "turquificación" de Anatolia, al establecimiento del Imperio otomano y, finalmente, a la conquista de Constantinopla en 1453. Los turcos contaban con un gran poder militar y gobernaron sobre muchas tierras musulmanas, incluyendo Persia y Egipto, y difícilmente se podría exagerar su papel en la historia islámica posterior. En la actualidad, los pueblos turcos, compuestos por más de ciento cincuenta millones de personas, se extienden de Macedonia a Siberia y toda la ruta hacia Vladivostok, y geográficamente son el grupo étnico y cultural más extendido en el mundo islámico. Hay grupos turcos notables también en otras zonas en las que no hay mayoría turca, incluida Persia,

Afganistán, Egipto, Jordania, Siria y Rusia, con importantes minorías turcas que son restos de los pueblos conquistados durante la expansión del Imperio ruso bajo los zares.

La quinta zona importante de cultura islámica es la del subcontinente indio. Ya en la primera década del siglo VIII, el ejército de Muḥammad ibn Qāsim conquistó el Sindh, y de este modo comenzó la penetración del Islam en el subcontinente durante los siglos posteriores, aunque el Islam se difundió por la India sobre todo gracias a las órdenes sufíes. Hubo también invasiones en la India promovidas por varios gobernantes turcos, y desde el siglo XI en adelante y hasta la colonización británica los gobernantes musulmanes dominaron gran parte de la India, en especial el norte, donde los mongoles establecieron un importante imperio en el siglo XVI. El Islam indio es étnicamente más homogéneo, con algunos elementos persas y turcos sumados a la población india local, pero es cultural y lingüísticamente muy diverso. Durante casi mil años, la lengua culta y literaria de los musulmanes indios fue el persa, pero varias lenguas locales, como el sindhi, el gujarati, el penjabí y el bengalí, adquirieron también cierta relevancia como lenguas islámicas. Gradualmente, desde los siglos XVI y XVII, nació una nueva lengua de la mezcla de lenguas indias con la adición de elementos persas y turcos, y fue conocida como urdu. Escrito con el alfabeto árabe-persa, el urdu se convirtió, como el swahili, el turco otomano y otras lenguas islámicas, en una lengua importante del discurso islámico y fue más tarde adoptada como lengua oficial de Pakistán. La zona india de cultura islámica incluye Pakistán, Bangladesh, las comunidades musulmanas de la India y Nepal y la comunidad islámica profundamente arraigada de Sri Lanka. Hay unos cuatrocientos cuarenta millones de musulmanes en esta zona, más que en cualquier otra. La razón de esta importante población es el rápido crecimiento demográfico en toda la India desde el siglo XIX, tanto de hindúes como de musulmanes, y el hecho de que más de una cuarta parte de los indios abrazasen el Islam, que supo proporcionar de manera providencial un camino de salvación a quienes no podían moverse en el mundo del hinduismo tradicional. Crearon algunas de las mayores obras del arte y la cultura islámica, y, aunque gobernados con frecuencia por dinastías turcas, estuvieron muy próximos en cuestiones culturales al mundo persa hasta la época moderna.

La sexta zona de cultura islámica abarca el mundo malayo del Asia suroriental. Islamizada por comerciantes árabes del golfo Pérsico y el mar de Arabia y también por comerciantes y sufíes de la India desde el siglo XIII en adelante, el Islam malayo muestra también una gran homogeneidad étnica y posee rasgos locales completamente específicos. Muy influido desde el principio por el sufismo, que desempeñó un importante papel en la difusión del Islam en ese mundo, el Islam malayo ha reflejado habitualmente un aspecto suave y amable, en conformidad con las características predominantes del pueblo. Dominado por las lenguas malaya y javanesa, el Islam malayo abarca Indonesia, Malasia, Brunei y minorías considerables en Thailandia, así como en Filipinas y pequeñas minorías en Camboya y Vietnam. En conjunto, hay más de doscientos veinte millones de musulmanes en esa zona, y aunque esta parte del mundo islámico sea un pariente recién llegado a la "morada del Islam", sus seguidores son conocidos por su estrecha vinculación con La Meca y Medina y por su amor a las tradiciones del Profeta. Como sucede con África y la India, el Islam malayo está muy influido y coloreado práctica e intelectualmente por el sufismo.

Además de estas seis zonas importantes de cultura islámica, debemos mencionar también algunas más pequeñas. Una es el Islam chino, cuyo origen se remonta al siglo VII, cuando poco después del advenimiento del Islam se instalaron en China comerciantes musulmanes en puertos como Cantón. Ha existido una presencia continua del Islam en China desde entonces, principalmente en Sinkiang, al que los geógrafos musulmanes llaman "Turquestán oriental". La población islámica de China incluye a pueblos de origen turco, como los uigures, y chinos nativos llamados hui. Incluso entre los hans hay algunos musulmanes. El número de musulmanes en China sigue siendo un gran misterio, y se han mencionado cifras que van desde los veinticinco millones a los cien. Hay una arquitectura y una caligrafía islámica chinas notables, así como toda una tradición intelectual estrechamente unida al sufismo persa. La tradición intelectual islámica de China empezó a expresarse en chino clásico, utilizándose el persa y el árabe sólo a partir del siglo XVII en adelante.

Están, además, los musulmanes europeos –no los enclaves turcos en Bulgaria, Grecia y Macedonia, sino los grupos étnicos europeos– que han sido musulmanes durante medio milenio. Los más importantes son los albaneses, que se encuentran por toda Albania, Kosovo y Macedonia, y los bosnios, en su mayor parte en Bosnia, pero también, en alguna medida, en Croacia y Serbia. Estos grupos son étnicamente del tronco europeo, y es importante comprender su cultura para llegar a un buen entendimiento del Islam en su totalidad y de la relación entre el Islam y Occidente en la Europa actual.

Finalmente, están las nuevas comunidades islámicas de Europa y América, que incluyen tanto a inmigrantes como a conversos (o lo que muchos musulmanes prefieren denominar "retornados", es decir, aquellos que han vuelto o regresado a la religión primordial, que aquí se identifica con el Islam). Éstos incluyen a varios millones de norteafricanos en

Francia; unos tres millones de turcos y un número considerable de kurdos en Alemania; unos dos millones, principalmente del subcontinente indio, en Gran Bretaña, y grupos más pequeños pero no obstante considerables en otros países europeos. En América hay inmigrantes, principalmente del este de Arabia, Irán y el subcontinente, y conversos, sobre todo entre los afroamericanos pero también algunos entre los blancos. La extensión del Islam entre los afroamericanos comenzó con Elijah Muhammad, que creó la Nación del Islam, que apoya la inversión del racismo dirigiéndolo ahora contra los blancos. Este movimiento se dividió más tarde en dos grupos, y la mayor parte de sus miembros, junto con otros musulmanes afroamericanos, se unieron pronto a la corriente principal del Islam. En este proceso, el papel de El-Hajj Malik El-Shabazz, más conocido como Malcolm X, fue de una importancia particular. Hay unos veinticinco millones de musulmanes en Europa, unos seis millones (se dan cifras que van de los cinco a los siete millones) en América, medio millón en Canadá, y tal vez más de dos millones en América del Sur. Para ver globalmente el espectro del Islam, es necesario considerar también estas comunidades islámicas de Occidente, dado que desempeñan un importante papel como puente entre la "morada del Islam" *(dār al-Islām)*, de la que proceden, y Occidente, que es su hogar.

Estas zonas de cultura islámica brevemente descritas aquí muestran una variedad desconcertante de etnias, lenguas, formas de arte y música y hábitat vital. El Islam se practica desde la jungla de Borneo hasta las montañas del Hindu Kush o los desiertos de Mauritania. Incluye a personas de piel blanca, negra y amarilla, y prácticamente todos los tipos intermedios. Sus seguidores tienen el pelo tanto negro como rubio, ojos tanto castaños como azules. Pero en esta extraordinaria diversidad reina la unidad generada por el Islam, una unidad que se puede contemplar en la recitación del Corán en árabe desde Oriente hasta Occidente, en las oraciones diarias en dirección a La Meca, en la emulación del modelo del Profeta, en el seguimiento de la *Sharī'ah*, en el aroma espiritual de las órdenes sufíes, en los modelos y ritmos universales del arte islámico, y en muchos otros factores. En el Islam, unidad no ha significado nunca uniformidad, pues el Islam siempre acogió la diversidad. Comprender esta unidad y esta diversidad dentro de la unidad es captar la manera en que el Islam ha sido capaz de abarcar tantas colectividades humanas, respetar las diferencias establecidas por Dios y, sin embargo, crear una inmensa civilización unificada y dominada por el principio del *tawḥīd*, o unidad.

INTERPRETACIONES TRADICIONALES, MODERNISTAS Y "FUNDAMENTALISTAS" DEL ISLAM EN LA ACTUALIDAD

Todo lo que se ha dicho proporciona el contexto y marco suficientes para comprender los desarrollos recientes del mundo islámico. Hasta el impacto del colonialismo europeo en el corazón del mundo islámico, existían los que luchaban contra el gobierno occidental en los extremos de la "morada del Islam", pero no existían musulmanes modernistas o fundamentalistas. Todos los musulmanes eran tradicionales y encajaban en el complejo modelo global del Islam que acabamos de esbozar. Pero con el advenimiento de la dominación europea del núcleo del Islam, representada por la invasión napoleónica de Egipto en 1798, empezó el período de reacciones e interpretaciones diversas que condujo al período contemporáneo.

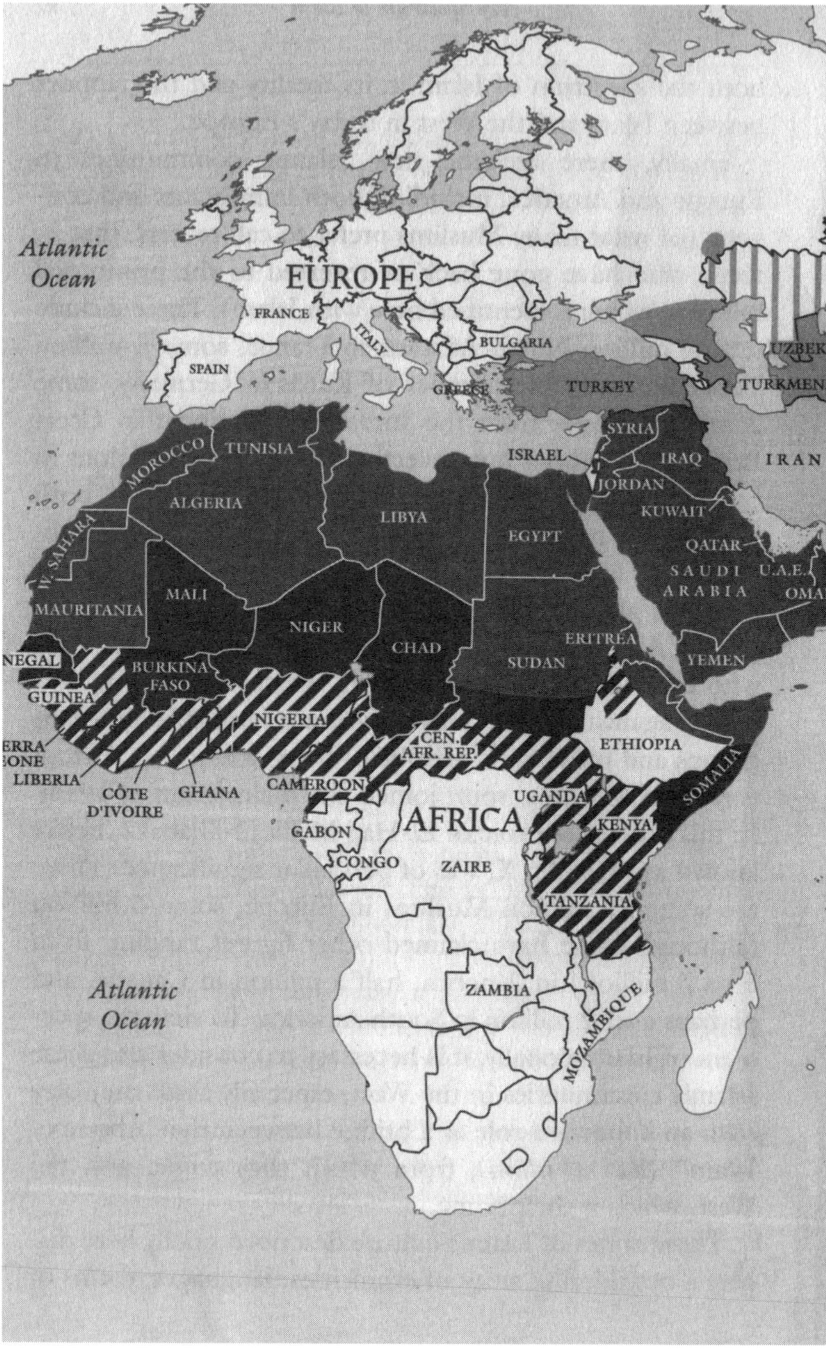

Atlantic Ocean
EUROPE
FRANCE
SPAIN
ITALY
BULGARIA
GREECE
TURKEY
UZBEK
TURKMENI
MOROCCO
TUNISIA
ALGERIA
LIBYA
EGYPT
ISRAEL
SYRIA
IRAQ
IRAN
JORDAN
KUWAIT
QATAR
SAUDI ARABIA
U.A.E.
OMAN
YEMEN
W. SAHARA
MAURITANIA
MALI
NIGER
CHAD
SUDAN
ERITREA
NEGAL
GUINEA
BURKINA FASO
NIGERIA
ERRA EONE
LIBERIA
CÔTE D'IVOIRE
GHANA
CAMEROON
CEN. AFR. REP.
ETHIOPIA
SOMALIA
UGANDA
KENYA
AFRICA
GABON
CONGO
ZAIRE
TANZANIA
ZAMBIA
MOZAMBIQUE
Atlantic Ocean

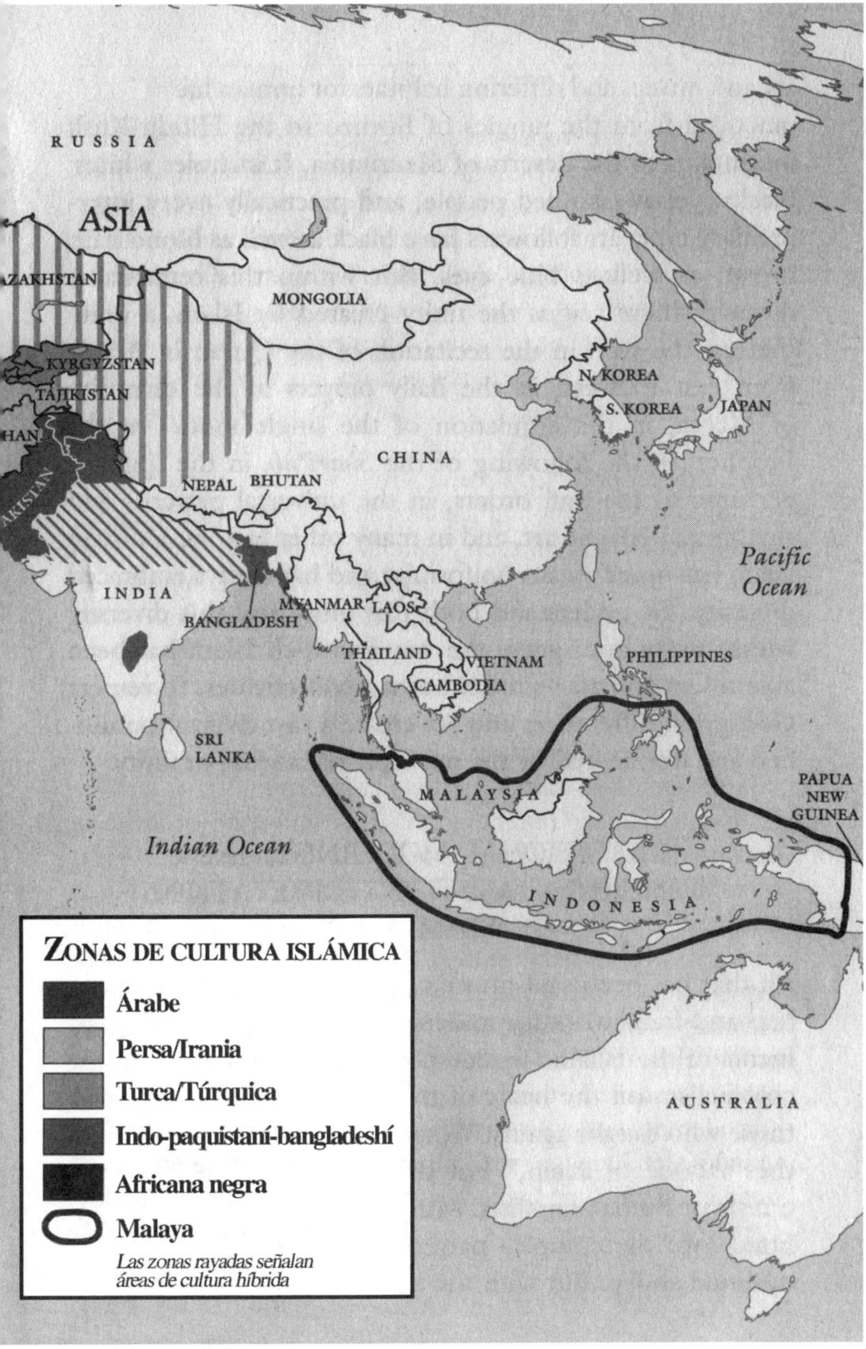
RUSSIA
ASIA
KAZAKHSTAN
MONGOLIA
KYRGYZSTAN
TAJIKISTAN
PAKISTAN
N. KOREA
S. KOREA
JAPAN
CHINA
NEPAL
BHUTAN
Pacific Ocean
INDIA
MYANMAR
LAOS
BANGLADESH
THAILAND
VIETNAM
CAMBODIA
PHILIPPINES
SRI LANKA
MALAYSIA
PAPUA NEW GUINEA
Indian Ocean
INDONESIA
AUSTRALIA
ZONAS DE CULTURA ISLÁMICA
Árabe
Persa/Irania
Turca/Túrquica
Indo-paquistaní-bangladeshí
Africana negra
Malaya
Las zonas rayadas señalan áreas de cultura híbrida

La invasión europea del mundo islámico había empezado realmente más de dos siglos y medio antes con la dominación portuguesa, y más tarde holandesa y británica del océano Índico, que había sido una zona vital desde el punto de vista económico para la civilización islámica. Se habían producido también las invasiones europeas del norte de África, la decisiva derrota de la armada turca en la batalla de Lepanto en 1571, que dejó incomunicados a los otomanos respecto del Mediterráneo occidental, y la derrota de los otomanos en su cerco de Viena en 1683, lo que marcó el principio de la decadencia de su poderío. Pero ninguno de estos acontecimientos, ni la colonización holandesa de las Indias orientales, ni la penetración británica en la India, conmovió la mente y el alma de los musulmanes como lo hizo la conquista de Egipto. Ese acontecimiento despertó a los musulmanes a un desafío sin precedentes en su historia.

El Corán afirma: «Si Dios te ayuda, nadie te vencerá» (3, 159). A los ojos de los musulmanes, doce siglos de historia islámica habían demostrado la legitimidad de su pretensión y la verdad de su llamada. Dios había estado "de su lado" y les había ayudado durante todos esos siglos, no obstante la derrota de los musulmanes en España y la destrucción del reino tártaro por los rusos, pues éstos se encontraban en los márgenes del mundo del Islam, y se consideró que la causa de estas derrotas había sido la falta de unidad interna. Por lo demás, dondequiera que el Islam había ido había logrado la victoria; incluso los poderosos mongoles habían abrazado pronto el Islam. Pero los europeos, a los que los musulmanes habían desdeñado durante tanto tiempo y a los que habían considerado culturalmente inferiores, dominaban ahora el mundo islámico y no había ninguna posibilidad de que aceptaran el Islam como habían hecho los turcos o los mongoles. Pretendían ser superiores y estaban tan orgullosos de su cultura que no mostraban interés en nada más. Esta situación creó una crisis de proporciones cósmicas con tonos escatológicos.

Frente a esta crisis se podían adoptar varias actitudes, y, de hecho, fueron diversas las adoptadas por unos grupos u otros. Algunos sostenían que los musulmanes se había debilitado porque se habían desviado del mensaje original de la fe y se habían corrompido por el lujo y las desviaciones. Ésta era la postura de los llamados reformistas puritanos, de los que el más famoso, Muḥammad ibn 'Abd al-Wahhāb, siglo XVIII, de Najd, vivió en realidad antes de la invasión napoleónica de Egipto a finales de ese siglo XVIII, pero cuyo mensaje trataba de responder a las causas de la debilidad musulmana. Aunque su mensaje continuó vigente, principalmente en Arabia, este tipo de reformismo puritano, que se dirigía por lo general contra el sufismo, el chiísmo, la filosofía y la teología islámicas y el refinamiento de las ciudades islámicas clásicas tal como se mostraba en las artes, llegó a ser conocido como salafiyyah, es decir, aquellos que siguen a los antecesores primeros, o *salaf*, haciendo caso omiso de los trece o catorce siglos de desarrollo de la tradición islámica a partir de sus raíces coránicas y proféticas.

Una segunda posibilidad era volver a los *Ḥadīths* escatológicos referentes al fin del mundo, cuando, se decía, reinaría la opresión en todas partes y los musulmanes se debilitarían y serían dominados por otros. Como resultado de este enfoque, una ola de mahdismo recorrió algunas áreas del mundo islámico a principios del siglo XIX, yendo desde el movimiento Brelvi en la provincia noroccidental del Pakistán actual, a los movimientos de Ghulām Aḥmad y el ya mencionado Bāb; a las sublevaciones de importantes figuras en África occidental, la más importante de las cuales, aunque su carrera empezó algo antes, fue 'Uthmān Dan Fadio, fundador del califato

Sokoto, cuya influencia llegó incluso al Caribe; al movimiento mahdista de Sudán, que infligió al ejército británico su única derrota en el siglo XIX. Como sucede con todo movimiento milenarista, esta ola mahdista remitió gradualmente, en este caso hacia la segunda mitad del siglo XIX.

La tercera posibilidad era decir, a la manera de los modernistas europeos, que las regulaciones del Islam eran para el siglo VII, y que los tiempos habían cambiado; por consiguiente, la religión tenía que ser reformada y modernizada. Los modernistas empezaron en Egipto, siendo los más famosos Jamāl al-Dīn al-Afghānī, que era de origen persa, y Muḥammad 'Abduh. Aparecieron también en la Turquía otomana, especialmente en el movimiento de los Jóvenes Turcos; en la India, con figuras como Sir Sayyid Aḥmad Khān; y en Persia, que produjo varias otras figuras además de al-Afghānī, cuyo efecto fue, sin embargo, más local. Estos modernistas variaban en su grado de modernismo y enfoque, pero, en general, eran grandes admiradores de Occidente y del racionalismo, el nacionalismo y la ciencia moderna. El más filosófico de todos ellos fue Muḥammad Iqbāl, que pertenece al final de este primer período de respuesta a Occidente que duró hasta la Segunda Guerra Mundial. Cuando los estudiosos occidentales hablan de los reformadores islámicos, piensan principalmente en esas figuras, junto con los llamados reformadores puritanos. De las filas de los modernistas surgieron pensadores nacionalistas y liberales, hombres que trataban de modernizar la sociedad islámica, por una parte, y de luchar contra Occidente en nombre de la independencia nacional, por otra. Las guerras coloniales libradas contra los poderes occidentales por la independencia nacional por figuras como Ataturk, Sukarno, Burguiba y otros se llevaron a cabo en nombre del nacionalismo, no del Islam. Por consiguiente, cuando los poderes occidentales abandonaron sus colonias, al menos exteriormente, dejaron tras ellos en muchas zonas grupos gobernantes que eran musulmanes de nombre, pero cuyo pensamiento se parecía más bien al de los colonizadores a los que habían reemplazado.

Hubo también, por supuesto, grupos de luchadores por la independencia que no eran modernistas en absoluto, sino musulmanes tradicionales, a menudo asociados con diversas órdenes sufíes. Por lo general llevaban a cabo una resistencia militar para preservar su tierra natal con un grado de nobleza y magnanimidad que impresionó profundamente a sus enemigos europeos. Se puede citar como ejemplo supremo de este tipo a Emir 'Abd al-Qādir, el gran luchador argelino por la libertad y sabio sufí; su adversario, un general francés, escribió a París diciendo que luchar contra el Emir era como enfrentarse a uno de los profetas del Antiguo Testamento. Otro ejemplo notable es el Imam Shāmil, que peleó durante años en Caucasia contra la invasión rusa. El ejemplo de la naturaleza santa de estos hombres y la manera en que trataron a sus enemigos así como a los no combatientes, sin importar lo que estuvieran haciendo los del otro lado, es de una importancia suprema para los musulmanes, así como para los occidentales, y algo que conviene recordar en la situación actual.

La mayor parte del mundo islámico en el período que va de 1800 a la Segunda Guerra Mundial no reaccionó de ninguna de las tres maneras anteriormente descritas. Eran musulmanes tradicionales para quienes la vida de la *Sharī'ah*, así como la *Ṭarīqah*, continuaban en su manera consagrada. Hubo, por supuesto, renovaciones continuas desde dentro que, sin embargo, no se deben confundir con reformas en el sentido moderno. Siguieron apareciendo muchos grandes eruditos de la Ley, y el sufismo fue rejuvenecido en diversas áreas, especialmente en el Maghrib y el África oriental y occidental, como se percibe en el auge de las órdenes Tijāniyyah y Sanūsiyyah, así como en la aparición de grandes maestros como Shaykh al-Darqāwī, Shaykh Aḥmad al-'Alawī, y Shaykh Salāmah al-Raḍī, con los que revivió la orden Shādhiliyyah. No obstante, el *modus vivendi* de los musulmanes tradicionales no fue una reacción, sino la continuación de los modos de vida y pensamiento del Islam tradicional.

Después de la Segunda Guerra Mundial, la mayoría de los países islámicos habían llegado a ser políticamente libres, salvo Argelia, que logró su independencia en 1962 después de una guerra que costó un millón de vidas, y las zonas musulmanas del mundo comunista. Las poblaciones musulmanas habían esperado que con la independencia política llegaría también la independencia cultural, social y económica. Cuando sucedió lo contrario, es decir, cuando con el advenimiento de la independencia política las clases occidentalizadas empezaron a gobernar sobre pueblos profundamente piadosos, como son los de países tan diferentes como Turquía, Irán, Egipto y Pakistán, comenzaron reacciones importantes que se pueden observar en todo el mundo islámico hasta hoy.

Las viejas escuelas de pensamiento modernista y liberal quedaron desacreditadas, igual que los modernistas como clase política, que había fracasado a la hora de resolver cualquiera de los grandes problemas que afrontaba la sociedad además de sufrir derrotas humillantes, especialmente en las diversas guerras árabe-israelíes. No obstante, el modernismo continuó, a menudo con un nuevo componente marxista, y siguió siendo poderoso porque controlaba y todavía controla el aparato del Estado en la mayoría de los países musulmanes. Pero su poder intelectual y social comenzó a disminuir y debilitarse en casi todas partes salvo en Turquía, donde el secularismo de Ataturk sigue siendo fuerte, sostenido por la fuerza del ejército. Irán fue el primer país en el que una revolución política eliminó el gobierno modernista en favor de un gobierno islámico. Se produjo también, de manera gradual y sin agitación revolucionaria, un proceso de islamización interna en Pakistán, Afganistán, Malasia, Sudán, Jordania, Egipto y algunos otros países, y ese proceso continúa.

En cuanto a lo que se denomina "fundamentalismo", la forma más antigua, tal como se encuentra en Arabia Saudí, se transformó de múltiples formas. Por la década de 1960 existía un malestar general en el mundo islámico provocado por la simple emulación de un Occidente que, según sus principales pensadores, no sabía a dónde iba. Mucha gente, incluso entre las clases modernizadas, se volvió hacia el Islam para encontrar soluciones a los problemas existenciales planteados por la vida y, más particularmente, por la situación real de los musulmanes. El deseo de la inmensa mayoría era que se les dejara solos para solucionar los problemas del mundo islámico, preservar la religión del Islam, incluida la reactivación de la *Sharī'ah*, y reconstruir la civilización islámica, pero la civilización dominante de Occidente difícilmente iba a permitir tal cosa. Con todo, se establecieron muchas organizaciones para perseguir esos fines por medios pacíficos, siendo el principal de ellos el Ikhwān al-Muslimīn, o los Hermanos Musulmanes, fundado en Egipto en los años 1920 por Ḥasan al-Bannā', y el Jamā'at-i islāmī, fundado por Mawlānā Mawdūdī en 1941, movimientos ambos que siguen siendo fuertes en la actualidad.

En las últimas décadas este deseo de preservar la religión, reislamizar la sociedad islámica y reconstruir su civilización ha atraído a gran cantidad de personas, todas las cuales son ahora tildadas indiscriminadamente de "fundamentalistas". Sin embargo, la mayor parte de esas personas utilizan medios no violentos para alcanzar sus objetivos, como la mayor parte de "fundamentalistas" cristianos, judíos o hindúes. Pero están también aquellos que recurren a la acción violenta, casi siempre cuando tratan de defender su tierra natal, como en Palestina, Chechenia, Cachemira, Kosovo o el sur de Filipinas, o, a veces, en la exasperación de defender su fe y sus valores culturales tradicionales, como vemos en las esporádicas erupciones violentas en Indonesia, Pakistán y otros lugares. Pero actuar islámicamente es actuar en defensa propia. Quienes infligen daño a inocentes, no importa cuán justa pueda ser su causa, van contra las enseñanzas claras del Corán y la *Sharī'ah* respecto a la paz y la guerra (a lo que volveremos más adelante, en el capítulo 6). En cualquier caso, la desgraciada utilización del término "fundamentalismo", tomado originalmente del protestantismo americano, para el Islam no puede ahora evitarse, pero es de suma importancia comprender que abarca fenómenos muy diferentes y no debe confundirse con el uso demonizante del término en los medios de comunicación occidentales.

La decepción entre los musulmanes por la falta de verdadera libertad después del logro de la libertad política tras la Segunda Guerra Mundial llevó también a una nueva oleada de mahdismo, como se vio en la llegada al poder en Irán del ayatolá Jomeini en la revolución iraní de 1979 (que fue un acontecimiento muy importante en la historia moderna y que tuvo sin duda tonos escatológicos), la toma de la gran mezquita de La Meca en 1980 y la aparición de figuras tipo Mahdī en Nigeria durante las dos últimas décadas. No hay duda de que existe de nuevo en el ambiente una presencia del madhismo por todo el mundo islámico, como existen actualmente esperanzas milenaristas entre los judíos y los cristianos.

En cuanto al Islam tradicional, en contraste con la primera fase del encuentro con Occidente, empezó a manifestarse desde 1960 en adelante en el terreno intelectual público y a desafiar tanto a los modernistas como a los llamados fundamentalistas. Estudiosos profundamente arraigados en la tradición islámica, pero a la vez bien familiarizados con

Occidente, empezaron a defender la tradición islámica integral, la *Ṭarīqah* así como la *Sharī'ah*, las disciplinas intelectuales y las artes tradicionales. Al mismo tiempo, empezaron una crítica en profundidad no del cristianismo o el judaísmo, sino del modernismo secularista, que se incubó y creció inicialmente en Occidente, pero que se extendió más tarde a otros continentes. Esos estudiosos se basan en la universalidad de la revelación afirmada en el Corán y tratan de rechazar la sustitución del "reino de Dios" por el "reino del hombre" que postula el secularismo moderno. Su crítica del mundo moderno debe mucho a los críticos occidentales del modernismo, el racionalismo y el cientifismo, incluyendo no sólo a tradicionalistas como René Guénon, Frithjof Schuon, Titus Burckhardt y Martin Lings, sino también a conocidos críticos europeos y americanos del proyecto modernista, incluida la ciencia y la tecnología modernas, como Jacques Ellul, Ivan Illich y Theodore Roszak. La respuesta islámica tradicional empezó con personas formadas en organizaciones educativas de estilo occidental, pero durante las últimas dos décadas ha llegado a incluir también a figuras de eruditos religiosos, o *'ulamā'*, y sufíes tradicionales. Estos eruditos y líderes tratan de preservar el ritmo de la vida islámica tradicional, así como sus tradiciones intelectuales y espirituales, y encuentra sus aliados naturales en el judaísmo y el cristianismo al afrontar los desafíos tanto del secularismo moderno como de la globalización.

Actualmente, la gran mayoría de musulmanes siguen perteneciendo a la categoría tradicional, y se los debe distinguir tanto de los modernizadores secularistas como de los "fundamentalistas", tal como se utiliza este último término en los medios de comunicación occidentales. En realidad, el mayor error sería no distinguir a los partidarios de la tradición de los "fundamentalistas" e incluir a todo el que desee conservar el pensamiento y el estilo de vida islámico tradicionales en la categoría del "fundamentalismo". Sería como si en el catolicismo contemporáneo se llamara "fundamentalista" al padre Pío o a la madre Teresa porque hicieron hincapié en la necesidad de preservar las enseñanzas católicas tradicionales. Es esencial comprender que la noción de extremismo implica un centro, o mediana, del espectro; los fenómenos se consideran "extremos" en función de su distancia, por cada lado, de lo que se ha definido como centro. Por desgracia, hoy en día, en los medios de comunicación occidentales ese centro se suele definir por los elementos modernizadores de la sociedad islámica, y se olvida que el modernismo mismo es una de las ideologías más fanáticas, dogmáticas y extremistas que la historia ha contemplado. Trata de destruir cualquier punto de vista diferente y es completamente intolerante con cualquier *Weltanschauung* que se le oponga, sea la de los nativos americanos, cuyo mundo fue ferozmente aplastado, sea el hinduismo, el budismo o el Islam, o, de hecho, el cristianismo o el judaísmo tradicionales. Los judíos ortodoxos tienen tanta dificultad para resistir el constante asalto del secularismo moderno sobre su visión del mundo y sus prácticas religiosas como los hindúes o los musulmanes. Si se habla de "fundamentalismo" en las religiones, entonces se debe incluir el "fundamentalismo secularista", que no es menos virulento en su proselitismo y menos agresivo con todo lo que se encuentre en su camino que la forma más fanática de "fundamentalismo" religioso.

En el caso del Islam, existen sin duda en la actualidad extremistas religiosos de tipos diferentes, pero éstos no definen la tendencia principal, o centro, del Islam. Ese centro pertenece al Islam tradicional. Y ese centro es el único desde el que se debe enfocar el extremismo religioso fanático, por un lado, y el rabioso modernismo secularista que se encuentra en la mayor parte de los países islámicos, pero especialmente en lugares como Turquía, Túnez y Argelia, por otro. El Islam tradicional no se opone a lo que Occidente quiera hacer dentro de sus fronteras, sino a las corrosivas influencias que emanan de la cultura occidental moderna y postmoderna, ahora tan asociadas a lo que se denomina globalización, que amenaza a los valores islámicos, igual que a los valores cristianos y judíos en el propio Occidente. Pero la filosofía de defensa del Islam tradicional ha sido mantenerse siempre dentro de los límites de la enseñanza islámica. Su método de combate fue y sigue siendo principalmente intelectual y espiritual, y cuando se ha visto obligado a recurrir a la acción física como forma de defensa de su hogar y refugio, sus modelos han sido hombres como el Emir 'Abd al-Qādir y el Imam Shāmil, no el reinado del terror de la revolución francesa ni modelos nativos tipo Che Guevara.

Para comprender los acontecimientos actuales del mundo islámico, incluso las acciones más escandalosas y malvadas realizadas en nombre del Islam, es necesario tener un contexto en el que situar esas acciones, de la misma manera que los occidentales sitúan Jonestown, Waco, las bombas del Ejército Republicano Irlandés, la limpieza étnica serbia o las matanzas llevadas a cabo por Baruch Goldstein o el grupo de Rabbi Kahane en su contexto, y no identificarlas simplemente con el cristianismo o el judaísmo como tales. Este contexto sólo se puede conseguir contemplando el inmenso panorama del Islam señalado antes. Sí, existen hoy en día en el mundo islámico quienes han recurrido a la acción militar y la violencia utilizando tecnología moderna con el supuesto objetivo de arreglar errores e injusticias reales o imaginarias. Si se considera la historia del pasado reciente, a nadie puede sorprender que unos pocos, en nombre del Islam, lleven a cabo esas acciones extremistas ilícitas y moralmente reprensibles, sobre todo cuando a las injusticias y represiones que se producen en el interior de las sociedades islámicas se añaden las procedentes del exterior. Ahora bien, preguntarse por qué unos pocos realizan acciones despreciables en nombre del Islam y tratar de comprender el trasfondo de esas acciones no las perdona o las excusa de ninguna manera.

La inmensa mayoría de los musulmanes respira todavía en un universo en el que el Nombre de Dios está asociado sobre todo con la Compasión y la Misericordia, y a Él se vuelven pacientemente incluso en medio de las peores tribulaciones. Si parece que en la actualidad la violencia se asocia más con el Islam que con otras religiones, ello no se debe al hecho de que no haya habido violencia en otras partes: piénsese en las guerras de Corea y Vietnam, en las atrocidades cometidas por los serbios, y el genocidio de Ruanda y Burundi. La razón es que el Islam es todavía muy fuerte en la sociedad islámica. Como el Islam impregna hasta tal punto la vida de los musulmanes, todas las acciones, incluidas las violentas, se llevan a cabo en su nombre, especialmente desde que otras ideologías, como el nacionalismo y el socialismo, están en quiebra. Sin embargo, esta identificación es en sí misma paradójica, porque el Islam tradicional está tan del lado de la paz y la concordia como lo están el judaísmo y el cristianismo tradicionales. A pesar de esos fenómenos, si se examina el amplio panorama del mundo islámico resumido en el cuadro inferior se hace evidente que, para la inmensa mayoría de los musulmanes, las normas tradicionales basadas en la paz y la apertura a los otros, normas que han gobernado su vida durante siglos y que se oponen tanto al modernismo secularista como al "fundamentalismo", son de un interés central. Y cuando se calme la tempestad de este tumultuoso período de la historia islámica y mundial, será la voz del Islam tradicional la que tenga la última palabra en el mundo islámico.

El espectro del Islam

Chiísmo duodecimano	Las cuatro escuelas del sunnismo
Zaydismo	Ibadismo
	Wahhabismo
Ismailismo	
	Antiguo Khawārij
Extremismo chiíta *(ghulāt)*	Extremismo sunní

3. LEY DIVINA Y LEY HUMANA

«Y ahora te hemos colocado (oh Muḥammad)
en un camino claro (shar‘) *de Nuestro Mandamiento,*
síguelo, y no sigas los caprichos de quienes no saben.»
Corán 45, 18

«Es la Ley de Dios, según fue anteriormente.
No encontrarás ningún cambio en la Ley de Dios.»
Corán 48, 23

LA FILOSOFÍA DE LA LEY EN EL ISLAM

Uno de los aspectos del Islam que resulta más difícil de comprender a los occidentales modernos es la "filosofía de la ley", que proporciona la base conceptual de la *Sharī'ah* (literalmente, "camino" o "vía") o Ley divina, en el Islam. Dado que Cristo no promulgó una ley como la de los profetas del Antiguo Testamento y el Profeta del Islam, sino que vino a romper la letra de la ley en nombre del Espíritu, la ley religiosa se desarrolló en Occidente de una manera muy diferente a como lo hizo en el Islam. Incluso durante la Edad Media, cuando la sociedad occidental era completamente cristiana, las leyes cotidianas procedían de fuentes romanas o de la ley común. Estas fuentes se distinguían claramente de la Ley divina, que en el contexto cristiano implicaba principios espirituales y que no podían confundirse con las leyes ordinarias referentes a la sociedad en general. Además, los teólogos cristianos desarrollaron una elaborada doctrina de la ley natural, que no tiene una homologación exacta en el Islam, aunque en este ámbito haya desarrollos sorprendentes, dignos de comparación, en las dos tradiciones.

Originalmente, ley natural significaba un sistema de derechos o de justicia, común a todos los seres humanos, derivado de la naturaleza. Santo Tomás de Aquino ofreció la más completa elaboración de este concepto, afirmando que la ley eterna existe en la mente de Dios y nos es conocida sólo en parte gracias a la revelación y en parte por la razón. Para santo Tomás, la ley de la naturaleza es la "participación de la ley eterna en la criatura racional". La ley humana, basada en preceptos que los seres humanos pueden encontrar mediante su propia razón, debe ser una aplicación particular de esa ley. Ahora bien, aunque también los teólogos musulmanes debatieron entre sí sobre si la razón concedida por Dios puede conocer el Bien sin revelación, no desarrollaron una teoría de la ley natural tal como se encuentra en el tomismo. Su visión estaba más cerca de la de Duns Scoto y Francisco Suárez, que pensaban que la Voluntad divina, más que la razón, era la fuente de la ley. En cualquier caso, incluso en la Edad Media existían diferencias entre las escuelas de teología islámicas y algunas de las escuelas fundamentalmente católicas respecto de la filosofía de la ley.

Desde el Renacimiento en adelante, las leyes se fueron secularizando cada vez más en Occidente, y llegaron a ser consideradas como regulaciones siempre cambiantes, concebidas y definidas por la sociedad, que las elaboraba y las desechaba en función de lo que dictaran las circunstancias. Y con el ascenso de la democracia parlamentaria, los representantes del pueblo hacen y abrogan las leyes. En el contexto de ese trasfondo, es fácil ver por qué la comprensión del concepto islámico de ley, y, más en general, del concepto semítico, que va asociado a la Voluntad de Dios y está destinado a determinar a la sociedad en vez de ser determinado por ella, plantea un problema a los occidentales modernos.

No obstante, esa visión no sería tan difícil de comprender en Occidente si nos volviéramos hacia la Ley judía y al Antiguo Testamento, que, por supuesto, forma parte también de la Escritura Sagrada cristiana. En el Antiguo Testamento se expone una teología clara que determina el significado de la ley para la sociedad humana. Según ella, Dios es la Realidad trascendente todopoderosa y soberana sobre los seres humanos. Él es la sola sanción suprema de la ley, y las leyes de la sociedad humana son la encarnación de Su Voluntad. En la Biblia, la ley aparece designada como mandamientos de Dios (*mitsvah*, en Deut 11, 13), como enseñanza o instrucción (*torah*, Gn 26, 5), como prolación (*davar*, Deut 4, 13), y como norma (*mishpot*, Éx 21, 1), junto a otras expresiones. La violación de la ley no se considera sólo una ofensa contra la sociedad, sino también un pecado moral y una violación de la orden de Dios a la humanidad, por lo que los seres humanos son responsables ante Dios (Gn 20, 6; Lev 19, 20, 22). La Biblia no establece ninguna distinción entre ofensa religiosa y ofensa secular contra la ley, y se considera que la ley es una norma que no sólo los hombres y las mujeres, sino todos los seres, deben acatar (Gn 2, 11-17; 9, 1-7). Para los rabinos, no existe ninguna distinción entre *fas*, leyes dadas por Dios, y *lex*, leyes humanas, como pretendían los romanos; se considera que todas las leyes son expresión de la Voluntad de Dios.

Ahora bien, esta interpretación global del significado de la ley en la Biblia se corresponde en gran medida con la del Corán. Si los occidentales modernos comprendieran lo que dice el Antiguo Testamento sobre la ley o cómo entienden y practican los judíos tradicionales contemporáneos la Ley talmúdica, les sería mucho más fácil comprender la "filosofía de la ley" en el Islam. También para los musulmanes, Dios, como Soberano supremo y trascendente, ha revelado Sus leyes a través de Sus profetas. La *Sharīʻah* es la encarnación concreta de la Voluntad divina, y en su sentido más universal abarca toda la creación; lo que nosotros denominamos leyes de la naturaleza son "la *Sharīʻah*" de los diversos órdenes de la realidad corpórea. No hay ninguna distinción entre los dominios secular y religioso, aunque se reconozca en la práctica la existencia de leyes ajenas a la *Sharīʻah*, como veremos más adelante.

Desde la perspectiva islámica, se debe poner en práctica la Ley divina para regular la sociedad y las acciones de sus miembros, en lugar de ser la sociedad la que dicte lo que deban ser las leyes. Los mandatos de la Ley divina son permanentes, pero los principios pueden aplicarse también a las nuevas circunstancias cuando éstas se dan. Pero la tesis básica es tratar de hacer que el orden humano sea conforme a la norma divina, y no al revés. Decir de la *Sharī'ah* que se trata simplemente de unas leyes del siglo VII, fijadas en el tiempo y que no son relevantes en la actualidad sería como decir a los cristianos que los mandamientos de Cristo de amar al prójimo y no cometer adulterio eran tan sólo leyes de la Palestina de hace dos mil años y no son pertinentes ahora, o como decir a los judíos que no tienen por qué guardar el Sabbath ya que ésta es simplemente una práctica anticuada de hace tres mil años. Los secularistas modernos podrían promover estos argumentos, pero es difícil que los judíos o cristianos que siguen todavía su tradición religiosa puedan hacerlo. En lo que se refiere al cristianismo, la manera en que los cristianos sostienen que la enseñanza espiritual de Cristo es inmutable puede ser una clave para comprender cómo entienden los musulmanes la *Sharī'ah*. En cuanto a los judíos, ese entendimiento sería aún más fácil, pues la visión islámica de la Ley divina es muy similar a la que se encuentra en el judaísmo, y *Sharī'ah* y *Halakhah* ocupan posiciones muy similares en ambas religiones.

Como ocurre en el judaísmo, también en el Islam la Ley divina es más importante para la vida religiosa que el pensamiento teológico. Se puede ser un musulmán muy serio sin tener interés en el *kalām* o teología islámica, pero no se puede ser cristiano serio sin estar interesado en la teología cristiana, a menos que se sea un místico o un pietista. Se podría decir, en realidad, que lo que es la teología para el cristianismo es la *Sharīʻah* o Ley divina para el Islam. Ser musulmán es aceptar la validez de la *Sharīʻah*, aunque se sea demasiado débil para practicar todos sus mandatos, y comprender la *Sharīʻah* es lograr el conocimiento de la estructura religiosa formal del Islam. Incluso quienes tratan de ir más allá del nivel formal, a través de la *Ṭarīqah*, hasta la Verdad absoluta que trasciende todas las formas, nunca han dejado de venerar y de practicar la *Sharīʻah*. Los más eminentes filósofos del Islam, de Avicena a Averroes, practicaron la *Sharīʻah*; lo mismo hicieron los santos y místicos más notables, como Ibn ʻArabī, que escribió que su corazón era templo para los ídolos y casa para la Torá, los Evangelios y el Corán, pero jamás rompió la Ley divina ni dejó de recitar nunca, hasta su muerte, las oraciones diarias, prescritas por la *Sharīʻah*. En el Islam, ir más allá de la Ley en la dirección del Espíritu es algo que nunca se ha realizado mediante la desobediencia a la Ley, por la ruptura o la negación de su estructura formal, sino trascendiéndola desde dentro. Si ha habido excepciones para los enloquecidos por el amor de Dios y los que hayan podido encontrarse en estados paranormales de conciencia, han sido excepciones que confirman la regla. Hablar del Islam en el nivel de la práctica individual y las normas sociales es hablar de la *Sharīʻah*, que a lo largo de los siglos ha proporcionado las directrices para quienes han deseado, o desean actualmente, vivir según la Voluntad de Dios en su forma islámica. Cuando escuchamos en la oración del Señor pronunciada por Cristo «hágase tu voluntad en la tierra y en el cielo», para el musulmán Su Voluntad está expresada en la *Sharīʻah*, y vivir según esa voluntad en la tierra es, en primer lugar, practicar los mandatos de la Ley divina. Es sobre la base de esta práctica, dirigida a todos los musulmanes, como el santo puede entonces someter íntegramente su voluntad a la Voluntad de Dios.

Dios es, pues, el Legislador supremo (*al-Shāri'*). Por medio de Sus leyes, ante las cuales, según el Islam, todos los hombres y las mujeres son iguales, se santifica la vida humana. La Ley divina abarca todos los aspectos de la vida diaria y elimina la distinción entre sagrado y profano, o religioso y secular. Puesto que Dios es el creador de todas las cosas, no hay ningún dominio legítimo de la vida a la que no se aplique Su Voluntad o Sus leyes. Incluso los actos más ordinarios de la vida realizados según la *Sharī'ah* están santificados, y las personas de fe que se atienen a la Ley divina viven una vida inmersa en la gracia, o lo que en árabe se denomina *barakah*. Su vida adquiere sentido, y caminan por el trayecto de la vida seguros de seguir un camino (*shar'*) designado por Dios, camino que conduce a la salvación y la felicidad en el encuentro definitivo con Él. Vivir de acuerdo con la *Sharī'ah* en su forma y su sentido interior es llevar una vida ética en su sentido más pleno.

LAS FUENTES DE LA SHARĪ'AH Y LA METODOLOGÍA DE LA JURISPRUDENCIA ISLÁMICA

La fuente más importante de la *Sharī'ah* es el Corán, que algunos eruditos afirman que es la única fuente básica; todas las demás sólo sirven para elucidar y elaborar las raíces y principios contenidos en el Texto sagrado. Hay unos trescientos cincuenta versículos legales, o lo que la ley occidental denomina *juris corpus*, en el Corán. Algunos de ellos se centran en cuestiones legales específicas y de los castigos para los actos ilícitos e ilegales. Muchos tratan de los principios de los actos de culto y, en algunos casos, de los detalles de esas acciones. En otro grupo de versículos aparecen cuestiones comerciales y económicas. Además, numerosos versículos tratan de cuestiones de justicia, igualdad, pruebas legales, derechos legales, etc. En conjunto, esos versículos constituyen sólo una pequeña parte del Corán, pero son esenciales como raíces de la Ley islámica.

Sin embargo, no se comprenderían plenamente los mandatos del Corán sin la *Sunnah* y los *aḥādīth* del Profeta, que constituyen su primer comentario. El Corán ordena rezar a los musulmanes, pero la manera de rezar se aprendió a partir del modelo establecido por el Profeta. Después del Corán, por lo tanto, la *Sunna* y el *Ḥadīth* son la segunda fuente más importante de la *Sharī'ah*. Todas las escuelas de la Ley, sunní y chií por igual, aceptan estas dos fuentes como absolutamente necesarias para la Ley islámica. Es importante señalar que fue sólo después de que en el siglo IX se reunieran las colecciones canónicas del *Ḥadīth* cuando el imam al-Shāfi'ī produjo la obra definitiva sobre la metodología de la jurisprudencia.

Otras fuentes de la *Sharī'ah* son aceptadas por algunas escuelas, pero no por todas. Incluyen, la analogía o *qiyās*, en su sentido jurídico, lo que significa técnicamente la extensión de la solución o normativa *shariíta* desde un caso conocido y aceptado (*asl*) a un caso nuevo con la misma causa efectiva, legalmente hablando. Estas fuentes incluyen también el consenso o *ijmā'*, que se suele referir al consenso sobre un asunto legal de los eruditos legales especialistas en la *Sharī'ah*, pero que en la historia islámica ha sido también el consenso de toda la comunidad durante un período prolongado de tiempo, como en el caso de la prohibición de la esclavitud y de la aceptación de que el tabaco es *ḥalāl*, es decir, legalmente aceptable y no prohibido. En realidad, existe un *Ḥadīth* del Profeta que afirma: «Mi comunidad nunca consentirá en el error». Luego está la equidad o *istiḥsān*, que difiere de su equivalente en la ley occidental en que en ésta la equidad se basa en el concepto de ley natural, mientras que *istiḥsān* se basa en la *Sharī'ah*; por lo demás, son semejantes en cuanto ambas tratan de la idea de justicia y conciencia en la ley. Finalmente, en este breve informe se deben mencionar las consideraciones de interés público o *maṣlaḥah mursalah*, que están en armonía con la *Sharī'ah* y los objetivos del Legislador.

Una cuestión importante aquí es el valor dentro de la *Sharī'ah* de la costumbre y la ley humanas en tanto que diferenciadas de la Ley divina. Lo que en los textos clásicos se denomina *'urf* o *'ādah*, que significa costumbre o hábito humanos, se considera válido en la *Sharī'ah* si esa costumbre o hábito no contradice ni contraviene la *Sharī'ah*. Por consiguiente, las leyes humanas que no derivan de la Ley divina pueden integrarse en el sistema legal islámico siempre que no se opongan a los edictos de la *Sharī'ah*. Esto ha sucedido a menudo a lo largo de la historia islámica. Se alude a la Ley divina como *Shar'*, y a la ley humana como *qānūn* (de la palabra griega *kanôn*, que es también el origen de la palabra "canónico" en la ley occidental). Paradójicamente, la ley no religiosa se designa en el Islam por el mismo término que la ley religiosa o eclesiástica en el cristianismo. Desde el punto de vista de la *Sahrī'ah*, se recomienda seguir el *qānūm* o ley de cualquier país en el que uno se encuentre siempre que no contradiga los mandatos de la *Sharī'ah*.

Históricamente, y en contraste con el período moderno, hubo gran armonía entre *Shar'* y *qānūn* en el mundo islámico, y los musulmanes tradicionales no percibieron ninguna tensión apreciable entre la Ley divina y la ley humana. Esta tensión es un fenómeno moderno que comenzó en el siglo XIX y a principios del XX con la abrogación de la *Sharī'ah* en algunos países musulmanes y la imposición de varios códigos legales europeos, por ejemplo, en Persia, Egipto, Turquía y el norte de África. Ni que decir tiene que en estos países y otros la sustitución de la *Sharī'ah* por las leyes europeas creó una tensión entre vida religiosa privada y dominio público, y separó a la mayoría de la población de sus gobiernos, a los que empezaron a considerar antiislámicos o, en el mejor de los casos, indiferentes al Islam.

En la jerarquía de las fuentes mencionadas anteriormente, el Corán está en el nivel superior, seguido por la *Sunnah* y el *Ḥadīth*. Se desarrolló una metodología detallada para deducir reglas de esas fuentes y crear el cuerpo de las leyes islámicas. Esta ciencia de deducir las decisiones jurídicas de las fuentes se llama "principios de jurisprudencia" *(uṣūl al-fiqh)* y es fundamental para la Ley islámica. Aunque *fiqh* significara originalmente "entendimiento" o "conocimiento" en general, poco a poco se asoció con la "ciencia de la ley", o jurisprudencia, que corresponde a lo que los romanos llamaban *iurisprudentia*. Trata del cuerpo de la ley y de la manera de concluir ideas legales de los principios y las fuentes de la ley. Por consiguiente, el *fiqh* tiene un significado legal más técnico que la *Sharī'ah*, que incluye leyes morales y el marco general para la vida religiosa del Islam. *Fiqh*, según las autoridades tradicionales, es conocimiento de las regulaciones y reglas prácticas de la *Sharī'ah* adquirido mediante la consulta y el estudio detallado de las fuentes.

Aunque Muḥammad al-Bāqir y Ja'far al-Ṣādiq, quinto y sexto Imames chiíes, dijeron mucho sobre el *fiqh* y sus principios, fue el Imam al-Shafi'ī quien, en su *Risālah* ("Tratado"), estableció la metodología sistemática para deducir las leyes de las fuentes. Ejercer esa tarea intelectual se llama *ijtihād*, y la persona que puede ofrecer ideas nuevas en materia de ley remontándose a las fuentes se llama *mujtahid*. En el mundo sunní, la "puerta del *ijtihād*" se cerró después de los siglos X y XI, cuando se establecieron las escuelas principales, mientras que en el mundo chií ha permanecido abierta hasta hoy, y en cada generación los *mujtahids* han deducido las leyes de los principios y fuentes establecidos, que para los chiíes son el Corán, el *Ḥadīth* del Profeta y las enseñanzas de los Imames.

A través del seguimiento meticuloso de las metodologías elaboradas en *uṣūl al-fiqh*, nacieron las escuelas principales de la Ley sunní ya mencionadas, es decir, hanafí, malikí, shafií y hanbalí, como lo hizo la escuela duodecimana jafarí y las escuelas zaydí, ismailí e ibadí. Desde el siglo pasado, en el mundo sunní se ha producido un gran debate sobre la nueva apertura de la "puerta de *ijtihād*", y tanto en el mundo sunní como en el mundo chií se elaboran actualmente análisis fundamentales sobre el desarrollo futuro y la aplicación de la *Sharī'ah* a la sociedad islámica frente a los nuevos y grandes desafíos, incluidos los surgidos de la biotecnología y todos los problemas que plantea para la ética. En este ámbito, las respuestas recientes de los pensadores judíos y cristianos están cercanas a las de los musulmanes, y los seguidores de las tres fes monoteístas pueden sin duda colaborar en numerosas cuestiones en el campo de la bioética y la ética medioambiental.

Se puede comprender mejor la *Sharī'ah* mediante el empleo del símbolo del árbol, mencionado en el Corán: «¿No has visto cómo ha propuesto Dios como símil una buena palabra, semejante a un árbol bueno, de raíz firme y ramas que se elevan al cielo?» (14, 24). Este símbolo tiene muchos niveles de significado, uno de los cuales se refiere a la *Sharī'ah*. La Ley divina es como un árbol cuyas raíces están firmemente hundidas en el suelo de la revelación, pero cuyas ramas se extienden en direcciones diferentes y han crecido de maneras diversas. La firmeza de las raíces no significa que el árbol no esté vivo. Al contrario, es la misma firmeza e inmutabilidad de las raíces lo que garantiza el fluido de la savia a las ramas y la vida continuada del árbol. La *Sharī'ah* se ha desarrollado en muchos ambientes culturales y políticos distintos durante siglos. Ha albergado muchas diferencias de interpretación, y sin embargo ha seguido siendo la *Sharī'ah*. Hoy se enfrenta a desafíos sin precedentes tanto desde dentro de las fronteras de la "morada del Islam" como desde fuera, pero sigue siendo un cuerpo de ley vivo que los musulmanes consideran la encarnación concreta de la Voluntad de Dios, para ser seguida por ellos sobre la base de su fe y libre albedrío.

¿A QUIÉN SE APLICA LA *SHARĪ'AH*?

Según todas las escuelas de la Ley islámica, los mandatos de la *Sharī'ah* del Islam se aplican a todos los musulmanes, varones y mujeres, que han alcanzado la edad legal, y sólo a ellos. Todos los musulmanes son en principio iguales ante la ley, sean reyes o mendigos, mujeres u hombres, negros o blancos, ricos o pobres. El Corán enfatiza que sus mandatos se refieren a hombres y mujeres en varios versículos donde se habla claramente a ambos sexos y de manera visible, como cuando dice:

> Los musulmanes y las musulmanas, los creyentes y las creyentes, los devotos y las devotas, los sinceros y las sinceras, los pacientes y las pacientes, los humildes y las humildes, los que dan limosna y las que dan limosna, los que ayunan y las que ayunan, los recatados y las recatadas, los que recuerdan y las que recuerdan constantemente a Dios: para todos ha preparado Dios perdón y una inmensa recompensa (33, 35).

En una sociedad gobernada por la *Sharī'ah* y en la que los musulmanes son mayoría, las minorías religiosas aceptadas están exentas de seguir la *Sharī'ah* islámica, salvo en lo que se refiere al orden público. Según la propia *Sharī'ah* islámica, judíos, cristianos y otras "gentes del Libro", que en la India incluía a los hindúes y en Persia a los zoroastrianos, tienen su propia *Sharī'ah* y, por lo tanto, sus asuntos personales y comunitarios deben ser resueltos por ellos. Así es como funcionó el "sistema de la comunidad" o sistema *millat* del mundo otomano durante muchos siglos. En el sistema *millat* el gobierno central, aunque islámico, reconocía plenamente los derechos sociales, económicos y sobre todo religiosos de las minorías establecidas, para que no existiera ningún peligro de que la mayoría destruyera la presencia o identidad de los grupos minoritarios. Bajo los otomanos, los derechos de judíos y cristianos estaban garantizados por el propio Estado. Aunque de vez en cuando hubiera fricciones sociales, en general hubo sin duda una tolerancia mucho mayor entre los diversos grupos de lo que hemos observado en Yugoslavia desde su ruptura, con todos esos actos horrendos de limpieza étnica y genocidio que se han sucedido.

CATEGORÍAS DE ACCIONES Y VALORES

Según la Ley islámica, el Legislador, es decir, Dios, plantea sus demandas a los seres humanos según cinco categorías: *wājib* o *fard* (obligatorio), *mandūb* (recomendado), *ḥarām* (prohibido), *makrūh* (detestable) y *mubāḥ* o *halāl* (permitido). Cada una de estas categorías posee matices y subdivisiones en las que no podemos entrar aquí. Por citar un solo ejemplo, *wājib* o *fard* puede implicar al individuo *('aynī)* o a la colectividad *(kafā'ī)*. Las oraciones cotidianas son *wājib 'aynī*, e incumben a todos y cada uno de los individuos, mientras que construir orfanatos y hospitales es obligatorio para la comunidad como conjunto *(wājib kafā'ī)* y no para una persona particular.

Los mandatos obligatorios incluyen los "pilares del Islam", o ritos, a los que volveremos después, y el cuidado de la salud propia en la medida de lo posible. Incluyen también mantener a la familia, alimentar al hambriento y pagar la dote de la esposa. Los actos recomendados *(mandūb)* no son actos exigidos, pero son agradables a los ojos de Dios y procuran recompensa en el Más Allá. Esos actos se denominan actos de rectitud y llevan consigo la recompensa de Dios *(thawāb)*. Incluyen actos de caridad no obligatorios, por ejemplo, construir una escuela o una mezquita, realizar oraciones extras, y seguir el ejemplo del Profeta en asuntos personales recomendados pero no exigidos por la *Sharī'ah*.

La categoría de los actos prohibidos *(ḥarām)* incluye todos aquellos actos cuya comisión es punible y su omisión recompensada. Incluye todas las proscripciones de los Diez Mandamientos, como el asesinato, el adulterio, el robo, y también otras como el comer carne de cerdo, beber sangre, tomar bebidas alcohólicas, la usura, el juego, casarse con dos hermanas al mismo tiempo, y mirar las partes pudendas de otros (excluidas las del propio cónyuge). Esta categoría cubre un amplio rango de cuestiones, desde las morales y éticas a los asuntos de alimentación práctica.

Algo es detestable *(makrūh)* si omitirlo es mejor que realizarlo, y esta categoría es la opuesta a la de lo recomendable *(mandūb)*. La persona que comete un acto que es *makrūh* no puede ser castigada por la ley, pero la persona que evita el *makrūh* gana mérito con Dios. Algo como el divorcio, que está permitido pero considerado "la más detestable de las cosas permitidas" a los ojos de Dios, es *makruh*. Otro ejemplo es que los hombres lleven oro y sedas. Hay también actos *makrūh* en el campo económico, como hacer una oferta para comprar algo por lo que otra persona ha hecho ya otra oferta.

Finalmente, lo permisible, o *mubāḥ*, se relaciona con cualquier acto que la persona puede indistintamente realizar o no. El caso más obvio es el del consumo de comida que el Corán y la *Sunnah* consideren permitida para los musulmanes. También un acto pecaminoso cometido bajo necesidad se puede convertir en permitido y *mubāḥ*. Un ejemplo de ello sería comer un animal encontrado muerto cuando uno se está muriendo de hambre y no tiene otro medio de alimentarse. En general, cualquier acto que no pertenezca a una de las otras cuatro categorías está permitido, a condición de que no cause daño.

Dado que hoy en día muchos musulmanes viven en Occidente, el término *halāl* ha entrado prácticamente en el vocabulario cotidiano occidental. Es preciso aclarar algo más cómo se relaciona la categoría *halāl* con las regulaciones alimentarias, aunque, por supuesto, esta categoría esté lejos de limitarse a estos asuntos. Como el judaísmo y el hinduismo, y en contraste con el cristianismo, el Islam tiene regulaciones dietéticas que tienen una base religiosa y son un medio de santificar la vida cotidiana. Las leyes islámicas de alimentación no son tan complicadas como las del hinduismo y el judaísmo, pero comparten algunos elementos con las de este último. Como los judíos, los musulmanes se abstienen de comer productos del cerdo, sea carne o grasa derivada de la carne. Y también como los judíos, sólo comen ciertos animales, como vacas, ovejas, aves, etc., pero a condición de que hayan sido matados ritualmente y en el Nombre de Dios. Para los cristianos, el sacrificio de Cristo eliminó la necesidad de la matanza ritual de animales para que su carne se pueda consumir, pero no para judíos y musulmanes. Lo que se llama carne *kosher* en el judaísmo se corresponde muy estrechamente con la carne *halāl* en el Islam. Los musulmanes se abstienen también de cualquier bebida alcohólica, no porque sean en sí mismas generadoras de desorden, como la carne de cerdo (tanto el judaísmo como el Islam consideran el cerdo desde el punto de vista de la pureza ritual para los seres humanos y a la luz de lo que consume como animal), sino porque, como dice el Corán, sus efectos nocivos pesan más que los positivos. El Corán habla del vino puro que los virtuosos saborearán en el Paraíso, y el vino como símbolo del conocimiento que se ha alcanzado de Dios, combinado con el amor por Él, desempeña una papel fundamental en la poesía sufí.

Algunos occidentales han mantenido que la división *shariíta* de los actos en cinco categorías destruye la espontaneidad de la vida religiosa y la reduce a un ejercicio mecánico sin gracia. Nada está más lejos de la verdad, tanto para el Islam como para otras religiones con una visión similar de la Ley sagrada, como el hinduismo y el judaísmo. Las categorías *shariítas* son otros tantos indicadores a lo largo del camino de la vida, pero los hombres y las mujeres tienen todavía que viajar por este camino y a cada paso existe la tensión entre las tendencias buenas y las tendencias malas del alma, entre lo que Simone Weil llamó la gravedad y la gracia. El drama de la existencia humana y la tremenda responsabilidad que supone tener libre albedrío no se ven en absoluto mermadas por ninguna Ley sagrada, sino que son representados y vividos en cada universo religioso según los principios y las normas dominantes en ese universo. Pero el drama del alma está no obstante allí para todos los seres religiosos, sean judíos, zoroastrianos, cristianos, musulmanes, hindúes, budistas, taoístas, confucianos o seguidores de alguna de las religiones primordiales. La *Sharī'ah* no destruye para los musulmanes ese drama, ni elimina la responsabilidad humana ante Dios y la conciencia de cada uno. Por el contrario, ofrece el marco para la vida religiosa del individuo y de la comunidad y santifica la vida diaria.

LOS CONTENIDOS DE LA *SHARĪʻAH*: ACTOS DE ADORACIÓN Y TRANSACCIONES

Tradicionalmente, se ha dividido la *Sharīʻah* en dos partes: *ʻibādāt*, o actos de adoración, y *muʻāmalāt*, o transacciones. Se puede decir que el núcleo de la *Sharīʻah* es la parte que trata de la *ʻibādāt*. Incluso en época moderna, cuando en muchos países los gobiernos han reemplazado gran parte de la *Sharīʻah* con leyes europeas, la parte que trata del culto sigue siendo practicada y no podía sino seguir siendo la base de la religión, o lo que los musulmanes llaman *arkān al-dīn*, los "pilares de la religión". Estos "pilares" incluyen (además de dar testimonio de las dos *shahādahs*) las oraciones cotidianas *(ṣalāh)*, el ayuno *(ṣawm)*, la limosna *(zakāh)* y la peregrinación *(ḥajj)*. En cuanto al *jihād*, que significa "esfuerzo en el sendero de Dios" al que volveremos extensamente más adelante, es una necesidad para realizar cualquier acto agradable a Dios, incluidos los "pilares".

Actos de adoración

Las oraciones diarias: de todos los ritos islámicos, los más importantes son las oraciones diarias *(ṣalāh)*, cuya forma fue revelada por Dios al Profeta, que se la enseñó a los musulmanes. Este rito es obligatorio para todos los hombres y mujeres (salvo durante su período menstrual) desde la pubertad hasta la muerte. Cinco veces al día, determinadas por acontecimientos cósmicos y no por ningún medio mecánico o electrónico, los musulmanes deben realizar una ablución ritual, que es una purificación, como la confesión católica, para recitar luego las plegarias.

La ablución ordinaria supone el lavado ritual con agua limpia de las manos, rostro, brazos, pies y la parte superior de la cabeza. Esto además del lavado del ano y el órgano masculino o femenino después de hacer sus necesidades. Se debe realizar una ablución total, que implica el lavado de todo el cuerpo, después de ciertos estados y acciones, como la relación sexual. Ésta es la razón de que todo pueblo y toda ciudad musulmana, desde el siglo VII en adelante, haya tenido siempre baños públicos, algunos de los cuales han sobrevivido como destacadas obras de arte. Antes de la época moderna, durante muchos siglos, las únicas ciudades de Europa que tenían casas de baños eran las que estaban o habían estado gobernadas por musulmanes. La ablución ritual, un aspecto muy importante del modo de vida islámico, está también estrechamente asociada a la importancia de la limpieza. Algunos versículos del Corán y dichos del Profeta constituyen el homólogo islámico del refrán occidental de que la limpieza está relacionada con la santidad.

Después de hacer la ablución, con ropa ritualmente limpia y permaneciendo sobre un suelo limpio, los musulmanes se vuelven en dirección a La Meca y realizan las oraciones. Éstas implican la recitación de versículos del Corán y ciertos movimientos corporales que integran la dimensión psicofísica del ser humano en su arquetipo espiritual. En las oraciones, cada persona actúa como su propio sacerdote, permaneciendo directamente ante Dios. Pero cuando están presentes dos o más fieles, se recomienda que las oraciones se digan en asamblea con una persona, llamada "imam", que la dirige.

Los viernes, las principales oraciones semanales de la congregación incluyen un sermón, que contiene a menudo un importante mensaje social y político, así como ético y espiritual.

El núcleo de la oración o *ṣalāh* es el capítulo primero del Corán, la llamada *Sūrat al-Fātiḥah* (o capítulo de apertura), que se repite en cada unidad de la oración canónica. Es el corazón del Corán y contiene el mensaje relacionado con las dimensiones de la relación suprema entre los seres humanos y Dios. La *sūrah* dice así:

> Alabado sea Dios, Señor de los mundos,
> el Clemente, el Misericordioso,
> Soberano del Día del Juicio.
> A Ti solo adoramos, y en Ti buscamos ayuda.
> Guíanos por el camino recto,
> el camino de aquellos a quienes has concedido tu gracia,
> no de quienes han incurrido en Tu ira,
> ni de quienes vagan extraviados. (1, 2-7)[1]

La vida del musulmán practicante está puntuada continuamente por las oraciones diarias, que rompen el dominio del tiempo profano sobre el alma y devuelven a los hombres y a las mujeres al tiempo sagrado marcado por el encuentro con Dios, y a un espacio sagrado que apunta al centro supremo del universo islámico, La Meca, donde el eje celestial penetra el plano de la existencia terrenal. Las oraciones son un rejuvenecimiento del alma, una protección contra los actos malos, y un refugio para los creyentes en medio de las tormentas de la vida de este mundo. Tienen muchos niveles de significado, desde el más exterior al más esotérico, conocido y experimentado sólo por los sabios y santos que son los amigos de Dios. Las oraciones canónicas se constituyeron de manera que todo tipo de personas, con diversos grados de entendimiento y perspicacia, pueden participar en ellas y ser alimentadas por ellas según su propia capacidad. Son una norma divina que trasciende el orden individual, y, sin embargo, funcionan como puerta de acceso del individuo a lo universal. Hay en el Islam otros dos modos de oración, la oración del corazón, destinada sólo a aquellos que siguen un camino espiritual, o *Ṭarīqah*, y las oraciones individuales *(du'ā)* que los musulmanes, como los cristianos, judíos y otros, recitan ocasionalmente. La *ṣalāh*, sin embargo, incumbe a todos los musulmanes, pues es lo que garantiza la concordancia de nuestra vida con nuestra naturaleza teomórfica, como seres que reflejamos los Nombres y las Cualidades de Dios, y el medio por el que nos mantenemos ante Dios para dirigirnos a Él como representantes Suyos en la tierra.

El ayuno: como las oraciones canónicas diarias, el ayuno *(ṣawm)* es un rito obligatorio que todos los musulmanes, hombres y mujeres, deben realizar durante el mes lunar de Ramaḍān desde la pubertad a la ancianidad. Consiste en privarse de toda comida y bebida, así como de fumar y de toda actividad sexual (también de los malos pensamientos y las malas acciones) desde el alba hasta la puesta de sol (y, para los chiíes, hasta el crepúsculo). Sin embargo, este rito es obligatorio sólo para aquellos cuya condición física les permite realizarlo. Están exentos los enfermos y quienes están de viaje (que deben cumplirlo más tarde), las mujeres en su período menstrual o en el embarazo o en la crianza del hijo, y quienes están demasiado débiles en razón de su avanzada edad. El mes de Ramaḍān fue el mes del descenso del Corán. En este mes, el más santo del Islam, los musulmanes combinan la purificación física y psicológica con la intensificación de la oración, la recitación del Corán y los actos de caridad. Durante este mes, en casi todas las ciudades islámicas, se dan grandes cantidades de comida para los pobres, y el precio de lo que cada uno y su familia no come se entrega a las personas necesitadas.

Durante el ayuno la persona se viste, en cierto sentido, con el vestido de la muerte y se distancia de las pasiones que la atan al mundo. Es un tiempo de gran autodisciplina y de práctica de las virtudes de la paciencia y la fortaleza en las privaciones por Dios. Es también el momento de desarrollar la mayor compasión hacia los necesitados y comprender lo que significa pasar hambre. El Profeta amaba el ayuno, y, en cierta manera, el ayuno de comida en el Islam corresponde a la abstinencia sexual en el cristianismo, que existe como ideal religioso aunque sólo sea practicado plenamente por quienes observan el celibato. El Fundador del Islam ayunaba muchos días al año, y hay muchas personas que todavía ahora emulan su modelo. Pero el único ayuno obligatorio es el de Ramaḍān, que es practicado por la inmensa mayoría de los musulmanes de todo el mundo.

Es preciso decir algo sobre el calendario islámico lunar, que determina el período de ayuno así como otros ritos y ceremonias religiosas. En el Islam, todos los acontecimientos religiosos se basan en el calendario lunar, aunque se utilice el calendario solar en la agricultura y otros asuntos. En realidad, el calendario solar más exacto nunca concebido, más exacto que los calendarios juliano o gregoriano, es el calendario Jalālī, ideado por el famoso matemático poeta 'Umar Khayyām y otros en el siglo XII, y está todavía en uso en Irán y Afganistán. Este calendario solar divide el año en doce meses: los seis primeros tienen treinta y un días, los cinco siguientes treinta, y el mes duodécimo veintinueve días, salvo el año bisiesto, de treinta días. Por lo tanto, resulta más fácil calcular cuántos días tiene cada mes en comparación con el calendario occidental, y es también más preciso astronómicamente. Pero el Islam prohíbe de forma explícita la intercalación, es decir, añadir algunos días al año lunar para hacerlo equivalente al año solar. Por consiguiente, el calendario islámico lunar recorre el calendario solar completando un ciclo cada treinta y tres años. Como resultado, el Ramaḍān cae a veces en invierno y a veces en verano, a veces en días largos y calurosos y a veces en días breves y frescos. Puesto que el Islam es una comunidad mundial, el mandato de prohibir la intercalación, como se prevé en el Corán, garantiza la equidad y la justicia como condiciones para el ayuno, el *h'ajj*, y las tempranas oraciones de la mañana a personas que viven en latitudes geográficas diferentes y en los dos hemisferios diferentes del globo.

La limosna: la palabra para limosna, *zakāh*, procede de la raíz *zky*, que significa "purificar". Es un diezmo o limosna de pago obligatorio según la *Sharī'ah*, y es el medio de "purificar" los dones que Dios ha dado compartiendo algo de ellos con los pobres y los necesitados. En la sociedad islámica tradicional, esta suma se pagaba al tesoro público. Muchos proyectos de uso público, como la creación y mantenimiento de escuelas, hospitales, orfanatos, etc., fueron llevados a cabo gracias al empleo de las sumas recaudadas mediante el impuesto religioso.

Las personas familiarizadas con la práctica judía y cristiana encontrarán semejanzas obvias en el empleo del diezmo en las tres tradiciones abrahámicas. La palabra "diezmo" indica la décima parte, y la práctica se remonta al judaísmo, donde las leyes mosaicas prescribían el pago de diezmos para el mantenimiento de los levitas y el servicio del templo. El libro de los Números (18, 21), del Antiguo Testamento, dice: «A los hijos de Leví les doy en herencia todos los diezmos de Israel, a cambio de su servicio: del servicio que prestan en la Tienda del Encuentro». Más tarde, la Iglesia católica romana prolongó esta práctica, y se emplearon los ingresos para el sostenimiento del clero, las iglesias y para ayudas a los pobres. Fue impuesta por la ley eclesiástica desde el siglo VI en adelante y, aplicada por la ley secular a partir del siglo VIII, proporcionó la principal fuente de fondos para la construcción de las hermosas catedrales medievales. Martín Lutero aprobó el diezmo, mientras que la Revolución Francesa lo abrogó. En contraste con el catolicismo y el protestantismo, la Iglesia ortodoxa, sin embargo, no acepta la práctica del diezmo. En lo que se refiere a Estados Unidos, la práctica del diezmo nunca fue obligatoria, salvo entre los mormones. Si observamos el cristianismo occidental en general, se puede ver, pues, que diezmo y *zakāh* son similares, aunque la cantidad de limosnas o impuestos religiosos no haya sido igual en las tres religiones abrahámicas.

En el Islam chií, además de *zakāh,* hay también otros impuestos religiosos obligatorios llamados *khums*, que significa una quinta parte. Por otro lado, hay muchos otros tipos de limosna comunes a todos los musulmanes, como la *ṣadaqah*, cantidad entregada a los pobres en agradecimiento a Dios por proteger de algún peligro o recibir una bendición especial, o el *fiṭriyyah*, dinero que se da a los pobres al final del mes de Ramaḍān. Estas formas de limosna no se deben confundir, no obstante, con la *zakāh*, que es obligatoria y uno de los “pilares” del Islam.

En general, la *Sharī'ah* anima a dar *(īthār)* en el camino de Dios, y los musulmanes están completamente de acuerdo con las palabras de los Evangelios: «Es mejor dar que recibir». Gran parte de la vida económica y social de la sociedad islámica sigue, de hecho, estando financiada a través de las diversas formas de caridad religiosa. La institución del *waqf*, o donación religiosa, cuyas condiciones están contempladas en la Ley islámica, ha desarrollado un papel esencial en la historia islámica en la creación de prestaciones públicas, especialmente escuelas y hospitales. Hoy en día, en la mayoría de los países islámicos el *waqf* es asumido por los gobiernos, pero tradicionalmente era algo similar a las donaciones creadas y sostenidas en la actualidad por el sector privado en América, salvo que era siempre de carácter religioso.

La peregrinación: gracias a las emisiones de la radio y la televisión que se difunden por todo el mundo, casi todos han oído hablar de la peregrinación musulmana, el *h'ajj*, y probablemente muchos han visto imágenes de lo que es quizá la mayor reunión religiosa anual en el mundo. El *h'ajj*, que es obligatorio al menos una vez en la vida del musulmán si tiene medios económicos para ello y físicamente puede realizarlo, supone la peregrinación a La Meca durante un período particular del mes lunar de Dhu'l-ḥijjah. El rito reproduce los actos de Abraham después de reconstruir la Ka'bah (la estructura cúbica del centro de La Meca considerada por los musulmanes como el santuario más antiguo, edificado originalmente por Adán) y sigue el modelo establecido por el Profeta. En cierto sentido, es un rito abrahámico dentro de la expresión final del monoteísmo, es decir, el Islam, que revivió y restableció el monoteísmo abrahámico puro.

El peregrino, sea hombre o mujer, debe llevar una ropa blanca especial, llamada *iḥrām*, antes de entrar en el recinto sagrado alrededor de La Meca, permitido sólo a los musulmanes, ropa que con frecuencia se utiliza después como sudario. Al convertirse en *muḥrim*, esto es, vestido con esta ropa especial, hombres y mujeres deben dejar el mundo atrás. Durante el *ḥajj* deben abstenerse de actividad sexual y dedicarse plenamente a Dios, cuya Casa, la Ka'bah, visitan. Aquí, se borran todas las distinciones externas; rey y campesino se visten de la misma manera. Los complicados ritos implican, entre otros, actos de circumambulación alrededor de la

Ka'bah en el sentido opuesto a las agujas del reloj, con la conciencia de que uno se mueve contra la marcha del tiempo, limpiando toda la basura que ha acumulado en su interior como resultado del flujo temporal. A través de estos ritos, que incluyen el sacrificio de un animal que simboliza el de la propia alma apasionada ante Dios, el peregrino regresa al estado de primordialidad, o estado edénico en que fue creado, y Dios perdona los pecados de esa persona si el *ḥajj* ha sido realizado con total sinceridad y devoción. Por eso muchas personas ancianas realizan la peregrinación con la esperanza de morir en el trayecto y, por lo tanto, de dejar este mundo purificadas de sus pecados. En el rincón de la Ka'bah se encuentra la piedra negra que simboliza la alianza entre los seres humanos y Dios. Todos los peregrinos tratan de besarla y tocarla para recordar de manera concreta la alianza primordial que hicieron con Dios al aceptar la condición de ser humano, lo que significa aceptar el Señorío de Dios y someterse a Él.

El *h'ajj* es tanto el medio de purificación del individuo como la integración de la sociedad. En el *h'ajj* se reúnen musulmanes de todas las partes del mundo. Actualmente, los más de dos millones de personas que la realizan cada año proceden de todos los lugares del planeta e incluyen a árabes, persas y turcos, así como africanos negros y malayos, chinos e indopakistaníes, alemanes y americanos, personas de piel blanca y personas de piel negra, peregrinos de ojos azules y peregrinos de ojos marrones. En ningún otro lugar del mundo se hace más evidente que en La Meca, durante el *h'ajj*, la unificación de la diversidad étnica y racial de la comunidad islámica en el sometimiento al Único Dios. Aquí se produce también el intercambio de ideas y bienes entre musulmanes de diversas partes del mundo, y ha sido denominado por algunos investigadores occidentales el primer congreso científico internacional, y también feria económica internacional. Pero más que cualquier otra cosa, mediante el *h'ajj* los peregrinos son purificados y vuelven a su hogar llevando algo de la gracia, o *baraka*, del Centro a los lugares más lejanos del mundo islámico.

Con la explosión de la población mundial, el problema del alojamiento de todos los peregrinos que desean realizar el *h'ajj* se ha agudizado. Aunque el número de peregrinos se eleva actualmente a más de dos millones, esta cifra es todavía un pequeño porcentaje de los mil doscientos millones de musulmanes que hay en el mundo, aunque no todos ellos cumplan las condiciones necesarias para realizar el *h'ajj*. Sin embargo, el número de los que anualmente están cualificados según la Ley divina para realizar el *h'ajj* es mucho mayor que el de aquellos a los que se les permite realizarlo. Hay, por lo tanto, una gran presión sobre la mayoría de los gobiernos musulmanes, así como sobre Arabia Saudí, para que se permita cada año un número mayor de peregrinos, mientras que, al mismo tiempo, la misma logística de tan gran reunión y las limitaciones de espacio hacen imposible que siga aumentando el número de peregrinos. En vista de las limitaciones, algunos musulmanes hacen la peregrinación a La Meca fuera de la estación especificada para beneficiarse de la gracia de la visita a la Casa de Dios aunque no sea durante los días especificados por la Ley islámica.

Sin embargo, el *h'ajj* no es la única forma de peregrinación islámica, sino la única que es obligatoria según la *Sharī'ah* si se reúnen ciertas condiciones. Actualmente, en América, la peregrinación no desempeña ese papel central en la vida religiosa de los protestantes, aunque todavía queden algunos que peregrinan a Jerusalén. En cuanto a los católicos, tanto en América como en Europa están todavía los que peregrinan a Jerusalén, Lourdes o Roma, y en Centroamérica y Sudamérica a santuarios locales como el de la Virgen de Guadalupe, en la ciudad de México. En la Edad Media, sin embargo, las peregrinaciones eran mucho más comunes en Occidente, no sólo a Jerusalén, lo que sirvió como excusa para las cruzadas, sino también a muchos lugares locales como Canterbury en Inglaterra y Santiago de Compostela en España. La importancia de la peregrinación en la actualidad en el Islam se debe comparar con las prácticas de la época más antigua de la historia cristiana, y no con las que se realizan hoy, especialmente en Estados Unidos.

En el mundo islámico, quienes realizan el *h'ajj* visitan también la tumba del Profeta en Medina, y antes de que los israelíes tomaran Jerusalén en 1967, peregrinaban también en gran número a esta tercera ciudad santa del Islam. Muchos lugares locales de peregrinación son lugares de gracia asociados a las tumbas de los descendientes del Profeta y de grandes santos. Todos estos sitios son otras tantas extensiones de Medina, y expanden la *barakah* de la ciudad del Profeta y de sus restos sagrados a las diversas áreas del mundo islámico. Algunos de estos sitios son, por ejemplo, la tumba de Aḥmad Bamba en Touba, África occidental; los dos Moulay Idrīses en la proximidad de Meknés y en Fez; la mezquita de la "Cabeza de Ḥusayn" en El Cairo; la tumba de Sayyid Aḥmad Badawī, el santo patrón de Egipto, en Tanta; y las "estaciones sagradas" de Zaynab en El Cairo y Damasco. Los múltiples lugares santos de Irak incluyen la tumba de 'Abd al-Qādir al-Jīlānī y los mausoleos de los Imames chiíes, especialmente los de 'Alī en Najaf, y Ḥusayn en Karbalā'. El mausoleo de Jalāl al-Dīn Rūmī en Konya, Turquía; las ciudades santas de Mashhad y Qom en Irán; el mausoleo de Khwājah 'Abd Allāh Anṣārī en Herat y el de Bahā' al-Dīn Naqshband cerca de Bukhara; y las tumbas de muchos de los grandes santos sufíes del subcontinente de la

India, como la de Dādājī Ganjbakhsh en Lahore, Niẓām al-Dīn Awliyā' en Delhi, y Mu'īn al-Dīn Chishtī en Ajmer, que están entre los lugares fundamentales de la vida religiosa del Islam. Durante las conmemoraciones anuales de la muerte de esos santos, a menudo cientos de miles de personas se reúnen en esos lugares para celebrar ritos religiosos y recibir bendiciones.

Es importante señalar que esos lugares de bendición no se limitan a las "estaciones" sagradas *(maqām)*, o mausoleos, de varones, sino que incluyen también otros de mujeres. En El Cairo, después de la mezquita de la "Cabeza de Ḥusayn", el santuario más importante y centro de peregrinos es el *maqām* de Zaynab, la nieta del Profeta, cuyo otro *maqām*, en Damasco, es en muchos sentidos el centro religioso de la ciudad. También en El Cairo el mausoleo de Sayyidah Nafīsah, gran sabia, santa y descendiente del Profeta, es un importante lugar religioso. En Irán, después de Mashhad, la ciudad de Qom, que es el centro del chiísmo duodecimano, es el santuario más importante de Irán debido a que allí se encuentra la tumba de Haḍrat-i Ma'ṣūmah, la hermana del Imam Riḍā, enterrado en Mashhad. Y antes de que los wahhabíes destruyeran los mausoleos de la esposa y la hija del Profeta, Khadījah y Fāṭimah, en el Hijaz, esos lugares eran también importantes centros de peregrinación. Naturalmente, los mausoleos de mujeres santas son visitados sobre todo por mujeres, pero no exclusivamente por ellos. Hombres y mujeres participan en gran número en la peregrinación a todos esos lugares, estén asociados a una figura santa femenina o masculina.

Los wahhabíes y otros reformadores puritanos se oponen con fuerza a las visitas y a la peregrinación a las tumbas de los santos, que son también desaconsejadas por los modernistas. La oposición wahhabí se basa en la idea de que visitar la tumba de un santo es como adorar un ídolo y sustrae la atención de la trascendencia de Dios; los modernistas desaconsejaron esas peregrinaciones para secularizar la vida social, pero su oposición nunca fue tan fuerte como la de los wahhabíes. Con todo, la práctica de la peregrinación a diversos lugares santos sigue estando hasta hoy en el centro de la vida religiosa del mundo islámico. No se puede comprender la práctica religiosa del Islam sin prestar atención a la importancia de la peregrinación, que va jerárquicamente desde el *h'ajj* y la peregrinación a Medina a la visita de lugares sagrados locales que existen en la mayoría de las tierras islámicas. Estas formas "menores" de peregrinación no merman, sin embargo, de ningún modo el carácter central del *h'ajj*, sino que son como otros tantos anticipos y reflejos. La visita a la "Casa de Dios" sigue siendo de suprema importancia en la mente de los musulmanes cuando se trata de la peregrinación, y muchos la visitan incluso fuera de la estación designada en lo que se llama *'umrah*. Por eso actualmente, cuando las poblaciones han aumentado y resulta más fácil viajar, todos los días del año hay numerosos peregrinos en La Meca, y a mitad de la noche de cualquier día, durante cualquier estación, uno encuentra miles de peregrinos circumambulando alrededor de la Ka'bah y rezando ante la casa reconstruida por Abraham en celebración del Único Dios que en el Antiguo Testamento dijo: «Yo soy el que soy».

Además de todos estos ritos promulgados por la *Sharī'ah*, en el Islam hay también muchas otras prácticas religiosas basadas en la *Sunnah* del Profeta y en elaboraciones posteriores. Incluyen formas ritualizadas de alimentar a los pobres, sesiones de oraciones especiales, sermones ritualizados, sacrificio de animales cuya carne se distribuye luego entre los necesitados, y muchas otras actividades. De hecho, en el mundo islámico tradicional casi cada necesidad de la vida está santificada, y la *Sharī'ah* considera un acto religioso incluso el ganarse el pan cotidiano. Es la totalidad de los ritos obligatorios, así como de los recomendados, junto con las formas sacralizadas de muchas acciones diferentes lo que constituye el estilo de vida islámico, en el que, en principio, no hay ninguna distinción entre lo sagrado y lo profano, y lo que ahora nosotros llamamos vida ordinaria o vida cotidiana está integrada en la matriz de lo sagrado.

Transacciones

Es precisamente la naturaleza omniabarcante de la *Sharī'ah* la que ha hecho necesario que se ocupase también de lo que se denominan transacciones *(mu'āmalāt)*: asuntos sociales, medioambientales, económicos y políticos, así como leyes personales, la familia, el vecindario, etc. Trataremos de las enseñanzas sociales en el capítulo siguiente, pero debemos decir aquí algunas palabras sobre las enseñanzas medioambientales, económicas y políticas de la *Sharī'ah*, algunas de las cuales son parte de la jurisprudencia, o *fiqh*, y otras son principios que deben ser aplicados por las diversas generaciones de musulmanes a situaciones específicas en ausencia de reglas legales explícitas.

Enseñanza medioambiental: la crisis del medio ambiente es principalmente consecuencia de un malestar interno y de una visión del mundo global que da a los seres humanos poderes ilimitados sobre la naturaleza, a la que se considera una realidad desacralizada. Esta manera de contemplar las cosas ha tenido como resultado la reducción de la naturaleza a un mero recurso para la producción económica. Sin embargo, en lo que se refiere a su tratamiento en el plano social y legal, se puede decir que para el Islam los temas medioambientales son una cuestión legal ya tratada desde el principio en las fuentes y aplicaciones de la Ley islámica, mientras que en Occidente parece que la ley trata de ir corriendo para ponerse a la altura de los problemas causados por la crisis. La cosmovisión islámica tradicional se opone completamente al paradigma moderno imperante de la relación entre los seres humanos y la naturaleza, que ha causado un daño sin precedentes al entorno natural, ha conducido a la pérdida de numerosas especies y amenaza ahora el futuro mismo de la vida humana en la tierra. El Islam ve a los hombres y las mujeres como representantes de Dios en la tierra. Por consiguiente, de la misma manera que Dios tiene poder sobre Su creación, pero es también su sostenedor y protector, los seres humanos deben combinar igualmente el poder sobre la naturaleza con la responsabilidad por su protección y sostenimiento. El Corán está repleto de referencias a la naturaleza, y se alude a los fenómenos de la naturaleza como signos de Dios y, por tanto, sagrados. En la sociedad islámica tradicional, los seres humanos vivían en una armonía extraordinaria con su entorno natural, como se puede ver en el diseño urbano de las ciudades islámicas tradicionales y también en la vida de los pueblos que, como en otras partes premodernas del mundo, se basa todavía en una extraordinaria armonía con los ritmos de la naturaleza y hace pleno uso de lo que ahora se llama reciclaje.

Sobre la base del Corán y el *Ḥadīth*, la *Sharī'a* tiene extensas enseñanzas, legales y morales, referentes al entorno natural: la manera en que los animales deben ser tratados de forma amable, los árboles preservados y no cortados, a menos que sea absolutamente necesario, la vegetación protegida incluso en tiempos de guerra, así como las aguas, y muchas otras cuestiones importantes. El propio Profeta fue siempre muy amable con los animales. En cuanto a los árboles, subrayaba la importancia de crear lo que hoy se denomina espacios verdes. Por eso dijo: «Es un acto bendito plantar un árbol aunque sea un día antes del fin del mundo». La *Sharī'ah* promulga ciertos principios generales referentes al entorno, como el del equilibrio *(mīzān)* entre todas las partes de la creación de Dios, la prohibición del derroche, y el respeto por la vida en todas sus formas, y mandatos específicos, como la creación de áreas protegidas para la fauna.

Pero en muchas zonas donde se han producido crisis durante el siglo pasado como resultado del advenimiento de la tecnología moderna, la superpoblación, el saqueo económico, etc., faltan leyes *shariítas* específicas. Durante algún tiempo, el mundo islámico, como el resto del mundo no occidental, descuidó la crisis medioambiental y pensó que era un problema únicamente para los países muy industrializados. Sin embargo, cuando la dimensión de la crisis aumentó, durante las dos últimas décadas del siglo XX, cambió la situación. En la actualidad se está desarrollando una rama enteramente nueva de la *Sharī'ah* sobre la base de las fuentes tradicionales de la Ley divina para abordar los problemas cruciales planteados por la crisis medioambiental, tanto en el mundo islámico como en otras partes. De Nigeria a Malasia, los eruditos en legislación se dedican a estas cuestiones, y esta rama de la *Sharī'ah* es uno de sus aspectos actuales más desafiantes y dinámicos.

Enseñanzas económicas: antes de la época moderna no había nada semejante a la economía en las ciencias islámicas, del mismo modo que tampoco formaba parte de las divisiones europeas del saber antes del Renacimiento. Ambas civilizaciones conocían la palabra latina *oeconomicus* (de origen griego), de la que se deriva la palabra moderna, pero la entendían en su sentido original de administrar los asuntos del hogar. De hecho, la palabra árabe moderna para economía, *al-iqtiṣād*, tenía el significado completamente diferente de "moderación" o "justo medio" en el árabe clásico, y es parte del título de una de las obras más famosas de teología islámica cuyo autor es al-Ghazzālī. No se puede decir, por supuesto, que no existiera economía en el Islam, pero el área o actividad conocida como economía, tal como la conocemos hoy, no se puede encontrar nunca aislada en sí misma en la sociedad islámica. Estaba siempre combinada con la ética y se la consideraba una parte orgánica de la vida de los seres humanos, que deben regirse por principios éticos. Por eso la misma aceptación de la economía como campo independiente, por no decir como factor dominante de la vida según los paradigmas predominantes del mundo moderno, es algo devastador para la visión islámica de la vida humana.

Si tuviéramos que aceptar la definición moderna de economía, entonces podríamos decir que el Corán tiene muchos versículos que se refieren a la vida económica, incluidas cuestiones de herencia, impuesto religioso, oposición a la acumulación de riquezas, etc. Contiene también, como el *Ḥadīth*, numerosas enseñanzas éticas que se refieren directamente a la vida económica y están incorporadas a la *Sharī'ah*. Éstas incluyen el rechazo de la codicia, la importancia de la honradez en todas las transacciones económicas, la inviolabilidad de la propiedad privada, etc. En cuanto a lo que se refiere a la propiedad, en principio "toda propiedad pertenece a Dios", pero Dios ha dado a los seres humanos el derecho de poseer su propiedad, aunque se ponga un límite a tal derecho cuando alcanza lo que está destinado a todos y debe seguir siendo público, como las montañas, los bosques y los ríos.

La *Sharī'ah* promulga una ética del trabajo de importancia capital para la vida económica. El Corán afirma: «¡Oh los que creéis! Cumplid vuestros pactos *('uqūd)*» (5, 1). Este versículo relaciona explícitamente la ética del trabajo con la vida religiosa de los seres humanos. Los pactos pueden ser entre los seres humanos y Dios, entre el ser humano y su alma, o entre un individuo o grupo y otro individuo o grupo. Esta tercera relación pactual está en la base de la ética islámica del trabajo, pero, al mismo tiempo, es inseparable de las otras dos. Sobre la base de este versículo y otros, la *Sharī'ah* enseña que en toda transacción económica las dos partes deben observar estrictamente las condiciones sobre las que se ha estipulado la transacción. Tanto el empleador como el empleado, o el vendedor y el comprador, tienen la responsabilidad de mantener su pacto, y la manera en que realizan la transacción afecta a su alma y a su relación con Dios.

En cuanto a la relación entre empleador y empleado, la *Sharī'ah* subraya la importancia de la relación personal y recomienda justicia y amabilidad por parte del empleador, que está en una posición de poder sobre el empleado. Según un *Ḥadīth*, se le debe pagar al obrero su debido salario antes de que se haya secado el sudor en su frente. En la civilización islámica se subraya tanto esta relación personal en las transacciones económicas que actualmente, incluso en medio de las impersonales prácticas económicas modernas, la mayoría de los musulmanes siguen contando con el contacto personal y confiando en él por encima de todo lo demás. Por supuesto, esta relación personal estaba también muy acentuada en la producción de bienes, como vemos en los gremios, a lo que volveremos en el próximo capítulo.

La *Sharī'ah*, además, se opone a ciertas prácticas económicas, algunas de las cuales están prohibidas y otras son desaconsejadas. La práctica de la usura *(ribā')* está prohibida en el Corán y según la Ley islámica, como estaba prohibida en el Imperio romano, en la Europa medieval e incluso en

Inglaterra antes de Enrique VIII. La acumulación excesiva de riqueza, a la que se refiere el Corán en términos de oro y plata, está también prohibida, como lo están las sustancias *ḥarām*, o fabricar o vender bebidas alcohólicas. Esos actos se consideran ilegales y pecaminosos. En su conjunto, la *Sharī'ah* concibe una sociedad cuya vida económica es orgánica, basada en el flujo de mercancías y capital a través de las diversas partes de la sociedad, de modo similar a como circula la sangre por el cuerpo humano.

En contraste con el Occidente cristiano, donde se despreciaba la actividad mercantil hasta el Renacimiento, en el mundo islámico el comercio y las transacciones económicas se vieron desde el principio como algo positivo desde el punto de vista religioso. El Profeta mismo había sido originalmente comerciante, como lo había sido su esposa Khadījah, y en toda la historia islámica la clase mercantil asociada al zoco se contó entre los sectores más piadosos de las zonas islámicas urbanas, como lo fueron los agricultores entre los habitantes de las áreas rurales. La sociedad islámica tradicional logró crear una notable integración de vida económica y religión. Es también importante recordar que en el ámbito económico, la participación no se limitaba a los hombres, y que la integración abarcaba al conjunto de la sociedad. Las mujeres fueron activas en la producción de muchas mercancías, desde productos agrícolas a alfombras, y también comerciantes y propietarias. La *Sharī'ah* dio a las mujeres unos derechos económicos que no existían en ninguna gran sociedad, incluido Occidente, hasta muy recientemente.

Se ha realizado un notable esfuerzo en las últimas décadas para estudiar los principios y los mandatos económicos (en sentido occidental) contenidos en la *Sharī'ah* –lo que muchos denominan ahora economía islámica–, y ponerlos en práctica. En varios países islámicos, y en Occidente, se han creado los bancos sin interés, llamados bancos islámicos, y están disponibles los préstamos sin interés. Pero raramente se han abordado cuestiones más profundas como los problemas generados por el hecho de que el mundo islámico se ve obligado a implicarse en un sistema económico mundial basado en principios y presupuestos muy distintos a los suyos. Pero, no obstante, el tema sigue de plena actualidad en el panorama intelectual y religioso del Islam contemporáneo.

Enseñanzas políticas: el Corán no plantea una estructura política particular, pero ofrece algunos principios básicos de gobierno, el más importante de los cuales es el de la consulta, o *shawrā*, como se afirma en el versículo «y consúltales sobre el asunto» (3, 159). La norma del Profeta en Medina y el documento llamado *Constitución de Medina* son también cruciales para todo el pensamiento y la acción política islámica posterior, pero esta constitución tampoco plantea ninguna forma particular de gobierno en ausencia del Profeta, que era a la vez profeta y gobernante de la comunidad. Sin embargo, lo que el Corán y el *Ḥadīth* subrayan es que el dominio de la política no se puede separar del de la religión, que, sin embargo, no debe ser interpretada como una "iglesia" en el sentido occidental del término. En Norteamérica se habla siempre de la separación de Iglesia y Estado, aunque la religión nunca haya estado totalmente separada de la vida política desde la época de la redacción de la Constitución norteamericana en adelante. En Europa, durante la época premoderna hubo siempre dos poderes, el Papado y el Imperio o la Monarquía, y esta última recibía la legitimidad y la investidura religiosa del primero. Después, los Estados se secularizaron, especialmente a partir de la Revolución Francesa, pero en muchos países se han mantenido las religiones de Estado hasta la actualidad, y en Gran Bretaña la Reina sigue siendo la cabeza de la Iglesia de Inglaterra.

Sin embargo, ninguno de estos modelos se aplican al mundo islámico, donde no existe una Iglesia ni un Papa y donde el califato clásico no fue ni como el Papado ni como el Santo Imperio Romano. Se ha dicho que el modelo islámico es una teocracia, pero esto no es del todo cierto según se ha entendido este término en el contexto de la historia occidental ni en el del Egipto antiguo o el Japón clásico. Teocracia significa gobierno del sacerdocio o clase sacerdotal, cuyo dirigente es el jefe o líder. En el Islam, sin embargo, no existe un sacerdocio comparable al que se encuentra en el cristianismo, el hinduismo o el budismo; la clase más cercana de la sociedad islámica a los sacerdotes son los *'ulamā'*, o eruditos religiosos, que son expertos en la Ley divina y sirven como sus guardianes e intérpretes. Además, salvo en Irán desde la revolución de 1979, el *'ulamā'* nunca ha gobernado directamente la sociedad islámica, e incluso en Irán la norma del jurisperito *(wilāyat-i faqīh)* se ve modificada por la presencia de un parlamento elegido. En cualquier caso, las comparaciones fáciles entre las ideas de los fundamentalistas cristianos respecto de la "teocracia" y las ideas islámicas de gobierno son falsas. Técnicamente hablando, el ideal islámico es el de una nomocracia, es decir, el imperio de la Ley divina. Es cierto que todo poder, incluido el poder político, pertenece en última instancia a Dios; como afirma el Corán: «El juicio no pertenece más que a Dios» (6, 57; 12, 40). Pero en el caso del Islam, el gobierno de Dios nunca estuvo asociado al gobierno de una clase sacerdotal; más bien estuvo asociado a la *Sharī'ah*. La República Islámica de Irán es el primer caso de la historia islámica en que los *'ulamā'* religiosos, lo más próximo que se puede encontrar en el Islam a la clase sacerdotal, ha gobernado directamente sobre un país islámico importante.

Durante la historia islámica, primero la institución del

califato y luego la del sultanato se desarrollaron en el Islam sunní. El chiísmo rechazó el califato como institución política, pero aceptó el sultanato, o monarquía, como la forma de gobierno menos imperfecta en ausencia del Mahdī. Ésta era incluso la visión del ayatolá Jomeini en sus escritos tempranos, antes de que se pusiera en contra de la institución de la monarquía y a favor del nuevo concepto del "gobierno del jurisperito" *(wilāyat-i faqīh)*. En cualquier caso, en todas las formas diferentes de gobierno, el gobernante buscó la legitimidad protegiendo la *Sharī'ah*, o al menos pretendiendo que lo hacía, y buscando el respaldo de quienes eran los custodios de la *Sharī'ah*, a saber, los *'ulamā'*. Incluso la legitimidad de la monarquía descansaba no tanto en la sangre, como en Europa, cuanto en la capacidad de preservar el orden y proteger la *Sharī'ah*. Por supuesto, muchos gobernantes no siguieron las enseñanzas de la *Sharī'ah*, que en principio se aplicaba tanto a ellos como a todos los demás. Pero el ideal de proteger y preservar la *Sharī'ah* siempre estuvo allí, y, de hecho, en la práctica, la *Sharī'ah* sirvió con frecuencia como escudo de protección del pueblo contra los caprichos de gobernantes autoritarios poderosos, aunque hubiera, una vez más, excepciones.

En la teoría política islámica, el papel del gobierno es siempre limitado, y, en la práctica, áreas importantes, como la justicia, la salud y la educación se dejaron al sector privado antes del auge de los Estados modernos en el mundo islámico. El gobierno fue también habitualmente personal, y antes de la época moderna califas y reyes mantenían sesiones regulares en el transcurso de las cuales recibían a sus súbditos ordinarios y respondían a sus peticiones. Actualmente se habla mucho de Islam y democracia. Si "democracia" se entiende como el gobierno de la voluntad del pueblo, entonces, en la sociedad islámica tradicional existían mecanismos por los que la voluntad del pueblo se reflejaba en la clase gobernante, incluido el califa o sultán, y, claramente, desempeñó un papel en aquellos gobiernos que triunfaron y perduraron. Si "democracia" significa las instituciones desarrolladas concretamente en Occidente en los últimos siglos, entonces no existe ningún paralelo en la historia islámica premoderna, como tampoco existe en Japón, China o la India antes de la modernidad. Aunque muchos países islámicos trataran de introducir los modelos occidentales de democracia durante el siglo pasado, por lo general con poco éxito, y aunque exista hoy día una gran confusión en este ámbito, el único principio que permanece claro para todos los musulmanes es que la soberanía pertenece finalmente a Dios tal como se expresa en la Ley divina, y una sociedad islámica es aquella en la que se acepta esta soberanía; pero eso deja todavía un espacio inmenso en el que el pueblo puede ejercer sus ideas y actuar con libertad siempre y cuando no se opongan a la Ley divina.

Con la caída del califato otomano y las muchas revoluciones del siglo XX basadas en el modelo europeo, la cuestión del gobierno político en su relación con las enseñanzas islámicas, los deseos del pueblo y la forma que debería asumir un gobierno islámico han adquirido una especial importancia. Existe actualmente gran confusión y mucho alboroto en el mundo islámico sobre ese asunto. Algunos han seguido modelos republicanos occidentales, otros han adoptado la forma más antigua del sultanato o monarquía, y hay otros que quieren revivir el califato. Pasará algún tiempo antes de que la civilización islámica pueda desarrollar de nuevo sus auténticas formas políticas, tarea que se hace hoy mucho más difícil por el hecho de estar bajo una constante presión externa sin posibilidad de crear instituciones basadas en la dinámica interna de su propia sociedad. De manera paradójica, muchos países islámicos de orientación occidental que son alabados en Occidente por tener gobiernos "laicos" no permiten las prácticas democráticas de estilo occidental; si lo hicieran, en el sentido de permitir que el pueblo expresara realmente sus preferencias, el resultado sería un gobierno mucho más islámico en lo que se refiere al dominio de la *Sharī'ah*. Esto se debe a que a la inmensa mayoría de los musulmanes, incluidos quienes se encuentran en los países más occidentalizados y modernizados, le gustaría vivir de acuerdo con la *Sharī'ah* y tener su propia libertad y democracia tal como ellos entienden estas ideas, en vez de hacerlo según la forma en que se entienden en el Occidente moderno y postmoderno.

CASTIGOS Y ORDENANZAS RESTRICTIVAS

Hablar de ley es también hablar de ordenanzas y estatutos restrictivos *(ḥudūd)*, o castigos, bajo la ley. Evidentemente, desobedecer la Ley divina es un pecado, pero también tiene sus consecuencias legales en este mundo, como ocurre también en el contexto judío. En el mundo moderno, los estatutos religiosos de este tipo son llamados con frecuencia "medievales" y "bárbaros" sobre la base de que, gracias al progreso, las gentes se han vuelto mucho más "civilizadas" y "humanas", como si esperar en el corredor de la muerte durante doce años y luego ser ejecutado fuera una tortura menor que ser colgado poco después de ser encontrado culpable. Habitualmente, esta crítica se pone de forma inmediata al mismo nivel que las ordenanzas islámicas restrictivas. Para aclarar la situación, es necesario señalar, no obstante, que esos estatutos y ordenanzas, llamadas *ḥudūd* en la Ley islámica, son menos numerosas que en la Ley judía, donde treinta y seis delitos, como adulterio, sodomía, idolatría, brujería y asesinato, son sancionables con la muerte en la horca, o por decapitación, fuego o estrangulamiento. Menciono especialmente la Ley judía porque, según el Islam, las leyes judías aportadas por los profetas hebreos siguieron siendo válidas mientras no fueron abrogadas por las leyes islámicas. Un ejemplo claro es el de la lapidación del adúltero o la adúltera, que no se menciona en el Corán, pero que era una práctica judía que continuó en el Islam con la adición de restricciones en cuanto a las condiciones requeridas para probar la culpa en un tribunal *shariíta*.

Dice el Corán: «Él [Dios] es el más veloz de los contables» (6, 62), y muchos versículos del Corán, como 2, 187.229.230 y 4, 13-14, se refieren al conjunto de mandatos o *ḥudūd*, palabra que significa literalmente "límite" puesto por Dios. Por ejemplo: «Quien desobedece a Dios y a su Enviado y transgrede Sus límites *(ḥudūd)* será introducido en un fuego, para morar allí: y tendrán un castigo humillante» (4, 14). El castigo coránico, basado en el concepto de que Dios es justo y mide nuestras acciones, implica la comisión de actos prohibidos en el texto sagrado. Estos actos son ilegales y un pecado contra Dios, e incluyen la relación sexual ilícita y la acusación falsa en cuanto a dicha relación, beber vino, el robo, el hurto y el asesinato. Según la *Sharī'ah*, el castigo para el adulterio es la lapidación, pero tiene que haber o una confesión de la parte, o de las partes, o cuatro testigos justos. Ésa es la razón de que tal castigo haya sido sumamente raro en la sociedad islámica tradicional. El castigo para el robo y el asalto en los caminos, si conlleva homicidio, es la muerte por espada o la horca, y si no, la amputación de un dedo o, en casos extremos, una mano o un pie. Pero se necesitan muchas otras condiciones, según algunos juristas, doce, antes de que se pueda realizar el castigo de la amputación. Por eso este castigo ha sido también muy raro. Para los casos menores existen los azotes. El castigo por el asesinato es la muerte, a menos que la familia de la víctima acepte una compensación económica. Aunque éstas sean transgresiones contra Dios, se acepta el arrepentimiento, y el *Ḥadīth* limita enérgicamente la aplicación del *ḥudūd*, como vemos también en el caso de la Ley judía. En un tribunal *shariíta*, la prueba del delito se hace muy difícil, y se admite incluso que el juez o *qāḍī* acepte la retractación de la confesión. Muchos eruditos religiosos, a lo largo de los siglos, han sostenido que el castigo por robo sólo se debería llevar a cabo en una sociedad que fuera económicamente justa desde el punto de vista islámico, y que no se debería aplicar al ladronzuelo que roba empujado por la pobreza y la necesidad extrema.

Aunque se hable mucho en Occidente de la severidad de esos castigos en algunos países llamados fundamentalistas, se dice poco de cuán raros son, en realidad, en el mundo islámico en general. Más importante, pocos son los que quieren afrontar el hecho de que el número de personas que mueren o resultan gravemente heridas en delitos que implican robo y violación en Estados Unidos es muy superior al número de personas castigadas por robo o adulterio en un país como Arabia Saudí, donde estos asuntos se tratan con gran dureza. Al intentar comprender las ordenanzas restrictivas de la *Sharī'ah*, se debe hacer en el contexto de la realidad histórica del Islam y a la luz de todas las circunstancias atenuantes que las limitan en la práctica. Además, es importante considerar estos asuntos no según el modelo de lo que es popular actualmente en los países occidentales, sino también en relación con toda la historia de Occidente, y teniendo en cuenta los castigos impuestos hasta hace muy poco tiempo en Europa y América por diversos delitos. El mundo islámico está en un proceso de observación y estudio de los cambios recientes que se han producido en Occidente en estas materias y no seguirá el mismo curso que Occidente si los resultados de los experimentos sociales y legales vigentes en Europa y América no logran disminuir de manera notable los delitos para los que las diversas sociedades, incluida la islámica, han decretado castigos a lo largo de los siglos.

LEYES DIVINAS Y LEYES HUMANAS: CRISIS Y ENFRENTAMIENTO ACTUALES

Ya a mediados del siglo XIX, en muchos países islámicos la normativa de la *Sharī'ah* como sistema legal se limitaba a las leyes personales que gobiernan la familia, la herencia, etc., o había sido reemplazada por códigos napoleónicos o el derecho consuetudinario inglés y los tribunales de estilo europeo. Cuando la mayoría de los países islámicos lograron su independencia después de la Segunda Guerra Mundial, la *Sharī'ah* sólo se aplicaba en su plenitud en unos pocos países, como Arabia Saudí, Yemen y Afganistán. Estos países pueden haber tenido diversos problemas políticos y económicos, pero al menos no experimentaron la tensión entre dos sistemas legales y dos filosofías diferentes, como les sucedió a otros países islámicos. Por desgracia, la aplicación de la *Sharī'ah* no impidió que Yemen y Afganistán fueran invadidos por fuerzas extranjeras y que sus modelos de vida tradicionales, incluidos los aspectos legales, fueran profundamente alterados y en algunos lugares aniquilados. Sin embargo, a pesar de estas tragedias la Ley *shariíta* tuvo un papel decisivo en la preservación del carácter religioso de la vida de las poblaciones de esos países, aunque fuera mediante una severa coacción. A pesar de toda la confusión política del mundo islámico durante el último medio siglo, han existido intentos en la mayoría de los países islámicos de volver a la Ley divina tal como está contenida en la *Sharī'ah*, mientras se incorporaban y se tomaban en consideración leyes humanas relacionadas con las situaciones modernas en las que los propios musulmanes se encuentran. Por otra parte, continúa el gran debate sobre la propia *Sharī'ah*.

En el mundo sunní, como ya mencionamos, muchos quieren abrir de nuevo la puerta del *ijtihād*, y están aquellos que hablan de combinar las decisiones de diferentes escuelas clásicas de la Ley, como la shafií y la hanafí. Ahora hay también algunos abogados laicos (es decir, que no son miembros formales de la clase de los *'ulamā'*, los custodios tradicionales de la *Sharī'ah*) que creen que tienen derecho a dictar decisiones jurídicas *(fatwās)* y formular nuevas normas *shariítas*. Incluso en el Irán chií, donde el *ijtihād* se practica de nuevo en cada generación, algunos pensadores religiosos modernizados hablan de la "*Sharī'ah* dinámica", contrastándola con la *Sharī'ah* estática antigua. En el campo de la ley, así como en el de la política, que está estrechamente relacionado con ella, hay un gran debate y abundante discusión en todo el mundo islámico, pero no hay duda de que la cuestión de la reactivación de la *Sharī'ah* después de su eclipse durante el período colonial está en el centro de las preocupaciones del Islam contemporáneo.

LEY DIVINA, ÉTICA Y *ETHOS* RELIGIOSO

La *Sharī'ah* no es sólo una ley positiva concreta, sino también un conjunto de valores y un marco para la vida religiosa de los musulmanes. Los libros de jurisprudencia *(fiqh)* contienen las leyes específicas de la *Sharī'ah*, pero la propia *Sharī'ah* incluye también enseñanzas éticas y espirituales que no son, hablando estrictamente, de naturaleza legal, aunque en el Islam lo legal no esté nunca separado de lo moral. Sobre las bases del Corán y el *Ḥadīth*, la *Sharī'ah* enseña a los musulmanes a respetar a sus padres, a mostrarse amable con los vecinos, a ser caritativos, a ser siempre sinceros, a mantener la palabra, a ser honrados en todos los asuntos, etc. Toda la ética del Islam está relacionada en el plano individual y en el plano social con la *Sharī'ah*, mientras que la purificación interna del alma y la profundización en el sentido interior de la *Sharī'ah* son para el sendero espiritual, o *Ṭarīqah*, que por fuerza se basa siempre en la práctica formal de la Ley divina.

Actualmente, en muchas partes del mundo islámico, la Ley divina, o *Sharī'ah*, no se practica ya plenamente en el nivel de las leyes, pero la ética contenida en sus enseñanzas sigue impregnando la sociedad. De hecho, la *Sharī'ah* determina el *ethos* religioso del Islam en el nivel personal y en el nivel social, y es inseparable de la vida de la fe. Para la inmensa mayoría de los musulmanes, la práctica de los mandatos de la *Sharī'ah* es su manera de practicar su sometimiento a la Voluntad de Dios y de vivir una vida virtuosa y recta que conduzca a la felicidad y la salvación en el Otro Mundo. Incluso quienes no practican la *Sharī'ah*, pero siguen considerándose musulmanes, deducen de la *Sharī'ah* su ética, su comprensión del bien y el mal, y su marco de referencia en el caos de este mundo. Y quienes pretenden alcanzar a Dios en esta vida y caminar por el sendero de la *Ṭarīqah* hacia esa Verdad, o *ḥaqīqah*, que es la fuente de la Ley y el Camino, son más conscientes que nadie de lo indispensable que es la Ley divina, la única ley que puede proporcionar las formas sagradas que, en este mundo de cambio y devenir, son los únicos medios de acceso al empíreo inmutable de lo Sin Forma.

4. LA VISIÓN DE LA COMUNIDAD Y LA SOCIEDAD

«La humanidad formaba una sola comunidad
y Dios les envió profetas
como portadores de buenas noticias y amonestadores,
y les reveló la Escritura con la verdad
para poder juzgar entre las gentes
sobre aquello en lo que discrepaban.»
Corán 2, 213

«Vuestra comunidad es una sola comunidad.»
Corán 21, 92

El concepto de comunidad

Uno de los conceptos clave del Corán y del Islam como religión es el de comunidad *(ummah)*. No hay duda de que el Islam tenía la intención de crear una comunidad basada en la justicia, una comunidad en la que fuera posible la búsqueda de la Ley divina, no sólo en los mandamientos para el comportamiento privado. En el debate entre quienes afirman la primacía de la sociedad y quienes subrayan la importancia primordial del individuo, el Islam toma un camino medio y cree que esta polarización se basa en realidad en una dicotomía falsa. No existe sociedad sin individuo; ni el individuo puede sobrevivir sin sociedad. La naturaleza social del ser humano forma parte de la sabiduría de la creación de Dios, y el Corán afirma: «No hay secreto entre tres sin que Él sea el cuarto, ni entre cinco sin que Él sea el sexto, ni de más o menos que ésos sin que Él esté con ellos dondequiera que puedan estar» (58, 7). Esta verdad no se refiere sólo a la omnisciencia de Dios, sino también a la realidad profunda de la Presencia de Dios en toda reunión humana. Él está presente en la comunidad humana como está dentro del corazón o centro del individuo.

Sin embargo, el papel de la religión es salvar las almas humanas, y el Día del Juicio, según el Islam, los seres humanos son juzgados individualmente y no colectivamente. La comunidad humana es juzgada en el Corán en función del grado en que permite a sus miembros llevar una vida buena, en el sentido religioso, basada en principios morales. Juzga que una comunidad es buena cuando refleja la presencia constante de la dimensión trascendente en la vida humana y se basa en ideales espirituales y religiosos. Dios puede juzgar y castigar en este mundo a una comunidad en su conjunto, pero la comunidad en su conjunto no entra en el paraíso o en el infierno como colectividad. Sólo las almas humanas lo hacen. Por lo tanto, nuestra responsabilidad ante Dios permanece, sea cual sea la comunidad en que vivamos.

El Islam reconoce a las comunidades según su afiliación religiosa. Habla de los cristianos como la *ummah*, o comunidad, de Cristo, y de los judíos como la *ummah* de Moisés, del mismo modo que los musulmanes constituyen la *ummah* del Profeta. El mismo Abraham es llamado *ummah* «obediente a Dios» (16, 120), y cada comunidad tiene un conjunto de ritos escogidos para ella por Dios: «Hemos dado a cada comunidad un rito» (22, 34). Originalmente, había sólo una *ummah*: «No constituían más que una comunidad única» (10, 19), pero con el paso de la historia, aparecieron comunidades diferentes y muchas se deshicieron o fueron destruidas. El Corán describe de manera detallada el ascenso, descomposición y desaparición de varias comunidades, que se pueden entender también como naciones en el sentido bíblico. En realidad: «Cada comunidad tiene un plazo, y cuando llega su plazo no puede retrasarlo ni adelantarlo un momento» (7, 34). Y la descomposición y destrucción de comunidades o naciones se ha producido, según el Corán, no debido a una pérdida de riqueza o poder económico, ni siquiera a una derrota militar, sino a causa de la corrupción moral y la desviación de las normas religiosas queridas por Dios para la comunidad en cuestión. La tierra pertenece a Dios, y Él permite que las comunidades o naciones que lo merecen la gobiernen mientras merezcan hacerlo. Una vez pierden su autoridad moral, Dios las sustituye por otras comunidades o naciones.

Para el Islam, una comunidad significa sobre todo una colectividad humana que se mantiene unida por lazos religiosos que son los cimientos de los lazos sociales, jurídicos, políticos, económicos y éticos entre sus miembros. En nuestro período de la historia humana no hay sólo una, sino muchas comunidades o naciones, lo que significa muchas religiones, como se menciona en el capítulo 1, y esto aparece en el Corán como una condición querida por Dios, pues «si Dios lo hubiera querido, habría hecho de ellos una sola comunidad» (42, 8). Es en el contexto de un mundo con muchas comunidades, a las que el Islam considera en términos religiosos, donde se debe situar y comprender la idea que el Islam tiene de sí mismo como *ummah*.

En primer lugar, el Islam subraya la unidad de su propia *ummah*. Aunque después de los primeros años de historia islámica empezaran a aparecer varias desavenencias teológicas y políticas, y aunque después del fin del califato Omeya en Oriente en el siglo VIII no se volviera a realizar la unidad política del Islam, el ideal de la unidad de la *ummah* ha permanecido con fuerza durante toda la historia del Islam. En la época moderna, se ha manifestado en varios movimientos panislámicos que se remontan a Jamāl al-Dīn al-Afghānī en el siglo XIX. La unidad de la comunidad islámica radica, sin embargo, principalmente en la realidad ética y espiritual del interior del corazón de los verdaderos creyentes, como subrayan las palabras coránicas de que «en verdad, los creyentes son hermanos» (49, 9). Sin embargo, aunque este tema se repita de manera interminable en los sermones de las mezquitas y en otros lugares en ocasiones religiosas varias, en la práctica, algunos musulmanes se han burlado de ella. Este sentido de unidad y fraternidad, que incluye también, evidentemente, la sororidad, se ha debilitado debido a muchos factores étnicos, sectarios y personales a lo largo de los siglos, especialmente en los tiempos modernos.

Además de considerarse una *ummah* ordenada por Dios para "llamar al bien", los musulmanes se ven también como la "comunidad del medio" en el contexto del mundo, sobre la base de un conocido versículo coránico, que se dirige a los musulmanes de este modo: «Así, hicimos de vosotros una comunidad del medio *(ummah wasaṭah)*, para que seáis testimonio delante de todos y el mensajero pueda ser testimonio ante vosotros» (2, 143). Se puede comprender este versículo, y de hecho se ha comprendido, de muchas maneras. En el nivel más exterior, significa que el Islam estaba destinado a ocupar la franja central del mundo clásico, desde el Mediterráneo al mar de la China, con muchas comunidades y pueblos no musulmanes al norte y al sur. En un nivel teológico y dentro de la familia abrahámica, los musulmanes interpretan este versículo en el sentido de que, mientras que el judaísmo hace hincapié en las leyes de este mundo y el cristianismo en el desapego del mundo, el Islam venía a subrayar el terreno del medio, para alcanzar un equilibrio entre este mundo y el otro. Otra interpretación, que es principalmente ética, afirmaría que "comunidad del medio" significa que Dios escogió para los musulmanes el justo medio, el evitar los extremos en las acciones éticas y religiosas. Sin embargo, otro significado de este versículo, con implicaciones globales, sería que los musulmanes constituyen "la comunidad del medio" porque Dios los ha elegido para crear un equilibrio entre las diversas comunidades y naciones.

No obstante, esta última interpretación no significa en absoluto que los musulmanes se consideren el pueblo elegido en el sentido judío del término. Por el contrario, los musulmanes piensan que todas las comunidades, musulmanas y no musulmanas por igual, han sido elegidas por Dios, que les ha dado sus propias instituciones y ritos sagrados, y son responsables ante Él. El papel que los musulmanes han imaginado siempre para sí mismos en el escenario de la historia humana como "comunidad del medio" no significa que otras comunidades no tengan su propio papel que desempeñar, ordenado igualmente por Dios. Nada está más lejos de la comprensión tradicional que el Islam tiene de sí que la de ser un pueblo elegido, a menos que se amplíe esta afirmación para decir que todas las *ummahs*, o comunidades, son el pueblo elegido por Dios, que cada una ha sido traída a este mundo para realizar una función de acuerdo con la Sabiduría y Voluntad Divinas.

Actualmente, en el mundo islámico, la *ummah* está políticamente más dividida e incluso culturalmente más fragmentada que en ninguna otra época de su historia, como resultado del impacto del modernismo. Y, no obstante, sería una gran error subestimar la importancia de la visión coránica de la comunidad que la mayor parte de los musulmanes llevan en su corazón y en su pensamiento. Esta visión está todavía muy viva y se manifiesta de maneras imprevistas no sólo política y económicamente, sino también social y culturalmente, por no mencionar el ámbito de la propia religión.

Dār al-Islām y *Dār al-Ḥarb*

La idea islámica de comunidad, o *ummah*, está estrechamente relacionada con la de *dār al-Islām*, o "morada del Islam", que corresponde en muchos aspectos a la noción occidental de "cristiandad". *Dār al-Islām* es el área geográfica en la que vive la *ummah* islámica como mayoría y donde se promulga y se practica la Ley islámica, aunque pueda haber otras *ummahs*, como la judía y la cristiana, que vivan dentro de sus fronteras. Clásicamente, a la idea de *dār al-Islām* se yuxtaponía la de *dār al-ḥarb*, o "morada de la guerra", donde los musulmanes no podían vivir ni practicar su religión fácilmente porque la *Sharī'ah* no era la ley del país, aunque, en la práctica, hubiera siempre minorías musulmanas que vivían en algunas partes del mismo. Juristas islámicos posteriores añadieron una tercera categoría, *dār al-ṣulḥ*, "morada de la paz". Con esta categoría se quería designar un país que no era parte del mundo islámico, pero en el que los musulmanes podían practicar su religión en paz. En el contexto contemporáneo, se podría decir que los musulmanes que viven en América o en la Europa occidental viven en *dār al-ṣulḥ*, en contraste con los que viven en la antigua Unión Soviética o la actual Myanmar (Birmania), que vivirían o viven en *dār al-ḥarb*.

No obstante, la presencia de la "morada de la guerra" no significa necesariamente que el mundo islámico esté en guerra con esa región, como algunos han pretendido. Según la Ley islámica sobre tratados internacionales, los musulmanes podían hacer tratados de paz y vivir en paz con países que estuvieran fuera de *dār al-Islām* si no eran amenazados por ellos. El mejor ejemplo de tal situación son las relaciones amistosas del Profeta con los abisinios cristianos, que de hecho habían dado refugio a algunos musulmanes de La Meca poco después del advenimiento de la revelación coránica. Podemos ver muchos ejemplos de esa coexistencia pacífica entre los reinos musulmanes y los cristianos en España y de los estados hindúes y musulmanes en la India. En este ámbito, los principios islámicos no se deben confundir con asuntos de oportunidad política y acciones particulares de determinados gobernantes a lo largo de los siglos. Lo importante es comprender los principios islámicos ahí implicados.

En lo que se refiere a *dār al-ḥarb*, la Ley islámica exige que en esa situación los musulmanes respeten las leyes del país en el que viven, pero insiste también en que deben seguir sus prácticas religiosas propias, aunque hacerlo resulte difícil. Si esa manera de vivir se hiciera imposible, se les recomienda emigrar a la "morada del Islam". En cuanto a seguir las leyes y prácticas locales, mientras no contradigan las leyes y prácticas islámicas, se mantienen los mismos mandatos para *dār al-ṣulḥ* que para *dār al-ḥarb*. Los chiíes, que han sido minoría durante la mayor parte de su historia y han sufrido persecución con frecuencia, añadieron el principio de disimulo *(taqiyyah)*, según el cual debían ocultar sus creencias y prácticas religiosas a la gente en general si revelarlas ponía en peligro su vida o su propiedad.

Minorías musulmanas

De la misma manera que a lo largo de la historia muchos cristianos vivieron fuera de la cristiandad, también partes de la *ummah* islámica han vivido fuera de *dār al-Islām*, en escenarios culturales y religiosos muy diferentes, desde África occidental a China. Actualmente, la mayor minoría del mundo es la comunidad islámica de la India, con unos ciento cincuenta millones de musulmanes. Hay también diez millones de musulmanes en China, posiblemente veinte millones en Rusia, minorías considerables en los países del África negra, y comunidades pequeñas, pero firmemente establecidas, en los Balcanes, Finlandia, Bulgaria, Grecia, Tibet, Nepal, Sri Lanka, Myanmar, Thailandia, Vietnam y Camboya. Hay también, por supuesto, comunidades islámicas más recientes en la mayoría de los países europeos, así como en Norteamérica y en Sudamérica. Como ya mencionamos, sólo en Estados Unidos hay unos seis millones de musulmanes.

En la práctica, la situación de esas minorías ha variado y sigue variando enormemente de país a país. En algunos lugares han establecido una notable cultura local propia; en otros, han permanecido como un enclave dentro de la sociedad más grande, aferrados a su identidad religiosa, pero sin ser capaces de expresar mucha creatividad en el panorama cultural general. Estas minorías han representado durante siglos una presencia islámica en diferentes partes del mundo y se han relacionado con muchas culturas diversas, actuando a menudo de puente entre esas culturas no islámicas y *dār al-Islām*. Esas minorías musulmanas tienen ahora una importante responsabilidad en el cumplimiento de esta tarea, en la medida en que supone la relación del mundo occidental con *dār al-Islām*.

Minorías en la "morada del Islam"

Salvo en lo que se refiere a la parte central de la península arábiga, no hay ningún área en la "morada del Islam" donde no existan minorías pertenecientes, desde el punto de vista islámico, a otras *ummahs*. En el corazón del mundo islámico, estas minorías han sido por lo general judíos, cristianos y zoroastrianos, pero ha habido también, y sigue habiendo, otras minorías, como los drusos, yazidíes y alawíes, que han sobrevivido durante siglos en la cuna de la civilización islámica. Tradicionalmente el Islam ha clasificado a los grupos sociales sobre la base de su afiliación religiosa, y, por consiguiente, la categorización de minorías sobre factores como la raza o la lengua ha tenido consecuencias mucho menores. Los kurdos, que son lingüísticamente una minoría clara, han sido gobernantes de los árabes, como los negros, que en algunos casos eran miembros de una minoría racial en los países en que lograron el poder político.

La Ley islámica exige que la vida, la propiedad y la libertad de religión de las minorías religiosas sea garantizada si son un "pueblo del Libro", categoría muy utilizada durante la historia islámica. Sobre la base del versículo del Corán que habla de combatir a los no creyentes y a quienes no reconocen la Religión de la Verdad, incluso entre las gentes del Libro, «hasta que paguen el tributo *(jizyah)*» (9, 29), se exigió a las minorías religiosas que pagaran un impuesto religioso especial *(jizyah)* y se les daba a cambio protección frente a los ataques exteriores y seguridad en cuanto a su vida y su propiedad. En el mundo moderno, donde la idea de nación moderna y de ciudadanía se ha vuelto predominante, la teoría islámica clásica ha sido criticada con frecuencia, y no siempre se practica en el mundo islámico contemporáneo. Esto se debe a que incluso en el mundo islámico, en el nivel exterior, para algunos grupos, la lealtad al Estado y la nación moderna ha venido a reemplazar en alguna medida a la lealtad a la religión, algo que no había ocurrido siquiera en Europa hasta hace poco.

El sistema islámico debe ser entendido a partir de las premisas de la concepción islámica de la sociedad, cuyo objetivo es proporcionar un sistema justo y un entorno beneficioso para el desarrollo espiritual y religioso de los seres humanos. Desde ese punto de vista, sin duda las minorías no han estado en peor situación en el mundo islámico que en Occidente, como se puede ver si se compara la historia del judaísmo en la "morada del Islam" y su historia en Europa. También durante los quinientos años de dominación otomana de Grecia, el monte Athos siguió siendo el centro más vibrante y vivo de la espiritualidad ortodoxa. En cuanto a la vida económica, podría parecer una paradoja, pero en la mayoría de los países islámicos las minorías religiosas están en mejor situación económica que la mayoría musulmana, como se puede ver con los cristianos del Líbano y Egipto.

Por supuesto, ninguna institución humana carece de imperfecciones y abusos. Toda teoría sobre las relaciones entre las comunidades que constituyen la sociedad se basa en unas determinadas premisas y tiene aspectos positivos y aspectos negativos. El sistema islámico, a veces llamado sistema *millat* (la palabra *millah*, comunidad, significa también "nación" en el sentido bíblico), erradicaba en primer lugar las distinciones basadas en la raza, la etnia o la lengua. Segundo, al conceder protección a las minorías sobre la base de la religión, creó por tanto los medios para que esas religiones sobrevivieran, en contraste con la situación que se dio en Europa, donde, después de la cristianización, otras religiones, como las de los druidas y los germanos antiguos, fueron totalmente erradicadas, como lo fueron también algunos movimientos posteriores dentro del cristianismo, como los cátaros.

Sin embargo, en el mundo islámico ninguna nación vive ya actualmente bajo el viejo sistema *millat* otomano, sino según la idea occidental de ciudadanía en el seno de una nación. El sistema moderno de Estado-nación elimina las distinciones basadas en la religión, al menos en teoría, pero a expensas de subordinar las leyes religiosas de la minoría y la mayoría a las leyes seculares. Y, con todo, en ese sistema basado en el nacionalismo, la gente sigue insistiendo en la importancia de las leyes y las prácticas religiosas, y la tensión entre ambas, leyes seculares y leyes religiosas, ha hecho la cuestión de las minorías más difícil que antes. En otro tiempo, los kurdos no tuvieron los problemas con los turcos y los árabes iraquíes que tienen ahora, ni los coptos de Egipto experimentaron las mismas tensiones que ahora con los llamados fundamentalistas, que están reaccionando contra la secularización de las leyes del país.

LA SOCIEDAD ISLÁMICA: EL IDEAL Y LA PRÁCTICA DE UNA VIDA BUENA

Es esencial distinguir entre la sociedad ideal descrita en el Corán y el *Ḥadīth* y la sociedad islámica histórica. Si las dos fueran idénticas, no habría males ni defectos en ninguna parte, y el mundo no sería el mundo con todas sus imperfecciones. De hecho, a lo largo de su historia los musulmanes han considerado la sociedad de Medina en el tiempo del Profeta como la sociedad ideal, como la edad de oro del Islam, religiosamente hablando; han tratado de emular esa sociedad en la medida de lo posible, pero siempre se quedaron muy por debajo de esa aspiración. A las generaciones de musulmanes jóvenes se les han contado historias de aquella época, cuando, se podría decir, el cielo y la tierra se tocaban. Recuerdo que, cuando era niño, escuchaba a mis padres y otras personas historias sobre el Profeta u otros grandes santos antiguos que ayudaban a los pobres, eran honrados en todos los negocios, administraban justicia y cosas semejantes. Casi siempre, se contrastaban los hechos contemporáneos de la sociedad con los ideales que aquellas historias reflejaban. Sin embargo, contrastar esas historias con los hechos y llorar los defectos es mucho menos provechoso que tratar de comprender en qué medida los ideales islámicos *han* sido puestos en práctica y realizados en cada sociedad islámica a pesar de las imperfecciones inherentes a la condición humana, imperfecciones que las enseñanzas originales del Islam han tomado en consideración. Aunque cada generación de musulmanes haya estado por debajo de las normas establecidas por el Profeta en Medina, y a pesar de la debilidad humana, todas las generaciones, hasta la época moderna, han realizado en la práctica muchos de los valores establecidos por el Islam en la sociedad en que vivieron.

Las normas ideales de la sociedad tal como las prevé el Corán y el *Ḥadīth* incluyen el establecimiento de la justicia y la igualdad ante la Ley divina, el juego limpio en la economía y la justa distribución de la riqueza, aunque legitima la propiedad privada y anima las actividades económicas, el trato equitativo a todos los seres humanos (viviendo musulmanes y no musulmanes como miembros de sus respectivas comunidades religiosas en la sociedad islámica) y la creación de un entorno religioso y social en el que la presencia de lo Trascendente no se olvide nunca. En esa sociedad, se honran más los lazos familiares que los tribales, pero se considera que la verdad está por encima incluso de las filiaciones familiares. Fue Cristo quien dijo: «Déjalo todo y sígueme», afirmando también que se debería odiar a los propios padres si se oponen a la verdad. Igualmente, dice el Corán: «Hemos recomendado a los seres humanos que sean bondadosos con sus padres, pero si éstos te incitan a que me asocies aquello de lo que no tienes ningún conocimiento, entonces no les obedezcas» (29, 8).

Puesto que el objetivo de la sociedad islámica es hacer posible "que se haga Tu voluntad en la tierra", en la sociedad ideal es deber de todo musulmán, como se afirma en varios versículos coránicos, «ordenar el bien y prohibir el mal» (3, 110). Esto no significa que los musulmanes en tanto que individuos deban interferir en los asuntos de los otros; más bien, cada persona tiene la responsabilidad social de tratar de que la autoridad moral reine en la comunidad. En una sociedad así, se exige mantener la paz y promover la armonía social, pero si la autoridad moral es destruida por una u otra razón y las normas religiosas son desobedecidas por quienes ejercen el poder político, entonces se tiene derecho a la rebelión y el restablecimiento de un orden basado en normas éticas y en la Ley divina.

También en la sociedad islámica ideal la virtud, la bondad y el conocimiento deben ser los únicos criterios para honrar y elevar a los individuos. La jerarquía de la sociedad debe basarse en la cualidad del temor de Dios, llamada *taqwā*, y en el conocimiento, a los que el Corán se refiere explícitamente. Cualquier otro honor y distinción debe ser evaluado a la luz de la verdad de la transitoriedad del mundo. Este ideal no se ha realizado totalmente, pero los musulmanes devotos siguen siendo muy conscientes de él, como se ve en la actitud de muchos gobernantes poderosos hacia los santos y los hombres de conocimiento. Yo mismo he sido testigo del gran respeto mostrado a eruditos virtuosos y devotos no sólo por la gente común, sino también por los ricos y los políticamente poderosos.

Las enseñanzas sociales islámicas incluyen también el sostén y la ayuda a aquellos que han sido oprimidos o desfavorecidos de una manera u otra. En la reforma que el Islam llevó a cabo en la sociedad árabe, se puso del lado de los pobres, y así como Cristo dijo: «Bienaventurados los pobres», también el Profeta dijo: «La pobreza es mi orgullo». Evidentemente, en los dos casos pobreza significa, sobre todo, pobreza espiritual, pero también en el nivel material el Profeta, como Cristo, vivió con sencillez y estuvo más cerca de los pobres y los débiles que de los ricos y los poderosos. Aunque el Profeta dijo que la riqueza es como una escalera, con la que uno puede subir al cielo o bajar al infierno, siempre subrayó que se debe ayudar y respetar a los pobres sin tener en cuenta su carencia de riquezas mundanas. Igualmente, los ideales sociales islámicos siempre hicieron hincapié en ser amables con los esclavos, tratar a las mujeres con dulzura, y ser generoso con quienes habían sufrido pérdidas económicas y estaban con deudas o, en general, con todos los que los sociólogos modernos llamarían "clases desfavorecidas".

Tampoco en este caso estos y otros ideales fueron siempre plenamente realizados por las sociedades islámicas posteriores, pero como ideales planteados por una generación tras otra, son cruciales para la comprensión de los valores dominantes de la sociedad islámica. Por supuesto, el sentimiento de que "mi religión es la mejor", se encuentra por fuerza en cualquier ambiente religioso, y el islámico no es una excepción. El Corán, de hecho, menciona a los musulmanes como la mejor de las comunidades. Pero, en la práctica, los musulmanes individuales reconocen a menudo que algunas virtudes, que se suponía debían mostrar los miembros de la comunidad islámica, de hecho estaban ausentes y, sin embargo, se encontraban en los miembros de otras comunidades religiosas. Por ejemplo, quienes han realizado el *ḥajj* y se llaman *ḥājjī* suelen ser profundamente respetados como personas piadosas y dignas de confianza, y la mayoría está a la altura de esa reputación, pero ha habido excepciones, por ejemplo, *ḥājjīs* engañosos, que, con la apariencia de devoción, con frecuencia han tratado de manera poco honrada con sus clientes en el bazar. En mi propia familia, en Persia, siempre comprábamos nuestras alfombras a un comerciante judío sumamente honrado, y todos los miembros de la familia solían decir que era tan honrado como un verdadero *hājjī*. En cualquier caso, la dinámica entre los ideales y la práctica cotidiana es para los musulmanes, como para los judíos, cristianos o hindúes, un asunto complicado. Pero eso no debe llevar ni a una actitud de beatería ni a la depreciación de la comunidad religiosa propia como carente de cualquier virtud. En lo que se refiere al Islam, esas actitudes han sido expresadas por forasteros, y también por pequeños grupos dentro de la propia sociedad islámica en los tiempos modernos. El fenómeno ha conducido a posiciones y movimientos de un extremismo lamentable.

LA ESTRUCTURA DE LA SOCIEDAD ISLÁMICA

Por supuesto, no todas las sociedades islámicas son exactamente iguales, y sería más inteligente hablar de "sociedades" islámicas y no de "sociedad" si tuviéramos que analizar cada parte de la *ummah* en detalle. Pero para nuestro actual propósito, y concentrándonos en el corazón del mundo islámico, donde se creó la civilización islámica clásica, es posible hablar de *sociedad* islámica cuando intentamos poner de relieve las características sobresalientes de la estructura social compartida por países tan distantes como Marruecos y Persia. En contraste con Occidente y también con la India hindú antes de la época moderna, la sociedad islámica no poseía una estratificación tan rígida y había, relativamente hablando, más dinamismo y fluidez en la sociedad islámica que en sus dos vecinos en la época medieval. La movilidad social en la sociedad islámica fue factible, sobre todo, por la adquisición de conocimiento religioso, por una parte, y mediante la realización de proezas personales, militares o administrativas, por otra. Estrictamente hablando, no existió ningún sistema feudal en el Islam, y no hubo nada que correspondiera con exactitud a la aristocracia terrateniente de Occidente, con sus nobles y sus otros poderes feudales, aunque, en algunos países como Persia y lo que hoy es Pakistán, existieran terratenientes poderosos y, de hecho, existan todavía. Tampoco los campesinos desempeñaron un papel tan importante como lo hicieron en la sociedad medieval europea.

Un factor importante presente en la sociedad islámica pero ausente del Occidente cristiano fue el elemento nómada. En realidad, como escribió el gran historiador tunecino del siglo XIV Ibn Jaldūn, a quienes muchos consideran el padre de la sociología, se puede comprender el ritmo de la historia islámica como la interacción constante entre nómadas y sedentarios. Los árabes eran originalmente nómadas, mientras que el Islam surgió en La Meca, que era un entorno sedentario. Sin embargo, algo de lo que se podría llamar "espiritualidad nómada", con su énfasis en la transitoriedad del mundo, la cercanía a la naturaleza, el amor al lenguaje y el respeto por el poder de la palabra, está contenido en la perspectiva espiritual de la propia revelación islámica y se manifiesta claramente en el arte. También en el nivel social la dinámica constante entre los nómadas y los habitantes de la ciudad continuó a lo largo de la historia del Islam.

El Profeta intentó reemplazar los lazos tribales por los de la comunidad islámica, o *ummah*, dominada por la verdad de la revelación coránica. Aunque lo logró en gran medida, las alianzas tribales no desaparecieron por completo y, de vez en cuando, estallaban movimientos políticos basados en la filiación tribal. Esta tensión entre la fuerza unificadora del Islam y las fuerzas dispersadoras y centrípetas del tribalismo se ha manifestado de muchas maneras en la historia islámica, y sigue todavía viva bajo formas nuevas. En realidad, algunos han interpretado como "tribalismo" la oposición actual de las fuerzas culturales, étnicas y religiosas locales a la globalización, y han considerado que tribalismo y globalización son enemigos de la democracia. Sin embargo, no se debe confundir ese análisis con el papel y la función del tribalismo en la historia islámica, que fue testigo de la tensión entre los pueblos nómadas y los sedentarios, pero también del papel positivo de los nómadas tribales en la renovación y revivificación constantes de la vida sedentaria, e incluso en la unificación de vastas zonas del mundo islámico bajo un solo orden "global", como vemos con los selyuquíes y los otomanos. La civilización del Islam, que era global a su manera, se creó en entornos urbanos, y, de hecho, durante el período medieval, el mundo islámico tenía muchas ciudades de población muy superior a las mayores ciudades europeas de la época. Pero la ciudad es lugar de refinamiento de las artes y las ciencias, por una parte, y de decadencia moral y lujo excesivo por otra. La ciudad ha producido grandes sabios y santos, pero es también el único lugar que ha producido escépticos e incluso ateos. La historia no ha registrado ningún agnóstico o escéptico nómada, por no mencionar a los ateos. Incluso el Corán alude al hecho de que toda ciudad será castigada un día antes del final de los tiempos.

En el mundo islámico, los nómadas, que amenazaban constantemente las ciudades, las invadirían y las dominarían una vez se hubo instalado en ellas la decadencia. Los nómadas inyectarían una energía nueva a la ciudad, reactivando su carácter moral y manteniendo encendido el fuego de la tradición. Luego ellos a su vez se harían sedentarios, perdiendo gradualmente sus virtudes nómadas y hundiéndose en el lujo decadente hasta ser barridos por una nueva invasión de nómadas. El mundo islámico conoció no sólo a los nómadas árabes, sino también a los turcos, que empezaron a emigrar al corazón del mundo islámico desde el siglo X en adelante, y más tarde los mongoles, que destruyeron gran parte de la vida sedentaria islámica, pero también rejuvenecieron su arte y su arquitectura, así como su poder político. Actualmente, a pesar del asentamiento forzoso de tantos nómadas, hay todavía nómadas árabes, negros y bereberes en el norte de África y el África sahariana, nómadas turcos en Anatolia, Persia y Asia central, y nómadas árabes en Arabia Saudí, Yemen, Jordania, Siria e Irak, e incluso tribus iraníes como los pashtus, algunos de los cuales se han instalado ahora en Afganistán y Pakistán. Incluso Egipto, que ha sido una sociedad sedentaria desde época inmemorial, tiene nómadas en el sur. Muy recientemente, mientras visitaba la tumba de un gran santo sufí en el sur de Egipto, me sorprendió descubrir que el desierto egipcio, cerca de la frontera con Sudán, está todavía dominado por tribus nómadas. Por eso, difícilmente se puede exagerar la importancia del elemento nómada, social, psicológica y espiritualmente, en la sociedad islámica. Por otra parte, no se debe olvidar que algo del espíritu nómada sobrevive incluso entre quienes se instalaron en ciudades, pues como afirma el refrán árabe: «Puedes sacar a un muchacho nómada del desierto, pero no puedes sacar el desierto de ese muchacho».

En cuanto a las clases dentro de la sociedad islámica sedentaria, las más importantes antes del advenimiento de los cambios sociales recientes, incluían la clase de los eruditos y los sabios *(‘ulamā’)*, la clase gobernante y la clase militar, los comerciantes, los gremios y, en ciertas zonas, como Egipto y Persia, los campesinos. *‘Ulamā’*, que significa literalmente “los que saben”, designaba originalmente a los sabios de cada campo, incluida la astronomía y la medicina, no sólo la Ley islámica, y se utiliza todavía, en cierta medida, con este sentido general. Pero poco a poco asumió el significado más particular de “sabios religiosos”, especialmente aquellos que se han especializado en el conocimiento de la *Sharī‘ah*. Aunque no exista ningún sacerdocio en el Islam, esta clase es la más próxima a la de los rabinos en el judaísmo y, en menor medida, a la de los sacerdotes en el cristianismo o los brahmanes en el hinduismo, aunque su función religiosa no sea exactamente la misma. A lo largo de la historia islámica, los *‘ulamā’*, que aún ahora suelen llevar las mismas vestiduras que el Profeta y un turbante para seguir su ejemplo, han sido los guardianes e intérpretes de la *Sharī‘ah*. Como resultado, han ejercido un gran poder, y antes de la época moderna supervisaban la actividad educativa y judicial de la sociedad islámica. Tradicionalmente fueron también protectores del pueblo contra el poder de las autoridades políticas y militares. Por lo general, los *'ulamā'* chiítas duodecimanos han sido más poderosos que los sunníes porque, en contraste con los últimos, han sido independientes del poder político y recaudaban directamente los impuestos religiosos, de manera que, en gran medida, eran también independientes económicamente. La revolución islámica de Irán en 1979 no habría sido posible si no hubiera existido ese poder al mismo tiempo. El gobierno político directo de los *'ulamā'* en el Irán actual, por vez primera en la historia islámica, ha planteado, sin embargo, retos importantes en cuanto clase religiosa diferenciada en la sociedad persa y en cuanto a su papel y función en esa sociedad.

Ha habido muchos sufíes entre los *'ulamā'*, y la mayoría de los maestros sufíes están también versados en la ley, pero no constituyen una clase diferenciada en la sociedad islámica. En realidad, constituyen una "sociedad" dentro de la sociedad a la que pueden pertenecer hombres y mujeres de toda condición. Según un *Ḥadīth*, «no hay monaquismo en el Islam», y el Corán afirma: «El monaquismo que ellos inventaron, no lo hemos prescrito» (57, 27). Por lo tanto, no hay una clase diferenciada de monjes en la sociedad islámica, pero el ideal de llevar una vida espiritual dedicada completamente a Dios se ha realizado en las órdenes sufíes, que están integradas exteriormente en la sociedad en general. Es también interesante señalar que aunque el Islam no aceptara la institución monástica, el Profeta, y, tras él, generaciones de musulmanes han considerado de forma muy favorable a los monjes cristianos.

Hay un sufismo destinado a la élite espiritual, que habitualmente estudia textos avanzados de sufismo, lo que combina con una avanzada práctica espiritual, y hay un sufismo popular que lleva las bendiciones, o *barakah*, del sufismo a un gran número de personas que suele participar de él pasivamente y no viaja de manera activa por el sendero de la perfección espiritual del primer grupo. Esta distinción entre la élite *(khawāṣṣ)* y los profanos *('awāmm)*, tan visible en el sufismo, se puede encontrar de hecho en toda la sociedad islámica y no se debe confundir con ningún "elitismo" en el sentido moderno. Actualmente no gusta la palabra "élite" en el discurso público, sobre todo en Estados Unidos, pero existe de hecho en diversos dominios de la vida y corresponde a la forma en que se utiliza de forma amplia y abierta en el sentido islámico. Por ejemplo, un pequeño número de matemáticos sabe matemáticas avanzadas. Son la élite de ese campo, mientras que el resto somos "profanos" en él. Pero uno de esos profanos puede formar parte de una élite en el conocimiento de las propiedades medicinales de las hierbas, tema en el que el matemático que pertenece a la élite matemática es un profano. Es en este sentido en el que se deben comprender las importantes categorías de *khawāṣṣ* y *'awāmm* utilizadas por los sufíes y otros sectores de la sociedad islámica. Cuando se emplea en un sentido absoluto, *khawāṣṣ* se refiere a quienes poseen un conocimiento espiritual avanzado y una virtud excepcional.

Los practicantes del sufismo en sus diferentes niveles constituyen un grupo importante en la sociedad islámica, aunque no formen sociológicamente una clase distinta, y han ejercido gran influencia en el curso de los siglos en campos tan diversos como la vida interior y la ética pública, la psicología y el arte, los oficios y la metafísica, la poesía y la política. No se puede reducir el sufismo a sus manifestaciones sociales o analizarlo simplemente en términos sociológicos. Pero no se puede comprender la estructura de la sociedad islámica sin considerar plenamente la importancia de los sufíes, junto con los *'ulamā'* y otras clases.

Si en cierto sentido los *'ulamā'* y los sufíes, al menos sus líderes, corresponderían a la clase sacerdotal del cristianismo medieval, también las clases política y militar del Islam se pueden comparar con sus homólogos del Occidente cristiano, aunque se deban considerar de forma detallada las diferencias entre los tipos de monarquía y aristocracia política en el mundo islámico y en Occidente, así como las diferencias en los títulos hereditarios. Además del gobernante supremo de la sociedad, sea califa, sultán o emir, y que ya hemos analizado, la sociedad islámica ha tenido siempre dos grupos implicados en la vida política y militar del país. El primero son los administradores y el segundo los militares.

La clase de los administradores se desarrolló muy pronto en el Islam sobre la base de los modelos persas sasánidas más antiguos. Al principio de la historia islámica, esta clase era prácticamente la única en la sociedad islámica, aparte del grupo de los *'ulamā'*, instruida en las artes de la lectura, la escritura, la lógica, etc.; incluso desempeñó un papel en el desarrollo de un nuevo estilo de lengua árabe asociado con la actividad de quienes trabajaban en los diversos *dīwān*, que más tarde serían conocidos en Occidente como ministerios. La contribución de esta clase al saber, la literatura, la ética y el pensamiento político islámicos, así como al funcionamiento del Estado ha sido de gran importancia en la historia islámica. Durante el califato abbasí, desde el siglo VIII al siglo XIII, mientras el elemento árabe estuvo asociado principalmente a la religión y el elemento turco al poder militar, el elemento persa lo estuvo sobre todo a la administración, y algunos de los grandes visires, o primeros ministros más destacados de los califas árabes o de los posteriores sultanes turcos fueron persas.

La clase militar ha sido, por supuesto, importante en la historia islámica, como lo ha sido en otras sociedades, aunque el Islam nunca recalcó tanto como otras culturas tradicionales el aspecto hereditario. Sin embargo, con el colapso de las estructuras políticas tradicionales en la época moderna, muchos países islámicos han sido testigos de golpes militares seguidos de gobiernos muy diferentes al tradicional orden político islámico. Tradicionalmente, un jefe militar que fuera capaz de hacerse con el mando se convertía en sultán o emir, pero seguía con la obligación de atenerse a la *Sharī'ah* y a las tradiciones de gobierno. No es eso lo que sucede con los dictadores militares modernos que se han apoderado de las riendas del poder en tantos países islámicos durante la segunda parte del siglo XX.

La clase comerciante ha desempeñado siempre un papel relevante en la sociedad islámica y ha sido una importante protectora del Islam. El Profeta empezó su vida adulta como comerciante, y su esposa Khadījah era también una notable comerciante de La Meca. El comercio se consideró desde el principio una profesión honorable, y la clase de los comerciantes tuvo un papel mayor en la sociedad islámica que la clase mercantil en la Europa medieval antes del ascenso de la burguesía en Italia durante el Renacimiento. Aún en la actualidad, el bazar no es sólo el corazón de la actividad comercial en las todavía relativamente tradicionales ciudades islámicas, sino también el corazón religioso del entorno urbano, donde habitualmente se localizan las principales mezquitas y escuelas religiosas. En persa y en otras lenguas islámicas, el término *bāzārī*, que designa al comerciante del bazar, está asociado a la piedad y el fervor religioso, y esta clase ha estado siempre próxima a los *'ulamā'*. Todavía recuerdo mis días de infancia, cuando durante el período de luto de Muḥarram mi madre me llevaba al bazar de Teherán, donde yo tanto me conmovía ante las banderas y los cortinajes negros que cubrían todo. Hasta hoy, las actividades religiosas más intensas, como las procesiones religiosas en las calles y los actos religiosos en las mezquitas, están asociadas en Persia con el bazar. No ocurre de forma distinta en el mundo árabe. El corazón de El Cairo es la mezquita de Ra's al-Ḥusayn, y cada vez que la visito, inevitablemente visito también el bazar Khān-Khalīlī adyacente a ella, donde se observa con claridad el maridaje entre la piedad religiosa y el comercio.

En la sociedad islámica tradicional, los gremios *(aṣnāf)* fueron una importante institución asociada al bazar y la producción de mercancías. Los gremios, que se considera fueron fundados por 'Alī ibn Abī ṭālib, combinan el aprendizaje de varias artes y oficios con la disciplina moral y espiritual. En los gremios, los maestros suelen ser también maestros morales y espirituales, y los aprendices reciben la iniciación a un gremio una vez que han satisfecho las cualificaciones prácticas y morales para su admisión. Los gremios islámicos son como los gremios de constructores medievales, que eran una organización secreta con conocimiento de la teoría y las técnicas prácticas que se transmitían oralmente. De hecho, la francmasonería comenzó cuando el gremio de constructores se hizo "especulativo" y se apartó de la práctica de la construcción, transformándose en una organización secreta con objetivos políticos y sociales particulares. Aunque la francmasonería europea entró en el mundo islámico a través de los poderes colonizadores del siglo XIX, los gremios islámicos nunca experimentaron esa transformación. Permanecieron estrechamente unidos al sufismo y a las prácticas espirituales de la religión islámica. Con el advenimiento de la tecnología moderna y la introducción del industrialismo en muchas partes del mundo islámico, desaparecieron muchos gremios, pero algunos sobreviven todavía hoy de Fez a Benarés. Es interesante observar que la famosa seda de Benarés era fabricada, y se sigue fabricando todavía en gran medida, por gremios de tejedores y estampadores de telas musulmanes. Hace unas décadas, cuando visité esta ciudad, la más santa de las ciudades hindúes, me asombró el ver que el gremio islámico tradicional estaba todavía muy vivo; el maestro del gremio que hacía los saris más hermosos era uno de los dignatarios de la rama local de la orden Qādiriyyah, que es una de las órdenes sufíes más antiguas.

Finalmente, en el análisis de la estructura de la sociedad islámica debemos mencionar a los campesinos, que, por supuesto, existen en todo el mundo islámico pero que, salvo en ciertas zonas, no han desempeñado el mismo papel histórico central que tuvieron en Occidente. En países como Egipto, en algunas partes de Persia, y en el Penjab, ha existido siempre un campesinado numeroso, que habitualmente ha sido educado en la religión desde los centros urbanos. En esos países, los campesinos han sido también una fuerza social conservadora y ha proporcionado muchos estudiantes religiosos a las *madrasahs* de las ciudades más grandes, algunos de los cuales se convirtieron más tarde en importantes líderes religiosos. También el sufismo popular fue fuerte entre los campesinos, como vemos en los *fillāḥīn* de Egipto y en la extensión del marabutismo, que es un movimiento sufí popular, en el norte y oeste de África.

ISLAM Y ESCLAVITUD

El Islam heredó un mundo en el que se practicaba casi universalmente la esclavitud. El Corán y el *Ḥadīth* prescriben la amabilidad y el trato humano hacia los esclavos, y exhortan a ponerlos en libertad. El propio Profeta compró al esclavo persa Salmān e inmediatamente lo liberó, haciéndole miembro de su familia. Es importante señalar que en la sociedad islámica la esclavitud no se equiparaba al racismo. Los esclavos turcos llegaron a ser jefes militares, reyes y líderes, igual que algunos esclavos negros africanos. Por otra parte, había muchos matrimonios mixtos, y habitualmente los descendientes de esclavos se fundían antes o después con la textura general de la sociedad. Por supuesto, hubo tratantes de esclavos árabes en África, así como europeos, pero a pesar de que los poderes coloniales europeos hicieran de la presencia de comerciantes árabes de esclavos una excusa para colonizar África, nunca ha habido un Harlem o una Anacostia en ninguna ciudad islámica. Incluso donde hay una fuerte presencia negra africana, como en Arabia o en Marruecos, no existe ningún sentimiento de distinción racial. Hoy, en cualquier gran mezquita de Marruecos, en el momento de la oración, se ve a devotos que van desde negros africanos a bereberes de ojos azules, pero no se tiene ninguna sensación de heterogeneidad racial.

Muchos musulmanes devotos se negaron a tener esclavos y escribieron contra la esclavitud, pero la práctica en su forma islámica, que significaba integración máxima y no segregación, siguió de manera esporádica aunque con frecuencia decreciente hasta el siglo XIX, cuando desapareció bajo la fuerzas internas y el impacto de las ideas de Abraham Lincoln y otros. Si alguien escribe hoy que la esclavitud se sigue practicando en algún lugar, como Sudán o algún otro país musulmán, es más como la esclavitud de las fábricas chinas en las que se explota a los obreros o en las fábricas de Occidente. En ningún caso es una práctica predominante ni es consentida por las autoridades religiosas. Antes de la época moderna, tanto los cristianos como los musulmanes tenían esclavos, lo que no significaba que la religión creara o fomentara la esclavitud.

Varios grupos, no sólo negros africanos, fueron llevados

al mundo islámico como esclavos, pero todos ellos se integraron pronto en la *ummah*, y la sociedad islámica nunca fue testigo del tipo de prácticas que se produjeron en el sur de Estados Unidos antes de la guerra civil. Lo que es más importante es comprender que, incluso cuando se practicó, la esclavitud no estuvo unida al racismo en el mundo islámico y, por consiguiente, los esclavos pronto se integraron mediante el matrimonio con el resto de la sociedad en la mayor parte de los lugares y durante la mayoría del tiempo en la historia islámica.

LA FAMILIA EN LA SOCIEDAD ISLÁMICA

La unidad básica de la sociedad islámica es la familia, que como resultado de la revelación coránica llegó a reemplazar a la tribu árabe como realidad social inmediata para el individuo. Una de las reformas sociales más importantes realizadas por el Islam fue el fortalecimiento de la familia y los lazos de matrimonio. En la sociedad islámica, como en muchas otras sociedades tradicionales, la familia no se limita a la familia nuclear de los padres y los hijos, sino que está constituida por la familia extensa que incluye abuelos, tíos, tías, parientes políticos y primos. La familia extensa desempeña un papel muy importante en la educación de los hijos, protegiendo a la generación más joven de la presión social y económica exterior, y transmitiendo la religión, las tradiciones, las costumbres y los secretos del oficio. Apenas se puede exagerar el papel de la familia extensa en la sociedad islámica incluso en la actualidad.

El impacto del modernismo ha destruido muchas instituciones islámicas, pero no, de momento, la familia. En Occidente, la familia extensa se redujo a la familia nuclear y, más recientemente, a través de una especie de escisión del átomo social, la familia nuclear ha producido la familia monoparental, y la institución de la familia como tal ha sido sometida a una gran presión. La mayoría de los musulmanes considera estos desarrollos de la sociedad occidental, junto con las nuevas costumbres sexuales y los nuevos roles masculinos y femeninos, como experimentos sociales incompletos cuyos resultados son todavía inciertos, y no como modelos definitivamente establecidos y consagrados que deban ser emulados. Esta cuestión se convirtió, pues, en punto de discusión entre ciertos círculos ultramodernistas de Occidente y el mundo islámico, pero luego muchos judíos y cristianos conservadores, dentro del propio Occidente, se opusieron con igual severidad a las prácticas modernas. La actitud del musulmán ordinario ante todos estos experimentos sociales recientes con el matrimonio y la familia no es tan diferente de las de los judíos y los cristianos tradicionales en Occidente. Conozco a muchas familias judías, protestantes y católicas de América que, en su concepción del sentido y significado de la familia, se sienten más cerca de sus vecinos musulmanes que de algunos de sus amigos de infancia.

En cuanto a la cuestión del matrimonio, no se puede entender su estatuto en el Islam sin comprender primero la importancia de la sexualidad para los musulmanes. En la teología cristiana occidental clásica, la sexualidad está asociada al pecado original y se acepta sólo como medio de procreación. Practicarla en el contexto de la religión requiere, por lo tanto, que sea santificada mediante el sacramento del matrimonio. En el Islam, como en el judaísmo, la sexualidad es sagrada y constituye una bendición. Por consiguiente, no hay necesidad de sacramento, en el sentido cristiano, para santificarla. En cambio, el matrimonio es en el Islam un contrato establecido según la *Sharī'ah* para legitimar el acto sexual y para proteger los derechos de los dos miembros de la pareja. En el cristianismo y el Islam, sin embargo, como en el judaísmo, no se permite la actividad sexual fuera del matrimonio, y se la considera un pecado a los ojos de Dios.

El Islam permite legalmente el divorcio, pero lo hace moral y socialmente difícil. Según un *Ḥadīth*, de todas las cosas que Dios ha permitido, la que más odia es el divorcio. Por eso, aunque legalmente parezca fácil para el hombre divorciarse de su mujer y la esposa tenga también ciertos motivos para divorciarse de su marido, incluido el no ser atendida y no ser mantenida, en la práctica el divorcio es relativamente raro, especialmente en los sectores más tradicionales de la sociedad islámica, sin duda mucho más raro que en la Europa o los Estados Unidos de hoy día. La percepción corriente en Occidente sobre los derechos de las mujeres en la sociedad islámica en asuntos de familia y divorcio no es correcta, pues no toma en consideración los muchos factores éticos y sociales implicados en la mayoría de las situaciones familiares, aunque desgraciadamente haya también muchas injusticias trágicas. En lo que se refiere a las prácticas reales en cuestiones de familia y divorcio, existe hoy una gran polémica en el mundo islámico sobre la protección de los derechos de las mujeres cuyos maridos las maltratan pero se niegan a divorciarse, y en muchos países se han establecido tribunales de familia para tratar de administrar justicia según el espíritu y la ley del Corán en lugar de las costumbres vigentes. Ni que decir tiene que en este tema hay abusos en la sociedad islámica, como los hay en otras partes, pero el Islam subraya la importancia de la familia y el matrimonio y la responsabilidad que Dios ha puesto sobre los hombros del marido y la esposa, aunque algunos de los que se consideran musulmanes no cumplan con esas responsabilidades.

En lo que se refiere al matrimonio, se debe recordar que los matrimonios cristiano e islámico se basan en dos prototipos espirituales diferentes. Por eso los cristianos, e incluso los postcristianos de Occidente, identifican el matrimonio solamente con la monogamia, mientras que el Islam incluye la posibilidad de la poligamia en ciertos casos y situaciones. Nadie ha expresado mejor esta diferencia de prototipos que Titus Burckhardt, uno de los investigadores occidentales que más ha profundizado en la tradición islámica. Dice Burckhardt:

> Los europeos tienden a considerar la poligamia musulmana como licencia sexual. Al hacerlo, olvidan que la "licencia" está ampliamente compensada por el aislamiento monástico de la vida de familia. Sin embargo, el punto esencial es que el matrimonio islámico presupone un prototipo espiritual completamente diferente al del matrimonio cristiano: la monogamia cristiana refleja el matrimonio de la iglesia –o del alma– con Cristo, y esta unión se basa en un amor personal e intransferible. Por otra parte, la poligamia islámica encuentra su justificación en la relación de la Verdad única *(al-ḥaqq)* con sus varias "vasijas" anímicas: el Hombre, como oficiante espiritual *(imām)* de su familia, representa la Verdad; su papel corresponde a la vasija "activa", a saber, el Espíritu; mientras que su esposa corresponde a la vasija "pasiva", a saber, el alma. Ésa es la razón de que un musulmán se pueda casar con una cristiana o una judía, mientras que una mujer musulmana sólo lo puede hacer con un esposo de su misma fe. Estos prototipos espirituales –ambos casos– no son algo impuesto al matrimonio desde el exterior, sino inherente a la naturaleza de las cosas. El simbolismo en cuestión no está necesariamente en la conciencia de todos, lejos de ello, pero es inherente a la correspondiente tradición, y por lo tanto parte de la mentalidad colectiva.[1]

Los principios y prototipos espirituales aquí mencionados no implican de ningún modo reducir la relación del hombre y la mujer simplemente a la del principio activo y el principio pasivo. Como en la tradición del Extremo Oriente, donde varones y mujeres poseen *yin* y *yang* pero en proporciones diferentes, en la perspectiva islámica no se equipara sencillamente al varón con el principio activo y a la mujer con el pasivo, pues el varón y la mujer contienen ambos elementos en su naturaleza. Lo que Burckhardt elucida son los prototipos y principios espirituales implicados.

Si para los cristianos los múltiples matrimonios del Profeta disminuyen su altura espiritual, para los musulmanes ennoblecen la relación sexual y la santifican. Además, si se relaciona el matrimonio con el acto sexual y se acepta que no debería haber ninguna actividad sexual fuera del matrimonio, entonces probablemente haya existido mucha menos promiscuidad en el mundo islámico, con la poligamia, de la que ha habido en Occidente, incluso antes de la revolución sexual de los años sesenta del pasado siglo, con su reivindicación de la monogamia. El mundo islámico ha sido acusado durante mucho tiempo en Occidente de ser sexualmente licencioso, mientras que se supone que el cristianismo ha favorecido la castidad y ha sido severamente contrario a la actividad sexual extramarital. La realidad social es muy diferente. No hay duda de que existe cierta poligamia en el mundo islámico, y también el matrimonio temporal en el chiísmo, pero la mayoría de los hombres son monógamos y hay poca actividad sexual extramarital en la sociedad islámica tradicional. Por otra parte, hay mucha actividad sexual extramarital en Occidente, aunque no se practique oficialmente la poligamia. En la sociedad islámica, la práctica sexual ilícita es rara, aunque no esté del todo ausente, y casi no hay hijos ilegítimos porque en todo tipo de matrimonios, incluido el temporal, la ley reconoce oficialmente a los hijos y el padre tiene el deber de mantenerlos.

Dijo el Profeta: «El matrimonio es la mitad de la religión», y casarse es considerado por los musulmanes una manera bendita de seguir la *Sunnah* profética, aunque la *Sharī'ah* no lo exija técnicamente. Debido a la importancia religiosa del matrimonio, casi todo el mundo está casado en el mundo islámico, incluso en las grandes ciudades, y se presiona a los jóvenes para que se casen, sobre todo para evitar actos pecaminosos. Apenas existen hombres y mujeres solteros en la sociedad islámica; tan sólo algunos de forma excepcional. En el campo, aún más que en las ciudades, la mujer cuyo esposo ha muerto se casa con frecuencia con otro hombre, aunque ella no sea ya joven y tenga muchos hijos. Del mismo modo, se suele presionar al viudo para que se vuelva a casar. Incluso quienes no están casados, varones y mujeres, viven habitualmente con parientes y forman parte de la familia más extensa.

EL HOMBRE Y LA MUJER EN LA PERSPECTIVA ISLÁMICA

Desde el punto de vista del Islam, la distinción entre el hombre y la mujer no es sólo biológica, o incluso psicológica, sino que tiene su raíz en la propia naturaleza divina. Dice el Corán: «Gloria a Dios, que ha creado en parejas todas las cosas» (36, 36), y también: «Os hemos creado en parejas» (78, 8). La polarización masculino-femenino es una parte esencial del misterio de la creación de Dios. Cada uno de los géneros es plenamente humano con una alma inmortal, y los dos sexos participan por igual en sus responsabilidades religiosas y son iguales ante las leyes de Dios. Y, sin embargo, cada sexo complementa al otro, y juntos, como el símbolo *yin-yang* del Extremo Oriente, forman un círculo, que simboliza la perfección y la totalidad. Por eso el hombre y la mujer rivalizan entre sí y se atraen uno al otro. La alquimia del matrimonio y la unión sexual tiene el poder de transmutar y completar cada parte mediante la realización de la complementariedad y la totalidad a través de un amor que trasciende las dos partes y, no obstante, las abarca, un amor que está enraizado en Dios.

Dios es quien une los dos corazones, como afirman las fórmulas islámicas usuales, y el amor de un esposo por el otro es el reflejo terrenal del amor del alma por Dios, aunque las formas masculina y femenina de sexualidad no sean iguales. Este lazo íntimo entre el hombre y la mujer en el matrimonio viene indicado en el versículo: «Ellas son vuestro vestido y vosotros sois su vestido» (2, 187). Cada esposo es vestimenta para el otro no sólo en el sentido de que él o ella cubre la vida íntima, e incluso los defectos del otro, de la vista pública igual que el vestido nos cubre el cuerpo, sino también en el sentido de que el vestido es lo que está más cerca de nuestro cuerpo. El esposo y la esposa deben ser cada uno de ellos el ser más próximo al otro. Ni que decir tiene que no todos los matrimonios resultan perfectos, ni en el mundo islámico ni en Occidente. Pero los ideales expuestos en el Corán han permanecido muy vivos en todas las generaciones de musulmanes y siguen estándolo en la actualidad.

LAS MUJERES EN LA FAMILIA Y LA SOCIEDAD

Desde el auge del feminismo en Occidente, se han cortado bosques enteros para que los observadores occidentales escriban libros sobre el tema de las mujeres en el Islam. En la mayoría de los casos, se han elegido las ideas occidentales vigentes como criterio absoluto para juzgar a las mujeres de otras sociedades y para predicarles cómo deberían comportarse. Actualmente existe en Occidente una tendencia hacia lo que podríamos llamar "la absolutización de lo transitorio". Cada década absolutiza sus modas de pensamiento y acción sin la menor pausa y consideración al hecho de que una década después esas mismas modas e ideas serán enterradas en el cubo de basura de la historia cuando se llegue a la década siguiente. En ninguna parte el fenómeno es más evidente que en la cuestión de los derechos y el papel de las mujeres. Si Occidente hubiera producido este debate en 1900, habría criterios de juicio muy diferentes, y muy probablemente en 2100 habrá otros. En vez de utilizar la cuestión de las mujeres en el Islam como un ariete con el que echar abajo la puerta de la sociedad islámica como parte de una nueva "cruzada" procedente de Occidente, es mejor comprender primero la situación desde el punto de vista del Islam y de la sociedad islámica y luego hacer toda la crítica que se quiera, basándola en un conocimiento objetivo de los criterios que se están empleando.

En primer lugar, es esencial comprender que lo que se observa en el mundo islámico es el resultado no sólo de enseñanzas islámicas, sino también de las costumbres y hábitos de las sociedades en las que entró el Islam. Por ejemplo, en lo que actualmente se denomina Oriente Próximo, no sólo las mujeres musulmanas, sino también las judías y las cristianas se han cubierto siempre el cabello. En el Corán no se menciona nada acerca de la necesidad de cubrirse el rostro, ni era práctica de las mujeres que rodeaban al Profeta; fue una costumbre tomada de modelos persas y bizantinos. En vista del hecho de que la educación femenina y la participación de las mujeres en política no era una práctica común antes de la época moderna en sociedades no islámicas tan lejanas como Japón, China y otras sociedades asiáticas, parece injusto subrayar lo que se denomina "la naturaleza patriarcal de la sociedad islámica" como un fenómeno asociado sólo al Islam. Sin embargo, de un modo u otro casi toda la crítica procedente de las feministas secularistas se dirige actualmente al mundo islámico, sin tomarse la molestia de preguntar a las mujeres musulmanas practicantes –mujeres de la corriente principal de la sociedad islámica, no sólo las de los sectores marginados completamente occidentalizados– cuáles son de verdad sus problemas.

Las enseñanzas del Islam subrayan que, aunque los hombres y las mujeres sean iguales ante Dios y la Ley, se deben complementar mutuamente en la familia y la vida social. La igualdad ante Dios y la Ley no destruye la realidad de la complementariedad. Algunos me han preguntado si los hombres y las mujeres son iguales en el Islam. Mi respuesta ha sido siempre que ante Dios, frente a las realidades escatológicas últimas, y ante la Ley, sí, pero en este mundo, no siempre. Las mujeres no son iguales a los hombres, pero tampoco los hombres son iguales a las mujeres, verdad a la que algunos autores americanos se han referido recientemente estableciendo la distinción entre "personas de Marte" y "personas de Venus".

La estructura tradicional de la sociedad islámica se basa no en una igualdad cuantitativa, sino en la realidad de la complementariedad, aunque haya excepciones. En esta complementariedad de las funciones, el hombre es considerado el protector y proveedor de la familia, y su *imām*, desde un punto de vista religioso. La mujer es la verdadera señora de la casa, en la que el esposo es como un invitado. Se ha considerado que su primer deber es el de criar a los hijos y atender a su educación básica, así como ser el contrafuerte fundamental de la familia. Como todas las sociedades tradicionales, el Islam ha honrado el trabajo de ama de casa y madre considerándolo de un valor superior, hasta el punto de que dijo el Profeta: «El cielo está bajo los pies de las madres». La sociedad islámica no ha pensado nunca que trabajar en una oficina sea de importancia superior para la sociedad que criar a los hijos. En las ciudades se creó también un sistema económico en el que, en general, pero no siempre, la esposa no estaba obligada por razones económicas a dejar el hogar y sus hijos durante el día. Desde el punto de vista islámico, el derecho de un niño a una madre a tiempo completo en vez de una niñera o una guardería es más esencial que muchos derechos defendidos hoy día.

Habitualmente, las mujeres musulmanas ejercen gran poder y autoridad en el hogar. En mi extensa familia, tanto por el lado materno como por el paterno, he conocido a muchas madres que eran igual de poderosas e incluso más autócratas que la más enérgica "madre judía" o "madre italiana". Quien piense que en la sociedad islámica las mujeres han sido siempre seres débiles y han estado pisoteadas y oprimidas simplemente no conoce los mecanismos internos de una familia musulmana. El número de maridos oprimidos por sus esposas no es probablemente menor en la sociedad islámica que en cualquier otra. Esto no significa, sin embargo, que no haya habido en el pasado o no haya en el presente casos de algunas esposas que reciban un trato vejatorio de sus esposos musulmanes, a pesar del mandato explícito del Corán de honrar las posesiones de la mujer y tratarla correctamente, como cuando dice: «Comportaos con ellas con amabilidad» (4, 19). Considerando las prácticas seguidas en la Arabia preislámica, las regulaciones del Islam realizaron una notable transformación al conceder derechos sociales y económicos a las mujeres, protegiéndolas de la injusticia. No obstante, siendo los seres humanos como son, seguirá habiendo maridos musulmanes que se comporten de forma cruel con sus esposas y que las maltraten físicamente, contra los mandatos del Islam. Pero, por supuesto, sabemos muy bien que hay también muchos refugios para mujeres maltratadas en América y en Europa, y este problema no se limita a una sola parte del mundo. Pero olvidar por un momento el poder que la mayoría de las mujeres musulmanas ejerce en la familia y en las decisiones más importantes que afectan a la vida de los miembros de la familia es sencillamente entender mal el papel y el estatus real de las mujeres en la sociedad islámica.

Como afirmamos antes, en el Islam, la responsabilidad económica de mantener a la familia reside en el esposo, aunque suceda que la mujer sea rica. La ley coránica de herencia, según la cual el varón hereda el doble que la mujer, se debe entender a la luz de la responsabilidad del esposo de mantener económicamente a toda la familia, mientras que la esposa puede hacer lo que quiera con su riqueza. El famoso versículo coránico «los hombres son los protectores y sustentadores de las mujeres» (4, 34) debe entenderse en este contexto económico y social, y no en el sentido de que el esposo deba controlar toda la vida de la esposa. En cuanto a que el testimonio de dos mujeres igualan al de un solo hombre en asuntos legales, se refiere a casos de crímenes y delitos, y no a toda forma de testimonio, como algunos juristas interpretaron después. Cuando toca atestiguar sobre un delito, el mandato coránico toma en consideración la naturaleza más misericordiosa, amable, indulgente y maternal de las mujeres en comparación con la de los hombres; el citado mandato no menosprecia en absoluto a las mujeres; muy al contrario.

Las fuentes islámicas no impiden en absoluto a las mujeres musulmanas trabajar y recibir un salario. En el sector agrícola de las sociedad islámica tradicional, las mujeres siempre trabajaron con los hombres y eran también muy activas en muchas artes y oficios. Todavía hoy, la mayoría de las alfombras y *kilims* de diversos países islámicos son tejidos por mujeres. El Islam dio a las mujeres una completa independencia económica incluso de sus maridos, y a lo largo de los siglos son muchas las mujeres que se dedicaron también al comercio y fueron comerciantes, como Khadījah, la esposa del Profeta. Tampoco existe, en principio, ninguna objeción a que las mujeres musulmanas participen en política. Antes de la época moderna, hubo de vez en cuando reinas musulmanas que gobernaron independientemente y muchas otras que ejercieron un gran poder político entre bastidores. Si se objeta que esas figuras políticas fueron escasas en número, se podría responder que lo mismo es cierto para el Bizancio cristiano o la China confuciana, y que esta limitación no la imponía el Corán. De hecho, la nieta del Profeta, Zaynab, desempeñó un importante papel político en la historia islámica antigua, como algunas otras mujeres. En la época moderna, tres países islámicos han tenido mujeres como primeras ministras, y la república islámica de Irán, que se instauró para poner en práctica las enseñanzas islámicas en el país, tiene una mujer vicepresidenta y muchas otras mujeres funcionarias, incluidas miembros del parlamento.

En lo que a la educación se refiere, hay un *Ḥadīth* según el cual buscar el conocimiento es una obligación religiosa para todo musulmán, hombre y mujer. A lo largo de la historia islámica, las niñas solían completar únicamente las escuelas coránicas elementales y sólo unas pocas iban más allá –no debido a las enseñanzas islámicas, sino a las condiciones sociales– y ocasionalmente algunas mujeres han llegado a ser eruditas islámicas. Sayyidah Nafīsah, cuyo santuario en El Cairo es un importante centro de peregrinación todavía hoy, era tan instruida en la ciencia del *Ḥadīth* que, de vez en cuando, el mayor sabio islámico de la época, Imam al-Shāfi'ī, iba a consultarle. Las mujeres desempeñaron, en realidad, un papel especialmente importante en la transmisión y estudio del *Ḥadīth*. En la historia del Islam ha habido también muchas mujeres sufíes, algunas de ellas muy sabias, y excelentes poetas, desde Rābi'ah al-'Adawiyyah, que vivió en el siglo VIII, a Parwīn E'teṣāmī, que vivió en el siglo XX. Hay que insistir una vez más en que no se deben equiparar las prácticas educativas de algunas partes del mundo islámico en la época moderna, como Afganistán bajo los talibán, aunque pretendan hablar en nombre del Islam, con la visión islámica tradicional sobre la educación de las mujeres. Si miramos grandes países islámicos como Egipto e Irán en la actualidad, vemos un gran número de mujeres en casi todos los campos de la educación, a veces igualando o incluso superando a los hombres en número en las facultades de algunas universidades importantes.

Las ideas del Islam respecto a las mujeres nos llevan de nuevo a la cuestión del velo y el hecho de cubrirse. Durante mucho tiempo, Occidente tenía una imagen distorsionada, exótica, del misterioso mundo islámico: se suponía que las mujeres iban cubiertas en público de la cabeza a los pies, mientras que en múltiples cuadros "orientalistas" de la Europa del siglo XIX se representaban harenes de mujeres desnudas que se reclinaban en piscinas interiores. Estas representaciones tenían mucho más que ver con la rebelión de Occidente contra las restricciones de la época victoriana, que se remontaban al paradigma sexual del cristianismo, pero no obstante introdujeron en la sociedad occidental una imagen completamente falsa de las mujeres musulmanas. Durante el período colonial, los colonizadores europeos tomaron la cabeza cubierta como un signo de la opresión de la mujer en la sociedad islámica, y los musulmanes modernistas optaron por esta idea, como vemos en el descubrimiento obligado de las mujeres en Turquía y en Irán por parte de Ataturk y Reza Shah respectivamente. Como resultado de estos acontecimientos, vemos en la actualidad todo un abanico de actitudes, desde las mujeres que van totalmente veladas a las que van en minifalda, en muchos países musulmanes, y sobre todo en Oriente Próximo, donde hay muchas más mujeres que han desechado su vestimenta tradicional que en otras partes del mundo islámico, como en el sur y sudeste de Asia.

Es por lo tanto especialmente importante ser claros respecto de las enseñanzas islámicas sobre el tema. El Corán manda que los hombres y las mujeres vistan recatadamente y no exhiban el cuerpo, y el Profeta afirmó que el recato es un rasgo fundamental del Islam. Ordena también a las mujeres que cubran sus "adornos" *(zīnah)*, lo que se suele interpretar que significa "el cabello" y, por supuesto, el cuerpo. Sobre la base de este mandato, se desarrollaron diversas formas de vestimenta en diferentes partes del mundo islámico, pero algunas de ellas fueron utilizadas desde antes, en las sociedades preislámicas del Oriente Próximo. En las primeras comunidades de judíos y cristianos, también las mujeres se cubrían el cabello. La iconografía de la Virgen en el arte cristiano la muestra siempre con el cabello cubierto, y hasta muy recientemente las cristianas georgianas y armenias, así como las mujeres judías orientales, cubrían su cabello, como hacían las musulmanas. Las mujeres consideraban que cubrirse el cabello era una parte natural de la vida como signo de recato y, especialmente, signo de respeto ante Dios. Incluso en Occidente, hasta hace una generación, las mujeres católicas no debían entrar en las iglesias sin cubrirse la cabeza.

¿Quién ha dicho que no cubrirse el cabello es más liberador que cubrirlo? Es una cuestión muy compleja que, en lo que se refiere al mundo islámico, debe ser decidido junto con otras cuestiones relativas a las mujeres por las propias mujeres musulmanas sobre la base de las enseñanzas islámicas y las normas sociales imperantes, no por otros. Hasta hace treinta años, las musulmanas que recibían una educación occidental y se modernizaban solían desechar el cubrirse la cabeza, pero gradualmente las cosas empezaron a cambiar. Hoy, en muchos países, como Egipto, muchas mujeres muy instruidas optan libremente por cubrirse de nuevo el cabello como signo de autoidentidad y protección. De forma paradójica, en el país islámico más modernizado y que afirma estar secularizado a la manera europea, es decir, Turquía, las mujeres no tienen derecho a cubrirse el cabello en los edificios públicos, prohibición que muestra una total indiferencia por la libre opción y los derechos de las mujeres, tan importantes para las feministas occidentales.

La cuestión del velo y otros muchos asuntos cruciales que tienen que ver con la educación, los derechos legales, etc., se han convertido en el centro de atención de algunas musulmanas que quieren modernizar al resto de la sociedad según el modelo de Occidente, cualquiera que sea ese modelo, por lo demás perpetuamente cambiante. En esta tarea les ayudan las feministas secularistas occidentales y algunos otros elementos a los que les gustaría secularizar la sociedad islámica. Es una desgracia que la mayoría de las feministas occidentales no se molesten en comprender la filosofía que subyace en la relación entre hombres y mujeres en el Islam y, en realidad, en otras sociedades no occidentales. No ofrecen tampoco un modelo alternativo claro que pueda tener sentido para la inmensa mayoría de las mujeres musulmanas.

Durante las dos últimas décadas ha comenzado un nuevo

movimiento entre las propias musulmanas creyentes por conseguir los derechos que creen que el Corán y el *Ḥadīth* les conceden, pero que las costumbres sociales locales y las regulaciones les han impedido conseguir. Este llamado feminismo islámico es mucho más pertinente que el feminismo de estilo occidental en lo que se refiere al futuro de la sociedad islámica, porque las mujeres que lo persiguen, en su mayoría musulmanas piadosas, lo hacen desde dentro de la cosmovisión islámica. Además, ellas conocen mucho mejor que sus homólogas occidentales cuáles son sus problemas reales. En cualquier caso, las cuestiones de las mujeres –su educación, derechos legales, participación en asuntos políticos, etc.– son uno de los mayores desafíos a los que se enfrenta actualmente el Islam, desafío que cada parte del mundo islámico ha tratado de afrontar sobre la base de las enseñanzas islámicas y sus costumbres y tradiciones propias, a pesar de la presión constante de diversas fuerzas de Occidente.

EL ISLAM Y LA INTEGRACIÓN DE LA SOCIEDAD

A través de la imposición de una Ley divina, la inculcación de los valores morales en sus miembros y la creación de vínculos de relación, el Islam desempeñó un importante papel en la integración de la sociedad humana. Se pueden representar las áreas de relación mediante una serie de círculos concéntricos. En el centro está la relación entre el individuo y Dios. Alrededor de ese centro está el círculo de la familia, luego el del barrio o la ciudad en que se vive, luego el de la "nación" *(waṭan)* en el sentido tradicional del término, luego la comunidad islámica *(ummah)*, y finalmente toda la humanidad y, en realidad, la creación como un todo. Así como todos los círculos de la serie tienen el mismo centro, cada una de estas relaciones estaba basada, y lo sigue estando, en la relación básica entre el ser humano y Dios.

El *tawḥīd*, o unidad, que es la doctrina central del Islam y que significa también «integración», empezaba por tanto con la integración del alma del individuo en su centro, donde reside Dios, y luego se extendía a los lazos entre los miembros de la familia y otros grupos cada vez más amplios hasta abarcar a toda la creación. A pesar de la implacable marcha descendente del tiempo y de muchas vicisitudes, el Islam pudo integrar la sociedad en gran medida y crear una *ummah* que se extendía desde el Atlántico al Pacífico. Esta *ummah* creó a su vez la civilización islámica, una de las principales civilizaciones del mundo, que, a pesar de un cierto debilitamiento desde el siglo XVIII en adelante, está todavía muy viva. La *ummah* y la civilización islámicas han visto períodos de declive y de rejuvenecimiento, con la aparición de quienes han engañado al pueblo así como de auténticos "renovadores" (*mujaddid*) que, como prometió el Profeta, han revitalizado periódicamente la religión y la sociedad islámica desde dentro.

Hoy en día, la *ummah* islámica, políticamente segmentada y dividida como nunca antes lo estuvo, se enfrenta a retos sin precedentes por la acometida del secularismo moderno y la globalización consumista, retos mucho mayores que los que afrontó durante la invasión mongola. Por supuesto, el secularismo moderno y ahora la globalización son también retos para el judaísmo y el cristianismo en Occidente, pero en este caso proceden del interior de su propia sociedad. Para la *ummah* islámica, proceden del exterior y están apoyados por un poder militar, económico y político excepcional. La reacción a esta presión externa ha asumido muchas formas, a veces violentas, que van contra los principios mismos del

Islam. Sin embargo, éstos son fenómenos pasajeros y periféricos. La realidad más profunda es que las verdades religiosas tradicionales del Islam están profundamente arraigadas en el núcleo de la sociedad islámica, que tendrá que sobrevivir a estos enormes desafíos sin traicionar los principios del propio Islam.

Más que nunca antes, es importante recordar que el imperio del Islam reside en el corazón de los hombres y las mujeres y no solamente en el poder mundano. Para perpetuar la vida de la *ummah* y el gobierno de este "imperio espiritual" es esencial recordar las verdades por las que fue revelado el Islam y fue enviado el Profeta al mundo como mensajero. En uno de sus *aḥādīth* más célebres, dijo el Profeta: «He sido enviado para perfeccionar [para vosotros] las virtudes del carácter». El papel de la sociedad islámica ha sido siempre hacer posible el logro de la virtud y la perfección del carácter, y autoridades musulmanas, como al-Fārābī, dividieron las sociedades, como Platón, según su capacidad de ofrecer un entorno que promoviera esa perfección interior de las cualidades morales y espirituales de los miembros de la sociedad. Desde el punto de vista islámico, el valor de una sociedad a los ojos de Dios radica en su cualidad virtuosa, su excelencia moral, y no en el poder o la riqueza. Es esta verdad básica la que los musulmanes deben recordar cuando se enfrenten a las fuerzas poderosas del secularismo, la globalización y el consumo que amenazan los cimientos mismos del orden islámico.

5. COMPASIÓN Y AMOR, PAZ Y BELLEZA

«Mi Misericordia y mi compasión abarcan todas las cosas.»
Corán 7, 156

«El Clemente pondrá su amor
en quienes creen y hacen buenas obras.»
Corán 19, 96

«Él es Dios, no hay Dios sino Él,
el Señor Soberano, el Santo, la Paz.»
Corán 59, 23

«Dios es bello y ama la belleza.»
Ḥadīth

Compasión, amor, paz y belleza como cualidades divinas

Según un conocido *Ḥadīth*, en el Trono de Dios está escrito: «Mi Misericordia y Mi Compasión preceden, en verdad, a mi ira». Por supuesto, existe la Justicia divina y existe la necesidad de justicia en el mundo, como existen la Ira y el Rigor divinos relacionados con la Majestad divina tan vigorosamente descrita en la Biblia y en el Corán. Pero la dimensión interna de la realidad es inseparable de la Misericordia y la Compasión divinas, sin las que no habría creación. Dado que este mundo es creación de Dios, debe reflejar Sus Cualidades, y las enseñanzas espirituales islámicas subrayan que en realidad todo el universo es el reflejo de los Nombres y las Cualidades de Dios. Por lo tanto, Sus Nombres de Belleza y Misericordia deben estar reflejados en Su creación, igual que Sus Nombres de Majestad y Justicia. Además, los primeros, al tener que ver con la dimensión interior de la Realidad Divina, tienen precedencia cuando llegan a la vida interior del alma del musulmán.

La idea propagada por algunos investigadores occidentales y apologistas cristianos de que el Dios del Islam es sólo Dios de Justicia, pero no de Misericordia, Compasión y Amor es totalmente falsa. La Misericordia, la Compasión, el Perdón y el Amor de Dios se mencionan en el Corán más veces que su Justicia y su Retribución. Los cuatro conceptos mencionados en el título de este capítulo, a saber, Compasión (que es inseparable de la Misericordia en la concepción islámica), Amor, Paz y Belleza son Nombres divinos cuyos reflejos deben estar presentes, por lo tanto, en la sustancia y en la raíz de la existencia tanto de los seres humanos como de las otras criaturas.

COMPASIÓN Y MISERICORDIA

De especial importancia para la comprensión de la perspectiva islámica sobre la creación y la revelación es la idea y la realidad de la misericordia y la compasión. Como atestigua el versículo coránico antes citado, la Misericordia y la Compasión (*raḥmah*) de Dios abarca todas las cosas, y de hecho el mundo no existiría si no hubiera *raḥmah*. El término *raḥmah*, que significa "misericordia" y "compasión", está relacionado con los dos Nombres divinos *al-Raḥmān*, el Infinitamente Bueno, y *al-Raḥīm*, el Misericordioso, con los que comienzan todos los capítulos del Corán salvo uno. Son también los Nombres con los que se consagran los actos humanos cotidianos. Puesto que estos Nombres están entretejidos en todos los aspectos de la vida de los musulmanes, la vida está por ello envuelta en la Bondad, la Misericordia y la Compasión divinas, que están indisociablemente unidas a la palabra árabe *al-raḥmah*. Además, esta palabra está relacionada con el término árabe *raḥim*, "matriz". Por lo tanto, se podría decir que el mundo surge de la matriz de la Misericordia y la Compasión divinas. Los sufíes subrayan esta verdad y, como ya se dijo, afirman que la misma sustancia de la existencia cósmica es el "Aliento del Compasivo". Dios sopló sobre las realidades arquetípicas de este mundo, y la consecuencia de esta acción fue el reino de la existencia separadora que llamamos mundo. Es especialmente relevante que este "Soplo o Aliento" (*nafas*) esté asociado a la bondad y la compasión de Dios y no a otra cualidad. Así pues, la compasión está en la raíz de nuestra existencia, es la puerta a través de la cual nacieron revelación y creación y, por lo tanto, es una realidad central en todos los aspectos de la vida humana. Cada aspecto de la vida tradicional de los musulmanes a lo largo de los tiempos ha estado entretejido con *raḥmah* y es inseparable de ella, pues la compasión está tejida en la propia fibra de la existencia humana.

Un poema de Rūmī afirma, «Muṣṭafā [el elegido, Muḥammad] vino a provocar intimidad y compasión (*hamdamī*)». El término *hamdamī* significa en persa literalmente "tener el mismo aliento", indicando así una intimidad estrecha y lo que algunos filósofos antiguos llamaron *sympatheia*, que está muy relacionado con la compasión. Espiritualmente, el mensaje del Profeta y la revelación del Corán debían provocar un florecimiento pleno de la compasión que relaciona a todos los seres entre sí por el solo hecho de existir. El propio Profeta es llamado *raḥmah* de todos los mundos, y su realidad interna desempeña un papel de suma importancia en la economía espiritual de la vida islámica en lo que se refiere a la compasión y la misericordia.

Si se pregunta cómo funcionan en concreto la compasión y la misericordia en la vida islámica, la respuesta comienza con la distinción entre la relación de Dios con el individuo, del individuo con Dios, de los seres humanos entre sí, y de la humanidad con el resto de la creación. En lo que atañe a la relación de Dios con el individuo y, en realidad, con toda Su creación, esa relación implica siempre compasión y misericordia. Además de *al-Rahmān*, el Infinitamente Bueno o Clemente, y *al-Rahīm*, el Supremamente Misericordioso, Dios es conocido también como *al-Karīm*, el Supremamente Generoso, *al-Ghafūr*, el Supremamente Indulgente, y *al-*

Laṭīf, la Suprema Bondad. Posee también otros Nombres y Cualidades que expresan Su Compasión hacia la creación y Su Misericordia, sin las cuales no habría religión, ni salvación humana y, en realidad, ni siquiera habría existencia. Es imposible para un musulmán rezar a Dios, e incluso pensar en él, sin conciencia de esta dimensión esencial de Compasión y Misericordia; lo que no implica, sin embargo, perder de vista la Majestad Divina, ante la cual se debe permanecer siempre en actitud de temor reverencial.

Recuerdo los numerosos lugares islámicos que he visitado, donde se escuchan cientos de súplicas audibles pronunciadas por mujeres y hombres a los que, aparte de la palabra Allah, o *Khudā* en persa, ninguna palabra se les oye con más frecuencia que *Raḥmān, Raḥīm* y *raḥmah*. Recuerdo especialmente esta oración pronunciada en árabe con la más completa sinceridad por una mujer sencilla: «Oh, Señor, ten Misericordia y Compasión, pues si Tú no tienes misericordia, ¿quién tendrá misericordia?». La oración sincera de esta humilde peregrina resume la actitud islámica quintaesencial hacia Dios como fuente de compasión y misericordia. No importa lo que se haya hecho en la vida, nunca se debe perder la esperanza en Su Compasión y Misericordia, pues, como dice el Corán, «¿y quién desespera de la misericordia de su Señor salvo los extraviados?» (15, 56), y «¡no desesperéis de la misericordia de Dios!» (39, 53). Las oraciones musulmanas contienen siempre la súplica a Su dimensión de Compasión y Misericordia. Esta actitud se puede resumir en el versículo coránico: «Ten misericordia con nosotros, Tú, que eres el mejor de los que muestran misericordia» (23, 109). Podemos perder la fe en la compasión y la misericordia de los seres humanos, e incluso de los amigos íntimos, aun cuando esta desesperación sea incorrecta espiritualmente, pero nunca deberíamos perder la fe o la esperanza en la

Compasión y la Misericordia de Dios. Se podría decir que, en el universo islámico, el Rostro de Dios vuelto hacia Su creación es inseparable de Su compasión y Su misericordia, mientras que el rostro de los hombres y las mujeres vuelto hacia su Señor debe basarse siempre en la súplica a esa Compasión y Misericordia divinas que "abraza todas las cosas".

En cuanto a la relación entre los seres humanos, no sólo los mandatos de la *Sharī'ah* recomiendan y exigen actos de compasión, caridad y misericordia hacia los pobres, los enfermos, los desvalidos, los huérfanos y los necesitados, sino que la ética islámica, basada en el modelo del Profeta, subraya una y otra vez la importancia de las virtudes de la compasión y la caridad, la misericordia y el perdón. Los musulmanes deben ser estrictos consigo mismos, pero generosos y compasivos con los que les rodean. Esto empieza con la familia, donde el Corán y el *Ḥadīth* recalcan en numerosos versículos la importancia de ejercer *iḥsān*, es decir, la virtud espiritual y la bondad, que incluye compasión y amabilidad hacia los padres, la esposa, los hijos y otros miembros de la familia. Además, la compasión y la generosidad deben mostrarse tanto en los hechos como en las palabras, y aquí toda la tradición de *adab*, o cortesía, modales y comportamiento tradicionales, desempeña una papel central en hacer de la compasión, la generosidad y la autodisciplina y la nobleza que son inseparables de ellas una realidad concreta.

Más allá de la familia está la categoría general del vecindario, que habitualmente incluye a los vecinos físicos y a los que viven cerca. Una vez más, hay numerosas enseñanzas en el Corán y el *Ḥadīth* que recalcan la importancia de tener compasión con las personas que viven próximas a nosotros y de ser conscientes de sus necesidades. Luego, después del vecindario está la sociedad en general, con la que debe existir la misma actitud de compasión y amabilidad más allá de los límites de la religión propia.

Cuando se contemplan las sociedades islámicas como un todo, se ve lo importante que son social y económicamente los actos de compasión y misericordia en la vida de tantas personas, sobre todo de los pobres. Sin estos actos de compasión y caridad religiosamente motivados, el orden social se derrumbaría, puesto que en muchos lugares del mundo islámico los gobiernos no son lo bastante fuertes o ricos para proporcionar una renta mínima a todos sus ciudadanos. Por consiguiente, el bienestar de los pobres se deja en gran medida a la misericordia de individuos privados e instituciones, todos impulsados no por alguna especie de altruismo secularista, sino por el énfasis islámico en la importancia de la compasión, la caridad, la amabilidad y la misericordia con los menos afortunados que se vuelven a los que lo son más en busca de auxilio. La mano del mendigo que pide ayuda es, en el sentido más profundo, la Mano de la Misericordia divina tendida hacia nosotros, pues al extender nuestra compasión y misericordia a una de las criaturas de Dios, nosotros mismos nos convertimos en receptores de la misericordia divina.

La última relación que debemos considerar es la de los seres humanos con el mundo no humano. A pesar del terrible trato que sufren los animales y la vegetación en muchas de las grandes ciudades islámicas, llenas de personas recientemente desarraigadas que ya no están en armonía con su entorno natural, las enseñanzas islámicas subrayan que la compasión, la misericordia y la amabilidad deben extenderse a los animales y las plantas igual que a los seres humanos. Ya en las ciudades islámicas medievales había hospitales de animales y donaciones establecidas para el mantenimiento de caballos y burros que habían enfermado o estaban incapacitados. El Profeta trataba amablemente a los animales, y muchos *aḥādīth* mencionan la importancia de mostrarse amables con ellos así como de respetar la vida del mundo vegetal, de no destruir los árboles y otras formas de vegetación a menos que sea absolutamente necesario. Las sociedades islámicas tradicionales tienen muchos ejemplos del ejercicio de la compasión y la misericordia hacia los reinos no humanos de la vida, así como hacia el orden humano.

Ni que decir tiene que no todos los musulmanes tienen en cuenta las enseñanzas del Islam en lo que a la compasión, la misericordia, la generosidad y la amabilidad se refiere, como tampoco lo hacen los judíos, cristianos o incluso budistas, cuya religión se basa en los dos cimientos de la compasión y la iluminación. La imperfección humana no es monopolio de un solo pueblo, raza o comunidad religiosa; existe en todas partes. Es esencial sacar a la luz la importancia de la compasión y la misericordia en el universo religioso islámico, no para afirmar que todos los musulmanes se han atenido a las enseñanzas de su religión respecto de este asunto central, sino para refutar la falsa concepción propagada en Occidente por algunos de que el Islam es una religión sin compasión. Si un observador imparcial visitara, digamos, los diez principales lugares sagrados en diez países islámicos y registrara cuántas veces en una hora se escuchan palabras relacionadas con compasión y misericordia, la *raḥmah* árabe, en las súplicas y oraciones que surgen del corazón de los que allí se reúnen, se evidenciaría la importancia que tiene la compasión y la misericordia en la comprensión islámica de Dios, en la relación entre los seres humanos y Dios, y en la relación entre los seres humanos y toda la creación. El objetivo del Islam ha sido siempre preparar a los individuos para ser conscientes de la Compasión y la Misericordia de Dios, para que confíen en su vida espiritual en estas Cualidades divinas, y para que reflejen esas cualidades en su forma humana en sus relaciones con todos los demás seres que forman la creación de Dios. El objetivo de la revelación coránica ha sido también crear una sociedad compasiva, una sociedad que no está basada en la competición despiadada y el egoísmo individualista, sino en la conciencia de que para lograr la felicidad interior y ser digno de recibir la Misericordia y la Compasión de Dios debemos mostrar compasión y amabilidad hacia los otros. Al dar a los otros sobre la base de la compasión y la misericordia, nos damos también nosotros mismos a Dios y nos liberamos de la prisión de nuestro limitado ego.

AMOR

Uno de los Nombres de Dios es *al-Wadūd*, Amor, y en el Corán hay numerosas referencias al amor, o *ḥubb*, como cuando se dice: «Dios traerá a un pueblo al que amará y por el que será amado» (5, 54). Los musulmanes tienen la certeza de que Dios es todo amor, como es todo compasión y todo indulgencia, como se afirma en los versículos «mi Señor es misericordioso, amante» (11, 90) y «Él es el Indulgente, el Amoroso» (85, 14). Incluso el hecho de que el Profeta siguiera las órdenes de Dios está relacionado con su amor a Dios, pues como dice el Texto sagrado: «Di (Oh, Muḥammad): si amáis a Dios, seguidme» (3, 31). Uno de los títulos del Profeta es en realidad Ḥabīb Allāh, traducido habitualmente como "Amigo de Dios" pero que significa también "Amado de Dios".

En el cristianismo se dice que Dios es Amor, y a menudo se critica al Islam desde esa perspectiva por tener una concepción de Dios que carece de amor. En este contexto, es interesante volver a la observación de un forastero de la época medieval, el famoso sabio y poeta judío Abraham ibn Ezra, que escribió:

> Los musulmanes entonan cantos de amor y de pasión,
> los cristianos de guerra y venganza,
> los griegos de sabiduría e ingenio,
> los indios de parábolas y enigmas
> y los israelitas, canciones y alabanzas
> al Señor de los Ejércitos.[1]

La afirmación de que los musulmanes no conocen el Amor divino es tan absurda como pretender que los musulmanes no saben nada de la Compasión divina. Ni el judaísmo ni el hinduismo identifican a Dios simple o solamente con el amor, pero eso no significa que alguna de estas religiones, como tampoco el Islam, carezca de la noción de Amor divino, que floreció en ellas en la forma de los movimientos jasídico y *bhakti* respectivamente. El Islam afirma que Dios es Amor, puesto que éste es uno de Sus Nombres divinos, pero no identifica a Dios sólo con el amor, pues Él es también Conocimiento y Luz, Justicia y Majestad, así como Paz y Belleza, pero nunca carece de amor, y Su Amor es esencial para la creación del universo y para nuestra relación con Él.

Es importante observar que, desde la perspectiva islámica, la Compasión de Dios por el mundo no se identifica con el sufrimiento. Se traduce en amor. La Esencia de Dios trasciende el orden creado y temporal, y Él no puede sufrir en Su esencia por lo que sucede en ese orden. Este aspecto del Islam contrasta, por lo tanto, con el tema del siervo sufriente del judaísmo mesiánico y el "sufrimiento de Dios" en muchas corrientes del cristianismo. Como ya dijimos, en la perspectiva islámica Dios "amó o quiso" ser conocido y por lo tanto creó el mundo. Por consiguiente, el amor corre a través de las venas del universo y, como la compasión, es inseparable de la existencia. No hay ningún reino de la existencia donde el amor no se manifieste de alguna manera. Incluso se puede decir que, metafísicamente hablando, la atracción gravitacional de los cuerpos físicos entre sí es un ejemplo particular del principio universal del amor actuando en el nivel de la realidad física.

En el nivel más práctico, el amor en la vida de los musulmanes tiene su modelo en el amor de Dios al Profeta y del Profeta a Dios. Para los seres humanos, el amor a Dios necesita el amor al Profeta, y el amor al Profeta y los santos, que son su progenie espiritual o biológica, necesita el amor a Dios. Por otra parte, hay muchos niveles de amor natural a los seres humanos: amor romántico, amor de hijos y padres, amor a la belleza del arte y la naturaleza, amor al conocimiento, e incluso amor al poder, la riqueza y la fama, que, sin embargo, puesto que están vueltos hacia el mundo, plantean un peligro para el alma. En la perspectiva islámica, todo amor terrenal debe estar en Dios y no separado del amor a Dios, y cualquier amor que excluya a Dios y nos aparte de Él es una ilusión que puede conducir a la ruina del alma. Los sabios islámicos han afirmado de hecho la doctrina de que sólo el amor a Dios es real y todas las demás formas de amor son amor metafórico. Pero el amor metafórico es también real en su nivel propio y es en realidad un don divino, si se comprende adecuadamente y se lo utiliza como una escala para alcanzar el amor real, que es el amor por la Fuente de todo amor, que es Dios.

En el Islam la dimensión del amor se dio a borbotones en el sufismo y tuvo como resultado algunas de las mayores obras literarias sobre el amor místico nunca escritas. Este manantial perenne de inspiración empezó a inundar el alma y el espíritu de los musulmanes muy pronto en la historia del

Islam con la aparición de la mujer santa de Basora, Rābi'ah al-'Adawiyyah. Sus hermosos poemas árabes sobre el amor de Dios se recitan todavía hoy en el mundo árabe incluso por cantores populares. En uno de sus conmovedores poemas, escribe:

> Te amo con dos amores,
>   un amor hecho de deseo,
>   y el otro, el digno de Ti.
> El amor hecho de deseo me hace recordarte a cada instante,
>   despojándome de todo lo que no eres Tú.
> El amor digno de Ti
>   aparta de mis ojos los velos para verte.
> Ni por uno ni por otro merezco alabanza,
>   y por uno y por otro, ¡alabanza a Ti![2]

Aunque, en el sufismo, el amor nunca está separado del conocimiento, algunas escuelas han hecho más hincapié en uno, y otras, en el otro. En los comienzos de la historia islámica, la escuela de Khorasán, en Persia, se identificó especialmente con el amor, y sus más insignes maestros, como Bāyazīd Basṭāmī, Abū Sa'īd Abi'l-Khayr, y especialmente Aḥmad Ghazzālī, que desarrolló todo un lenguaje metafísico basado en el *'ishq*, o amor intenso, escribieron algunos de los himnos más memorables al Amor Divino. Finalmente, esta tradición condujo a lo que algunos han considerado la mayor poesía mística nunca escrita, a saber, la del poeta del siglo XIII Jalāl al-Dīn Rūmī, que era persa pero pasó la mayor parte de su vida en Anatolia y está enterrado en Konya, la actual Turquía. Rūmī, que llama al amor "nuestro Platón y Galeno" y dice que cuando la pluma tiene que describir lo que es el amor se rompe por la mitad, es actualmente el poeta más leído en Estados Unidos. Este trovador supremo del Amor

Divino, junto con Ibn 'Arabī, que vivió una generación antes que él, representa la cima más elevada de la espiritualidad islámica en ese período que vio la renovación interior y la reactivación de las dimensiones espirituales del Islam y la creación de un dulce manantial de conocimiento y amor espirituales cuyos afluentes han regado varios países islámicos, desde el Atlántico al Pacífico, durante los últimos siete siglos.

Esa profunda manifestación del amor en el universo religioso islámico no fue a pesar del Islam, sino debido a él. No se pueden rastrear influencias foráneas, como tampoco los tratados cristianos sobre el amor pueden ser reducidos a la lectura de fuentes neoplatónicas sin considerar el amor a Cristo. La misma presencia de esta inmensa literatura sobre el Amor divino en casi todas las lenguas islámicas, desde el árabe y el persa al turco y el swahili, así como en la mayoría de las lenguas locales de la India y el sudeste de Asia, es el mejor signo externo de la importancia de la dimensión del amor en la vida interior del Islam. Esta efusión fue tan profunda y poderosa en su expresión que influyó incluso en los escritores y en espirituales judíos, cristianos e hindúes. Ramon Llull, teólogo franciscano que escribió contra el Islam, compuso también un tratado titulado *El amante y el amado*, en el que imitaba la terminología sufí, y los más destacados escritores místicos de la España del siglo XVI, santa Teresa de Ávila y san Juan de la Cruz, adoptaron numerosos símbolos sufíes para el amor de Dios. Los signos internos de esta dimensión del amor han sido siempre un secreto entre el ser humano y Dios, como lo han sido en otras religiones, entre «unas gentes a las que Él ama y que Le aman» (5, 54), por citar el Corán, y este nexo íntimo entre el alma y Dios está más allá de la descripción externa. Es un fuego que sólo puede ser conocido si produce chispas, como afortunadamente ha ocurrido en los escritos luminosos de esos "amantes de Dios", esos *fedeli d'amore* islámicos, que han expresado algo de ese amor en lenguaje humano. Pero además hay muchos fuegos que no despiden chispas.

Algunos podrían decir que todo este énfasis sufí en el amor es sólo para los sufíes y no tiene nada que ver con el resto de la sociedad islámica. Nada estaría más alejado de la verdad, si se considera la sociedad islámica tradicional y no los círculos modernistas o "fundamentalistas". La poesía que celebra el amor y el anhelo del alma por Dios se extiende por toda la sociedad tradicional y con frecuencia era memorizada por hombres y mujeres ordinarios que recitaban, y siguen recitando, esos versos con el sentimiento más profundo y con la más honda identificación existencial, y no como si fuera simplemente literatura de importancia histórica.

Hace más de cuarenta años, cuando Lahore era todavía una hermosa ciudad jardín, recuerdo haber visitado la tumba del célebre santo sufí Miān Mīr en el campo, fuera de la ciudad, un santuario ahora rodeado del horrible caos de la antaño hermosa Lahore. Era de noche, y decidí coger un coche de caballos llamado *tonga* para regresar a la ciudad. El conductor parecía ser muy pobre e iba ligeramente vestido. Al principio de nuestro viaje, me saludó con el saludo islámico y me preguntó en urdu de dónde era. Le respondí en persa que era persa. Se emocionó y sonrió. Luego empezó a recitar Dios sabe cuántos sublimes poemas persas de 'Aṭṭār, Rūmī, Ḥāfiẓ y otros autores sobre el Amor divino y la nostalgia del alma por Dios, recitando todos esos poemas como si él hubiera experimentado lo que en ellos se describía y él mismo los hubiera compuesto. Este ejemplo –con aquel conductor *tonga* analfabeto que recitaba de memoria y desde el fondo de su corazón algunos de los más sublimes poemas místicos de amor jamás escritos, en aquella noche, bajo el cielo estrellado de los campos de Penjab– muestra la universalidad de la realidad viva del amor de Dios en el universo espiritual islámico. Este amor utiliza el lenguaje sublime de los poetas sufíes, pero esa poesía habla a todos los musulmanes, sean o no sufíes, que son conscientes del Amor de Dios por Su creación, aquellos cuyo amor a Dios, oculto en la sustancia primordial de su alma, se ha empezado a mover y cuyas almas cabalgan en la dirección de esa patria espiritual de la que han venido y a la que anhelan retornar.

PAZ

Si se camina a lo largo del Ganges en Benarés, se escuchará la frase «*Shanti, shanti, shanti*», que significa «Paz, paz, paz»; se puede escuchar «*Shalom*» cuando los judíos se saludan, y «*Salām*» si se trata de musulmanes, y durante aproximadamente dos mil años el canto «*Pacem, pacem, pacem*» ha resonado en los lugares de culto dedicados a la figura conocida como Príncipe de la Paz. No existe ninguna religión importante que no haga hincapié en la paz, aunque sólo grupos pequeños, como los cuáqueros o los menonitas, se puedan permitir ser pacifistas. Todas las grandes religiones predican la paz, aunque tengan que enfrentarse a momentos en que la guerra se hace inevitable por una razón u otra. Cristo hablaba de ofrecer la otra mejilla, y sin embargo, durante siglos, se libraron en Europa guerras mayores y menores en el nombre de Cristo o de una rama particular del cristianismo.

Y, no obstante, en Occidente se señala al Islam como religión belicosa: la "religión de la espada", en contraste principalmente con el cristianismo como religión de la paz. Aunque un importante texto espiritual del hinduismo, la *Bhagavad-gita*, fuera revelado en medio del campo de batalla y el Antiguo Testamento tenga muchos más pasajes que tratan de la guerra que el Corán, entre muchos cristianos el oprobio contra la guerra religiosa se guarda generalmente para el Islam. Cuando escribo este libro, algunos filipinos escriben sobre lo pacífico que es el cristianismo en contraste con el Islam, olvidando cómodamente que, según las crónicas españolas, cuando los españoles invadieron Filipinas derrotaron el sultanato islámico, con sede en Manila, y luego mataron a diez mil musulmanes, obligando al resto de los que pudieron vencer a convertirse al catolicismo, como habían hecho con judíos y musulmanes en España. Por otra parte, en Occidente se asocia la expansión del Islam con la "espada", mientras que rara vez se menciona la manera brutal en que los europeos del Norte fueron obligados a convertirse al cristianismo por la fuerza, y se destruyeron las antiguas religiones europeas. Ni siquiera las Cruzadas, llevadas a cabo en nombre del cristianismo, lograron cambiar la imagen occidental del Islam como "religión de la espada" y el cristianismo como religión de la paz.

Es cierto que la historia sagrada del Islam comienza como una epopeya con la rápida propagación de los árabes fuera de Arabia en un acontecimiento que cambió la historia del mundo para siempre. Pero esta rápida expansión no significó la conversión forzosa de judíos, cristianos, zoroastrianos u otros. En Persia, trescientos años después del gobierno musulmán, gran parte del país era todavía zoroastriano, y la provincia de Mazandarán, junto al mar Caspio, no abrazó el Islam hasta el siglo X. En la mayor parte de las zonas, la islamización fue un proceso gradual. La historia del Islam, como la del judaísmo y el hinduismo, está trenzada con una épica sagrada, pero eso no significa que el Islam sea la "religión de la espada" o la "religión de la paz" en un grado distinto al que pueda serlo cualquier otra religión.

Puesto que esta acusación contra el Islam como la "religión de la espada" se ha prolongado en el Occidente moderno, que ha librado más guerras mortales que cualquier otra civilización, los musulmanes contemporáneos han desarrollado una actitud defensiva y responden simplemente que el mismo nombre Islam se relaciona con la palabra *salam*, que significa "paz". Sin embargo, esta respuesta no es suficiente. Hay que indicar que, dado que el objetivo de todas las religiones auténticas es alcanzar a Dios, que *es* la Paz y la Fuente de toda paz, también el Islam pretende conducir a sus seguidores a la "Morada de la Paz" y crear paz en el grado que sea posible en un mundo lleno de desequilibrio, tensión y padecimiento. Además, el Islam ha tratado de limitar la guerra legislando condiciones relacionadas con ella, como analizaremos en el próximo capítulo, y durante los catorce siglos de su historia logró el objetivo de crear paz interna en un grado extraordinario, mientras que en la creación de la paz exterior no tuvo sin duda menos éxito que cualquiera de las otras grandes civilizaciones tradicionales como la japonesa, la china, la hindú o la cristiana. Ya va siendo hora de apartar esta curiosa caracterización histórica del Islam en un Occidente que ha llevado a cabo guerras sobre los cinco continentes a menudo en nombre del cristianismo y que incluso ha erradicado a grupos étnicos enteros con toda impunidad simplemente porque no eran cristianos.

Es fácil para musulmanes y cristianos, o, de hecho, para hindúes, confucianos o budistas, señalar episodios bélicos en la historia de las demás religiones. La historia de todas las sociedades, sean religiosas o seculares, está repleta de esos ejemplos, porque los seres humanos contienen en su estado caído las semillas de conflictos y disputas y recurren a la agresión y la guerra, utilizando para su causa cualquier idea o ideología que tenga el poder de mover a las gentes. Cuando la mayoría de los occidentales eran cristianos devotos, el cristianismo fue la pancarta bajo la que se libraron las guerras, y cuando la religión se debilitó, tomaron su lugar el nacionalismo, el fascismo, el comunismo y otras ideologías, así como los intereses económicos. En el mundo islámico, puesto que la religión sigue siendo una fuerza poderosa, se sigue utilizando su nombre en apoyo de cualquier causa que surja que lleve a la disputa y el conflicto, aunque el Corán subraye que la guerra sólo debe hacerse en defensa de la patria y la religión, y nunca debe ser ofensiva y agresiva. Sin embargo, cuando nos volvemos a las enseñanzas que están en el corazón de todas las religiones auténticas, vemos que el papel de cada religión es tratar de producir paz, acentuando aquellas enseñanzas religiosas que subrayan el acuerdo entre el cielo y la tierra, la armonía y la paz. Visto de este modo, se hace evidente que, de hecho, el énfasis en la paz es fundamental en las enseñanzas del Islam tal como tradicionalmente se ha entendido.

Todo el mundo habla hoy de la necesidad de la paz, gracias en parte a la moderna tecnología militar, que ha llevado los horrores de las guerras hasta un nivel inconcebible incluso para las personas más belicosas de antaño. Pero existe también un anhelo innato de paz en el alma de los seres humanos que, sin duda, no deriva de la experiencia. Incluso quienes nunca han experimentado la paz, la anhelan. Nos podríamos por tanto preguntar por qué la gente busca la paz. Las enseñanzas islámicas tienen una respuesta clara a esta pregunta, respuesta que clarifica el concepto y la realidad de la paz en el contexto islámico. En el Corán, Dios se refiere a Sí mismo como *al-Salām*, o Paz, de manera que, como musulmán, se puede decir que Dios es Paz, y que nuestro anhelo de paz no es otra cosa que nuestro anhelo de Dios. Muy profundamente en nuestra naturaleza primordial está todavía el recuerdo de la paz que experimentamos cuando testimoniamos el Señorío de Dios en la preeternidad, antes de nuestra caída a este mundo de olvido. Mediante un proceso que podríamos comparar con el recuerdo platónico, todavía recordamos de vez en cuando esa paz de la que dijo Cristo que "sobrepasa todo entendimiento".

Para los musulmanes, sólo la religión puede llevarnos de nuevo a la Morada de la Paz, que es en última instancia la realidad paradisíaca y la Presencia divina. «Dios guía a quienes buscan Su satisfacción en las sendas de la paz» (5, 16). Una y otra vez, el Corán identifica la paz con el estado paradisíaco: «Y ellos gritarán a los habitantes del paraíso: la paz sobre vosotros» (7, 46); la frase «La paz sobre vosotros» es también el saludo musulmán enseñado por el Profeta como saludo de quienes están en el paraíso. «En el paraíso, no hay cháchara vana, sino sólo invocación de la paz» (19, 62). «"Paz", ése es el saludo del Señor Misericordioso» (36, 58). En el paraíso no «hay nada sino el dicho "paz, paz"» (56, 26).

Precisamente porque es una cualidad celestial, la paz no es fácil de alcanzar exterior o interiormente. Para tener paz exterior, se debe estar en paz con uno mismo, y para estar en paz con uno mismo se debe estar en paz con Dios. Los seres humanos han sido creados en la "forma" de Dios, según el *Ḥadīth* ya citado. Por lo tanto, cada elemento del alma tiene algún valor. El problema es que el alma del ser humano caído se ha vuelto caótica, y algunos elementos no están ya en el lugar adecuado. Se pueden comprender las grandes obras de Shakespeare como descripción de este drama interno del alma. En *Hamlet*, no todo está bien en el reino de Dinamarca, y la situación se ha vuelto caótica porque nadie está en el lugar adecuado. El reino de Dinamarca es nuestra alma, en la que los asuntos tienen que ser enderezados y los elementos colocados en el lugar que les corresponde antes de que se pueda establecer la armonía y la paz. Pero es imposible para el alma realizar esa tarea por sí misma. Necesita la ayuda del Cielo. Como otras tradiciones espirituales, el Islam insiste en que sin sometimiento a Dios (*taslīm*, que tiene la misma raíz que paz, *salām*) no podemos lograr la paz, y sin paz en nosotros mismos no puede haber ninguna paz exterior.

En los análisis que generalmente se hacen hoy sobre la paz se olvida a menudo esta jerarquía. Los hombres y las mujeres secularizados, para los que el mundo espiritual se ha vuelto irreal, limitan su visión de la realidad a la tierra y la vida de este mundo; por eso, naturalmente quieren vivir en paz y evitar los peligros de la guerra y los conflictos. Pero esta charla sobre la paz se produce mientras se lleva a cabo una guerra brutal contra el entorno natural y mientras, en la sociedad humana, la competición basada en la ambición eclipsa con frecuencia a la compasión y el sentido de la responsabilidad social. Por consiguiente, aunque actualmente no haya ninguna guerra mundial, abundan por todo el mundo guerras más pequeñas, conflictos locales y actos de terror, por no hablar de la guerra económica y ecológica continuada que se produce contra la naturaleza en el nombre y bajo la bandera de la paz y la prosperidad. Desde el punto de vista islámico, puesto que Paz *(al-Salām)* es un Nombre de Dios y toda paz es un reflejo de ese Nombre divino, se puede plantear la pregunta de por qué Dios permitiría que la humanidad viviera en paz olvidándole a Él, descuidando el objetivo para el que fueron creados hombres y mujeres.

Para los musulmanes, la idea de vivir en paz mientras se niega a Dios es totalmente absurda, porque sólo Dios puede poner en orden el caos y los conflictos que existen en el interior del alma humana, y cuando no hay paz en el interior, no habrá paz en el exterior. Las enseñanzas islámicas contienen muchos mandatos para resolver las disputas entre las gentes y las naciones con el objetivo de establecer la paz. Pero el objetivo más elevado del Islam es conducir al alma a la Morada de la Paz, guiándonos para vivir una vida virtuosa y establecer armonía interior con la ayuda del Cielo. Para el Islam, como para todas las tradiciones auténticas, el objetivo de la religión es salvar el alma humana y, por consiguiente, establecer la justicia y la paz en la sociedad para que las gentes puedan vivir virtuosamente y vivir y morir "en paz", que en el sentido más profundo significa en el estado bienaventurado que conduce a la experiencia de la paz celestial. En el budismo, las prácticas espirituales que llevan a escapar del *samsara* y entrar en el *nirvana* sobre la base de la doctrina del no-yo representa otra perspectiva de la misma realidad. El budismo está ahí para salvar a sus seguidores del *samsara* y de la rueda del renacimiento, el sufrimiento y la muerte, como otras religiones están para salvar a sus adeptos del mundo. El Islam ha estado ahí para recordar a sus seguidores a través de los siglos que no hay ninguna posibilidad de establecer la paz en la tierra si no hay paz con el Cielo, y hoy está llamado también a afirmar que la paz con el Cielo requiere, más que nunca, la paz entre los mensajes que, por medio de la Sabiduría divina, han descendido del Cielo a través de los tiempos. Como dijo Rumi:

> Si huyes con esperanza de paz y consuelo,
> serás afligido con la desgracia.
> No hay tesoro sin trampas y animales salvajes,
> no hay paz salvo en el retiro espiritual de Dios.[3]

Cuando se habla de paz, nunca se debería olvidar el conocido versículo coránico: «Él es quien hace descender la Paz divina *(al-sakīnah)* al corazón de los creyentes» (48, 4). Se hable de *sakīnah*, o del equivalente hebreo *shekinah*, o, de hecho, de *pacem* o *shanti*, la realidad subrayada por el Islam es que la fuente de la paz es Dios, que Él mismo *es* Paz y que sin Él no puede haber paz sobre la tierra.

BELLEZA

En el Islam se considera la belleza, como la compasión, el amor, y la paz, una Cualidad divina, y uno de los Nombres de Dios es *al-Jamīl*, el Bello. Además, según el *Ḥadīth* citado en el encabezamiento de este capítulo, Dios ama la belleza, lo que significa que las cualidades de belleza y amor están entrelazadas en el plano divino. Y esta realidad se refleja en el plano humano también por el hecho de que nuestra alma ama lo que percibe como bello y ve como bello lo que ama. También la belleza tiene poder de irradiación y emanación y comparte, por lo tanto, una característica básica con la compasión y la misericordia. Además, la belleza produce sosiego y ayuda a que los elementos dispersos del alma se reúnan en un estado de calma. Por consiguiente, la belleza se relaciona también con la paz, y tiene un extraordinario poder pacificador sobre el alma, cualidad que es esencial a la espiritualidad islámica, tal como se refleja con claridad en el arte islámico.

Pero ¿qué es la belleza? En el universo islámico, como en otros mundos tradicionales, la belleza no es simplemente un estado subjetivo que existe sólo "en el ojo de quien contempla", aunque cada ser humano tiene la capacidad de apreciar ciertos tipos de belleza y no otros. La belleza es una dimensión de la realidad misma, y a lo largo de los siglos los filósofos y los místicos islámicos han confirmado en sus propios términos la sentencia platónica: «La belleza es el esplendor de la verdad». Ahora bien, la palabra árabe *ḥaqīqah* significa tanto "verdad" como "realidad", y el Nombre divino *al-Ḥaqq* indica la unión de ambos en Dios, unión que es la Verdad en su sentido absoluto, la Verdad que nos hace libres, como afirmó Cristo, y la Realidad absoluta. Metafísicamente hablando, puesto que Dios es la Verdad y la Realidad, no puede sino ser bello. Como dirían los sufíes, finalmente toda belleza es la irradiación en un nivel particular de la realidad de la Belleza del Rostro del Amado.

Se podría decir que el Islam es la religión de la belleza, a la que nunca separa de la verdad. En el mundo actual, la bondad y la belleza se han separado, e incluso las personas religiosas, inclinadas a menudo hacia el bien, consideran que la belleza es un lujo. Algunos pensadores religiosos modernos de Occidente han desarrollado incluso un "culto a la fealdad", cuyo resultado es un gran número de iglesias horrorosamente feas, que se pueden ver especialmente en algunos países católicos, donde se encuentran también las manifestaciones más hermosas de la arquitectura cristiana. Ni que decir tiene que este "culto a la fealdad" se ha extendido ahora también al mundo islámico, que conoce muchas mezquitas que de ninguna manera se quedan atrás en fealdad respecto de sus homólogas occidentales. Sin embargo, no representan el arte ni el pensamiento islámicos, sino simplemente influencias externas. En cualquier caso, desde la perspectiva islámica tradicional la belleza y la bondad son inseparables. En realidad, en árabe la palabra *ḥusn* significa "belleza" y "bondad", mientras que *qubḥ* significa "fealdad" y "mal".

Se podría decir que la bondad corresponde a la dimensión exterior y la belleza a la dimensión interior de las cosas, lo que no significa que no exista una belleza exterior o una bondad interior. Hay un dicho muy revelador en relación con esta cuestión que clarifica también la complementariedad entre lo masculino y lo femenino, o *yin* y *yang*, contemplados tanto cosmológica y espiritualmente como en el nivel humano. Se dice en el Islam que la belleza de una mujer es exterior y su bondad interior, mientras que la bondad de un hombre es exterior, y su belleza, interior. Como el *yin* y el *yang*, que se complementan entre sí y juntos configuran el círculo perfecto asociado al Tao, belleza y bondad se complementan y son inseparables. Desde la perspectiva islámica, el papel de la religión es no sólo enseñar la práctica de la bondad, sino también difundir la belleza en todos sus niveles, espiritual, intelectual y físico.

Se dice en el budismo que la imagen del Buda salva a las almas mediante su belleza. Se podría decir, igualmente, que la misma belleza de la recitación coránica es salvífica. En la sociedad islámica tradicional nunca se oye la Palabra de Dios sino en una bella salmodia que conmueve lo profundo del alma incluso de aquellos musulmanes que no conocen el árabe y no comprenden el mensaje de lo que se recita. Lo mismo es cierto para la escritura del Corán, que es el origen de toda la caligrafía islámica. Desde la primera época, se escribió el texto sagrado en una caligrafía hermosa, y sin duda a lo largo de los siglos el libro más hermoso realizado por cualquier generación musulmana ha sido el Corán. A los ojos y los oídos de los musulmanes, la teofanía central de su religión, a saber, el Corán, ha estado asociada siempre con la belleza, igual que tenemos lugares y estructuras asociados con asuntos religiosos. Este énfasis en el vínculo entre la belleza y lo sagrado no es único del Islam. Antes de la época moderna, el arte más bello de todas las civilizaciones era el arte sagrado, asociado directamente con los ritos y las prácticas de la religión, como se ve en las catedrales góticas, los rollos de la Torá, los templos hindúes y budistas, y los diversos tipos de iconos, por no hablar de las artes sonoras, la música y la poesía.

Se podría preguntar por qué, si el Islam puede ser llamado la religión de la belleza, los pensadores religiosos, islámicos, judíos y cristianos, han advertido también que el alma puede ser atrapada en la trampa de la belleza y ser desviada de Dios, y por qué algunos grandes místicos han evitado poseer o estar rodeados de objetos hermosos. La respuesta es que, precisamente por ser la belleza una teofanía tan poderosamente atractiva, manifestación visible de la Realidad divina, tiene el poder de atraer al alma hacia sí y puede hacer que algunos confundan esa teofanía con el Origen de todas las teofanías. Es precisamente la capacidad de la belleza para atraer al alma lo que la hace una espada de doble filo. La belleza es al mismo tiempo un camino regio hacia Dios y un obstáculo para llegar a Él si se toma como un dios en sí misma. Se podría decir que si no hubiera belleza en este mundo no existiría ninguna distracción mundana para el alma y todas las almas serían atraídas sólo por Dios. En cierto sentido, la vida espiritual no sería un reto, y la grandeza del estado humano disminuiría. Lo que hace heroica la búsqueda espiritual es precisamente que el alma debe aprender a distanciarse de lo mundano, que no obstante la atrae como algo atractivo y bello, para llegar a la Fuente de toda belleza.

Es aquí donde entra el elemento del ascetismo, tanto para el Islam como para otras religiones. Para ver la belleza terrenal como escala que conduce a la Belleza divina, es necesario, en primer lugar, que el alma saque sus raíces de este mundo y las plante en Dios. De ahí la necesidad de la práctica ascética y la disciplina espiritual. No existe ninguna ley religiosa ni sendero espiritual que no contenga al menos algunas prácticas ascéticas. En el Islam, aunque no se acepte el ascetismo excesivo tal como lo practican algunos monjes o yoguis, ciertamente existe el ascetismo y la autodisciplina espiritual, como se ve en las plegarias y el ayuno.

Mediante las disciplinas de la *Sharī'ah*, el alma se prepara para aceptar una disciplina espiritual adicional y se embarca en el sendero espiritual que conduce hacia Dios, donde la fuente de atracción que hace posible este viaje es la belleza y el amor. Está también, por supuesto, el poder espiritual e iniciático *(wilāyah/walāyah)* transmitido por el Profeta a todas las generaciones posteriores de musulmanes que buscaban y buscan todavía contemplar incluso en esta vida la belleza incomparable del Rostro del Origen de toda belleza. Para los sabios realizados, toda belleza es el reflejo de la Belleza divina. El alma de esas personas ha superado el peligro de ser desviada de la contemplación del Bello por el reflejo de la Belleza. Para esas personas, ninguna belleza terrenal puede convertirse en obstáculo en el camino a Dios. Al contrario, cada forma de belleza de este mundo es una ocasión para el recuerdo de la Belleza de Dios y la rememoración de la Belleza de Su Semblante en nuestro encuentro preeterno con nuestro Señor cuando atestiguamos, de acuerdo con el Corán, Su Señorío.

El pensamiento y la sensibilidad artística islámica han asociado siempre belleza con realidad, y fealdad con no existencia. Actualmente, se ha puesto de moda entre muchos buscar lo feo y lo malo y exhibirlos como lo real, mientras rechazan lo bello y lo bueno como irrelevante, secundario, y en definitiva irreal. Por ejemplo, los medios de comunicación buscan y buscan con frecuencia para encontrar algo negativo en la vida de una persona, y luego lo exageran hasta el punto de que lo bello y lo bueno queda completamente eclipsado de esa vida. Incluso en la fotografía y el cine los medios acostumbran a hacer más hincapié en lo feo que en lo bello. El reinado de la máquina y la creación por parte de la humanidad moderna de un ambiente urbano artificial separado de la naturaleza, que es abrumadoramente hermosa, ha hecho que muchas personas piensen que lo feo es la norma y lo real, y que la belleza es un lujo de los ricos. Esto es diametralmente opuesto a la perspectiva islámica, que siempre ha sido contraria al "culto a la fealdad" y siempre ha recordado que la belleza, lejos de ser un lujo, es tan necesaria para el alma como el aire que respiramos lo es para el cuerpo. No es casualidad que sólo en esos escenarios urbanos carentes del arte sagrado y tradicional y de la armonía y la belleza de la naturaleza haya agnósticos y surjan y medren los ateos. La civilización islámica evitó ese escollo creando un arte y una arquitectura que son bellos y a la vez están en contacto con la naturaleza y sus ritmos y armonías subyacentes.

Adondequiera que llegó, a lo largo de su historia, el Islam creó una atmósfera de belleza. Según un *Ḥadīth*, «Dios escribió la belleza en el rostro de todas las cosas». La misión del Islam ha sido siempre guiar al alma hacia Dios, a través de la Ley divina y mediante la creación de un arte a través del cual se desvele la belleza inscrita por Dios en el rostro de las cosas. No ha existido nunca una expresión auténtica del Islam sin belleza, e incluso se podría decir que se puede utilizar el criterio de belleza, junto con el de verdad, para juzgar la autenticidad de las pretensiones de cualquier movimiento actual que trate de utilizar el nombre del Islam e identificarse con él. El versículo coránico «Dios está con los buenos» (29, 69) se puede traducir también por «Dios está con quienes están inmersos en la belleza».

La importancia espiritual del arte islámico

No se puede hablar de la belleza en el contexto islámico sin decir algo sobre el arte islámico y su importancia religiosa y espiritual. Puesto que el Islam trata de abarcar la vida entera, tuvo que crear su arte propio igual que generó la Ley divina. Ahora bien, los seres humanos actúan y crean o fabrican. La *Sharī'ah* concierne al plano de la acción, mientras que el arte islámico está relacionado con los principios y métodos de la fabricación de cosas. El arte islámico y la Ley islámica derivan ambos de la revelación coránica y la *Sunnah* del Profeta, pero lo hacen de maneras diferentes. La *Sharī'ah* se basa en los aspectos legales de la revelación y el significado literal y externo del Corán y la *Sunnah*, mientras que el arte islámico se deriva de la *ḥaqīqah* o verdad interior de esas fuentes. Como en otras tradiciones importantes, como en el cristianismo, hinduismo y budismo, el arte sagrado del Islam se relaciona con su esencia y núcleo verdaderos. Si se quiere comprender lo que es el cristianismo, todo lo que se tiene que hacer es entrar en la catedral de Chartres y contemplar el espacio sagrado y las formas que rodean al observador. ¿Qué mejor explicación del budismo japonés que el Templo Dorado de Kioto? En una ocasión, un europeo preguntó a Titus Burckhardt, que ha sido el occidental que mejor ha puesto de relieve el sentido y la importancia espiritual del arte islámico, qué era el Islam. Él respondió: «Ve a ver la mezquita de Ibn Ṭūlūn en El Cairo». Se podía haber referido también a muchas otras obras maestras de la arquitectura islámica, desde la mezquita de Córdoba a la de Qayrawán en Túnez, la Cúpula de la Roca en Jerusalén, la mezquita del Shāh en Isfahán o la mezquita de Sulṭān Aḥmad en Estambul.

Para los occidentales sensibles al arte, el arte islámico es, en realidad, uno de los mejores medios para comprender el corazón del Islam. La razón metafísica de por qué algo del mundo material, hecho de ladrillo, estuco o piedra puede desempeñar ese papel es que, según el famoso dicho hermético, «lo que está abajo simboliza lo que está arriba». En virtud de su pertenencia al nivel físico, las artes plásticas y las artes sonoras pueden simbolizar y reflejar el nivel superior de la realidad, que es el Reino divino. Lejos de ser algo periférico, el arte islámico es una manifestación central de la religión islámica. No sólo desempeña un papel decisivo y esencial en la vida de los musulmanes, sino que es también una clave para la comprensión de las dimensiones más profundas del Islam, si es que se quiere buscar más allá de las meras apariencias formales.

En árabe, las palabras empleadas para "arte" son *fann* y *ṣinā'ah*. La segunda palabra, como el término original griego, *techné*, y el *ars* latino, significa sencillamente hacer algo según los principios correctos. La primera designa los conocimientos para hacer o fabricar algo correctamente, y se debe combinar con sabiduría, o *hikmah*, para que ese conocimiento llegue a ser operativo como arte. En la sociedad islámica tradicional, el arte era la vida misma y no una actividad particular, y todo, desde sembrar a cocinar, interpretar música o hacer poesía, tenía su propio *fann*. En cierta ocasión, A.K. Coomaraswamy, el gran experto indio del siglo XX en metafísica y arte tradicionales, dijo que en la sociedad moderna el artista es un tipo especial de persona, mientras que en la sociedad tradicional cada persona es una clase especial de artista. Esta observación es cierta también de la sociedad islámica tradicional, donde no se hacía ninguna distinción entre bellas artes y artes industriales o entre arte mayor y arte menor o arte religioso y arte secular. Todo estaba marcado con el sello de la espiritualidad islámica.

Por supuesto, cada civilización tiene su jerarquía propia de las artes basada en la estructura formal de la religión que creó esa civilización. Por ejemplo, en Occidente, la forma más elevada del arte ha sido la pintura debido al carácter central del icono en el cristianismo. En contraste, no hay ninguna presentación icónica en el arte islámico, puesto que el

Islam, como el judaísmo, prohíbe la pintura o escultura de la imagen de la Divinidad y su arte sagrado es anicónico. Para el Islam, el arte superior está relacionado, como en el cristianismo, con la Palabra de Dios, que para el Islam, sin embargo, no es una persona llamada Cristo, sino un libro conocido como el Corán. La escritura de la Palabra de Dios, es decir, la caligrafía, y su canto, es decir, la salmodia coránica, están en la cima de la jerarquía de las artes. Luego viene la arquitectura, esencialmente la mezquita, pero que se extiende también a otras formas, donde resuena la Palabra de Dios en la forma de canto del Corán. Sigue el arte del vestido, masculino y femenino, porque después de nuestro cuerpo nada está tan cerca de nuestra alma como la ropa que llevamos. Gran parte de la creatividad artística de los musulmanes se dedicó al arte del vestido basada en el recato ordenado por el Corán, en la naturaleza teomórfica del ser humano y su función sacerdotal en el mundo, y en la nítida distinción entre las funciones complementarias de hombres y mujeres, incluida la naturaleza de la belleza que corresponde a cada género, complementaria una de la otra. Después del vestido vienen los artículos del hogar, las llamadas artes menores, como alfombras, tejidos, utensilios, etc., que afectan al alma mucho más que las pinturas que cuelgan en las paredes de los palacios o los museos. Luego está el arte del libro, que incluye las pinturas llamadas "miniaturas". Originalmente, eran ilustraciones para varios textos científicos, literarios e históricos, pero más tarde dieron lugar a las refinadas miniaturas persas, que alcanzaron su cima de perfección entre los siglos XIV y XVI. La miniatura persa condujo también más tarde a las escuelas de miniaturas otomana y mogola.

Aunque algunas miniaturas persas se encuentren entre las grandes obras maestras del arte mundial y la pintura islámica sea en general muy apreciada en Occidente, la pintura en su conjunto no ocupa la misma posición en el arte islámico que en el arte occidental. Pero esto no significa que todas las formas de pintura estuvieran prohibidas en el Islam. Lo que está prohibido es la pintura o escultura de lo divino y del Profeta. Además, el Islam se opone al arte naturalista que pretenda imitar la creación de Dios sin ser capaz de alentar la vida en él; de ahí la casi completa ausencia del arte de la escultura en el Islam. Los pocos leones u otros animales que aparecen en algunos jardines son figuras muy estilizadas. En su conjunto, la devoción islámica trata de evitar colocar ante los creyentes cualquier imagen que pueda convertirse en ídolo o afectar negativamente a la facultad imaginativa. Por lo tanto, no hay imágenes de ningún tipo en ninguna mezquita ni en ningún otro lugar de culto, y nunca se ilustran ni el Corán ni el *Ḥadīth*. La prohibición de la pintura no naturalista ha sido más enérgica históricamente entre los árabes, que como semitas están en mayor peligro de confundir imagen e ídolo que la mayor parte de los grupos étnicos. Entre persas, turcos, musulmanes indios, malayos y africanos negros, la prohibición no ha sido tan estricta. Por supuesto, en la época moderna hay pintores en todas partes, incluido el mundo árabe, pero la mayor parte de la pintura moderna, aunque a veces esté inspirada por temas y motivos islámicos tradicionales, no es realmente arte islámico, sino arte de inspiración occidental realizado por artistas musulmanes.

Debemos decir también algo sobre música y poesía, que son artes sonoras y deben ser consideradas separadamente de la jerarquía antes enumerada. Aunque el Corán es poesía de calidad y elocuencia superiores, no se lo considera poesía en el sentido habitual; de hecho, en uno de los capítulos coránicos titulado «Los poetas» se dice: «En cuanto a los poetas, les siguen los que yerran» (26, 224). Pero esta crítica no iba contra la poesía en general, sino contra los influyentes poetas de La Meca preislámica, adivinos que componían poesía para cualquier patrón sin preocuparse por la verdad (aunque su poesía fuera de muy alta calidad). En realidad, como resultado del impacto del Corán, la poesía se convirtió en un arte muy elevado en el Islam, y aparecieron grandes obras de poesía en árabe, persa, turco y otras lenguas islámicas, algunas de las cuales son grandes obras maestras de la literatura mundial. Dondequiera que llegó el Islam, floreció la poesía, y todavía hoy la poesía está mucho más viva como una importante fuerza cultural en casi toda la sociedad islámica, donde desempeña un papel mucho más importante, cultural, religiosa y socialmente que en América y en la mayoría de los países europeos en la actualidad.

Muchos occidentales han oído decir que la música está prohibida en el Islam, e incluso pueden haber oído a musulmanes de ciertos orígenes religiosos expresar la misma opinión. Sin embargo, el Corán, cuya salmodia es el arte sagrado sonoro supremo en el Islam, así como la llamada a la oración, se canta musicalmente en todo el mundo islámico, y si se enciende la radio en un país como la República Islámica de Irán, se podrán escuchar las obras más sublimes de la música clásica persa a lo largo de todo el día. La cuestión de la legalidad de la música en el Islam es compleja, y el Corán, parece que de manera providencial, no incluye ningún mandato específico con respecto a ella. Sin embargo, sobre la base de la *Sunnah* del Profeta y al tenor general de las enseñanzas del Corán, la música se desarrolló de manera muy diferente de lo que lo hizo en Occidente. En primer lugar, para el canto del Corán y otras liturgias, nunca se utilizó el término árabe *mūsīqā*, que se deriva de la misma palabra griega que está en el origen de la inglesa *music* [y de la española "música"]. Por otra parte, el canto del Corán se realiza siempre sólo con la voz humana, y no se permiten en las mezquitas los instrumentos musicales. También en la historia primitiva del cristianismo estaba prohibido el uso de instrumentos en la música sagrada, como vemos en el canto gregoriano. En segundo lugar, algunos tipos de música, como la que se interpreta en las bodas, en la marcha de las caravanas y las expediciones militares, fueron explícitamente permitidas por el Profeta y, de hecho, las primeras bandas militares occidentales se basaron en modelos otomanos. Incluso tenemos la célebre *Marcha turca* de Mozart. En cuanto a otras formas de música, se prohibió la que incitaba las bajas pasiones, y se dejaba la puerta abierta para el desarrollo de la música espiritual que los sufíes cultivarían durante siglos.

Hace varias décadas, el mundialmente famoso violinista Yehudi Menuhin estuvo en Teherán, e hicimos lo necesario para que escuchara música persa por vez primera. Después de escuchar el concierto, manifestó: «Esta música es la escala entre el alma y Dios». Puesto que era tan gran músico como magnífica persona, detectó inmediatamente la condición espiritual de esta tradición musical clásica, condición compartida por las tradiciones clásicas persa, turca, india musulmana y otras tan lejanas como la música sundanesa de Java. El célebre teólogo y sufí al-Ghazzālī escribió que la música intensifica las pasiones del alma. Si la pasión se dirige directamente hacia Dios, hace esa pasión más poderosa e incrementa el fuego del amor a Dios; y si existe pasión por lo mundano, aumenta la mundanidad del alma y la tendencia hacia la concupiscencia. El Islam fue plenamente consciente de esta realidad y limitó las formas exteriorizadas de música en favor de la música interiorizada, que aumenta el amor a Dios, es medio para el recuerdo de las realidades paradisíacas e intensifica las corrientes ascendentes, haciendo que las alas del alma vuelen a su patria celestial de origen.

Las tradiciones musicales del mundo islámico se encuentran entre las más ricas del mundo. Durante siglos, no sólo han enriquecido la vida de numerosos musulmanes, desempeñando un papel importante en la práctica sufí, sino que han influido también en la música occidental de múltiples formas. Cada vez que escucho flamenco me siento como si estuviera oyendo música clásica árabe o persa. El laúd occidental es una adaptación del *'ūd* árabe, como su mismo nombre revela, y la guitarra es hija del *tār* persa. Actualmente hay mucho interés en Occidente por las tradiciones musicales islámicas, por un lenguaje musical que habla de las realidades más profundas del Islam sin el uso de categorías teológicas ajenas.

En los últimos años, mucho se ha oído hablar sobre las prohibiciones de los talibán en cuanto a la música en Afganistán, un país que siempre ha sido el lugar por excelencia para varias tradiciones musicales del mundo islámico. Pero esta prohibición estaba muy lejos de ser norma común en la historia islámica. Recordaba más bien ciertas prohibiciones impuestas en el pasado por grupos de protestantes estrictos sobre ciertas formas de arte, incluida la música, en Occidente. En el mundo islámico tradicional, siempre se ha escuchado, y todavía se escucha en gran medida, el sonido de los cantos espirituales *(nashīd)* en Egipto, el *ney* de los mawlawīs en Turquía, el *tār* y el *santūr* interpretando los sistemas de música clásica persa, o *dastgāhs*, en Persia, la orquesta andalusí en Marruecos, el *qawwālī* (que se ha hecho famoso en Occidente por Nuṣrat Fātiḥ 'Alī Khān) en Pakistán y la India musulmana, rítmicos toques de tambor en el África negra musulmana, y muchas otras formas de música espiritual que impregnaban el aire y acompañaban durante la vida a las personas sensibles a las melodías y armonías de la música. Lejos de ser no islámico, como algunos han afirmado, el arte de la música es en el mundo islámico uno de los medios más poderosos y universales para expresar lo que reside en el corazón del mensaje islámico, que es la comprensión de la belleza del Rostro Divino y la entrega a esa Realidad que es a la vez Belleza y Paz, Compasión y Amor.

El arte islámico, en sus múltiples formas, es de importancia crucial para la comprensión de la esencia del Islam y un medio clave para transmitir su mensaje al mundo contemporáneo. Cuando se piensa en el Islam, se debería ir más allá de las repetitivas escenas de la televisión sobre guerras y batallas, que por desgracia abundan en el mundo actual, para contemplar la paz y la armonía del arte islámico que se observa en las grandes mezquitas, en los jardines y escenarios urbanos tradicionales, y el ritmo y la geometría de la caligrafía y los dibujos de los arabescos; se deberían leer los poemas que cantan al amor que impregna toda la creación de Dios y une a las criaturas con Dios; y se deberían escuchar los acordes de las melodías que repiten lo que experimentamos en la mañana primordial que precedió a la creación y a nuestro descenso a este mundo inferior. Hoy más que nunca, el entendimiento del arte islámico es una clave indispensable para la comprensión del Islam. Quienes sean sensibles al lenguaje del arte tradicional y a la belleza del orden paradisíaco que emana de él, así como a los principios intelectuales que transmite, pueden aprender mucho de este arte.

IḤSĀN: LA BELLEZA VIRTUOSA, LA VIRTUD BELLA

La forma más alta de belleza en este mundo es la belleza del alma humana, que se relaciona con *iḥsān*, término que significa a la vez belleza, bondad y virtud. Poseer *iḥsān* es tener las virtudes de la generosidad y el amor y vivir en paz en el Centro de uno mismo, donde reside Dios. El Corán afirma:

«Creamos al hombre en la mejor condición». La palabra "mejor" de este versículo es *aḥsān*, que procede de la misma raíz que *iḥsān* y significa también "belleza". Por consiguiente, se podrían traducir las palabras del versículo como "en la condición más hermosa". Embellecer el alma con belleza, o *ihsān*, mediante la práctica espiritual es por lo tanto realizar la belleza original del alma y retornar a su estado primordial de "la condición más hermosa". Alcanzar y practicar *iḥsān* es también responder con la belleza de la propia alma al Creador, que en el Corán (23, 14) es llamado el mejor o más bello de los creadores y el poseedor de los Nombres más bellos (7, 180). Incluso el famoso versículo coránico «¿Acaso la recompensa de la bondad es otra que la bondad (*ihsān*)?» (55, 60) se puede entender también como «¿Acaso la recompensa de la belleza es otra que la belleza?» ¿Acaso la recompensa del alma embellecida mediante *iḥsān* no es la Belleza del Único?

El objetivo de la vida humana es embellecer el alma mediante la bondad y la virtud y hacerla digna de ofrecerse a Dios, que es *el* Bello. Quienes poseen *iḥsān* piensan a través de *iḥsān* y actúan y crean con *iḥsān*. Sus pensamientos se basan en la verdad, de la que la belleza es el aura y esplendor; sus acciones se basan siempre en *iḥsān* como bondad, y lo que crean refleja la belleza del objeto "escrita por Dios en su rostro" así como la belleza del alma del artesano. Poseer *iḥsān* es estar abierto a la Compasión y Misericordia divinas y ser compasivo con los otros. Es amar a Dios y a Su creación en Él. Es vivir en paz en el centro del propio ser en un estado de equilibrio y armonía con los mundos de dentro y de fuera. Y es estar inmerso en la belleza en todos sus niveles de manifestación, belleza que nos libera de las reclusiones de la existencia terrenal y finalmente nos sumerge en el océano de la Infinitud divina. Realizar *iḥsān* es, según el *Ḥadīth* ya citado de Gabriel, adorar a Dios como si le estuviéramos viendo, pues aunque no Le veamos, Él nos ve. Es, por lo tanto, vivir en la Intimidad divina, donde el perfume y la visión de la Compasión, el Amor, la Paz y la Belleza de Dios son más evidentes. La persona que ha realizado *ihsān* es plenamente consciente de la importancia de las cualidades de compasión y amor, paz y belleza en el universo espiritual islámico y es capaz de ver con el ojo interior el versículo escrito en el Trono divino: «En verdad, Mi Misericordia y Mi Compasión preceden a Mi Ira».

6. JUSTICIA HUMANA Y JUSTICIA DIVINA

LA PAZ Y LA CUESTIÓN DE LA GUERRA

«Oh, creyentes, permaneced en pie ante Dios,
sed testimonios en justicia.»
Corán 5, 8

«Dios ama al justo.»
Corán 5, 42

«¿Os comunico un acto mejor que el ayuno,
las limosnas y la oración?
Haced la paz entre vosotros:
la enemistad y la malicia desgarran de raíz
la recompensa del cielo.»
Ḥadīth profético

«Atestiguo que Él es Justicia
y que actúa justamente.»
'Alī ibn Abī Ṭālib, Nahj al-balāghah

EL INNATO SENTIDO HUMANO DE LA JUSTICIA Y SU BÚSQUEDA

Al igual que el sentimiento y la nostalgia de la paz, el sentimiento de la justicia y la búsqueda de su realización parecen estar amasados en la sustancia misma de la que fue creada la humanidad. Por ambiguo y débil que sea el significado filosófico, teológico e incluso jurídico que podamos tener en la mente, nuestra alma tiene en su fondo un sentido de la justicia que brilla en nuestra conciencia, y el fuego que arde en nuestro interior nos insta a vivir justamente, a administrar justicia y a defender lo que percibimos que es justo. Mensajeros, apóstoles y sabios –desde los profetas hebreos, a Zoroastro y Confucio, de Platón y Aristóteles a Cristo, el Profeta del Islam, e innumerables pensadores religiosos posteriores, incluidos los musulmanes– han pronunciado numerosas afirmaciones y han escrito múltiples textos sobre el tema. Las Escrituras sagradas, desde las *Upanishads* y la Biblia al Corán, contienen abundantes pasajes iluminadores sobre la importancia de la justicia para la vida moral y espiritual. Todo pueblo y toda nación habla de justicia aun cuando abunde la injusticia en este mundo, y el espíritu humano parece que no puede vivir sin justicia del mismo modo que no puede vivir sin belleza, paz, amor y compasión.

Y, sin embargo, sucede que, cuando el espíritu humano entiende el significado exacto de la justicia, en el plano formal su concepto difiere en las diversas religiones y filosofías morales, incluso dentro de un mismo universo religioso. El caso del Islam no es una excepción. El tema de la justicia impregna toda la vida islámica y la Ley divina, cuya puesta en práctica tiene como objetivo el establecimiento de la justicia. El Corán está lleno de referencias al tema de la justicia e identifica una sociedad buena con una sociedad justa. Esta virtud es tan importante para el Islam que, según un dicho del Profeta, «un reino puede sobrevivir en la infidelidad, pero no en la injusticia y en la falta de equidad». Pero para los musulmanes, como para los judíos, a quienes se les habla con tanta frecuencia en la Torá de temas relacionados con la justicia, y para los cristianos, entre los que tantos grandes pensadores religiosos se han preocupado principalmente por el tema, así como para los seguidores de otras religiones, hay algunas preguntas fundamentales: ¿Qué significa decir que Dios es justo y cuál es el significado de la justicia en este contexto? ¿Cómo juzga Dios y cómo podemos juzgar nosotros en justicia? ¿Cuál es el significado de la justicia en el plano humano y por qué, a pesar de todas las enseñanzas de la religión sobre la justicia, hay tanta injusticia en el mundo?

Una verdad, evidente para todos los musulmanes y aceptada por ellos, es que Dios es justo y que la justicia está relacionada con Él y con las verdades reveladas por Él a través de Sus profetas. Pero, en este marco general, ha habido a lo largo de los siglos numerosas interpretaciones de las diversas escuelas de pensamiento islámico sobre este tema central, como las ha habido entre cristianos y judíos. Ni que decir tiene que no podemos tratar aquí esas diferencias filosóficas y teológicas, pero mencionaremos ciertos principios básicos aceptados universalmente por los musulmanes para tratar de comprender, en el contexto islámico, algunos de los rasgos esenciales de la realidad de la justicia y los medios para vivir y actuar justamente, por una parte, y oponerse a la injusticia, la opresión y la falta de equidad, por otra.

LA JUSTICIA DIVINA

De la misma manera que Compasión, Amor, Paz y Belleza son Nombres de Dios, Justicia es también un Nombre divino. Dios es *al-'Ādil*, así como *al-'Adl*, *al-Muqsit* y *al-Ḥakam*, que significa tanto el Justo como la propia Justicia, el Equitativo y el Dador de Justicia. Como muestran estos nombres, se podría decir que en el contexto islámico no sólo Dios es Justo, sino que es la Justicia misma en el sentido más elevado del término.

¿Cuál es, pues, la comprensión islámica de la justicia en sí misma y aplicada a Dios? En uno de sus aforismos, 'Alī ibn Abī T'ālib dijo: «La justicia pone todo en su lugar». La justicia está relacionada con el equilibrio, con el hecho de dar a cada cosa lo que le corresponde *(haqq)*, de que todo esté en su lugar según su naturaleza, y de atenerse, como dice Platón en la *República*, a que cada persona realice su deber en la sociedad de acuerdo con su naturaleza. Ahora bien, Dios es *al-Haqq*, la Verdad y la Realidad, de donde procede la palabra para aquello que es debido a cada cosa y también la palabra para la ley y los derechos, tema sobre el que volveremos en el capítulo siguiente. Puesto que Dios es la Verdad y la Realidad absolutas, y en definitiva la Realidad única, sin división o delimitación alguna en Su Esencia, es la Justicia misma, pues Él es todo Sí mismo y nada sino Él mismo. No hay, pues, en Él, posibilidad alguna de desequilibrio o desorden, ni de injusticia, por tanto, pues no hay ninguna otra realidad dentro o fuera de Él que haga siquiera posible que eso se produzca. Metafísica y teológicamente hablando, en realidad sólo Dios es justicia perfecta e infinita, así como dispensador perfecto de la justicia.

Durante siglos, los teólogos musulmanes debatieron si todo lo que Dios hace es justo en virtud de que es Su acto, o si Dios, al ser Dios, no puede sino actuar justamente y Su ser justo nos es comprensible según el discernimiento de nuestra inteligencia concedida por Él. Los asharíes, que dominaron la teología sunní durante un milenio, asumieron la primera postura y los mutazilíes sunníes, así como los chiíes, adoptaron la segunda. Pero el resultado final, en lo que se refiere a la visión islámica general del mundo, fue el mismo, a saber, que Dios es perfectamente justo y el perfecto administrador de justicia en toda Su creación. Afirma el Corán: «La Palabra de tu Señor es perfecta en verdad y justicia» (6, 115); y también: «Manteniendo Su creación en justicia, no hay dios salvo Él» (3, 18). Dios ha creado todas las cosas según la justicia y quiere que los hombres y las mujeres, a quienes ha dado libre albedrío, sean justos. En el Corán se afirma tres veces que Dios ama a los justos.

Es sobre la base de esta justicia cósmica y también humana como Dios juzga a los seres humanos. El Corán confirma la importancia crucial del papel de Dios como juez, tal como ya se había revelado antes en la Torá. De hecho, el Corán afirma explícitamente: «Hemos dado a los Hijos de Israel el Libro, el Juicio» (45, 16), y: «Ellos [los hijos de Israel] tienen la Torá, en la que Dios ha pronunciado juicios para ellos» (5, 108). Los musulmanes piadosos, cuando se enfrentaban con los enemigos y la opresión, compartían los sentimientos tan poderosamente expresados en los Salmos: «Levántate, Señor, con tu ira, álzate con furor contra mis adversarios, acude a defenderme en el juicio que has convocado» (7, 6).

Desde la perspectiva coránica, Dios es también el juez supremo: «Tú juzgarás entre Tus siervos» (39, 46), y «Él es el mejor de los jueces» (12, 80). Además, el Corán pregunta retóricamente: «¿No es Dios el más justo de los jueces?» (95, 8). El juicio de Dios es el juicio supremo, pues «Dios juzga, y nadie revoca Su juicio» (13, 41), aunque el indicador de la Misericordia de Dios sólo Él lo conoce. En última instancia, Dios es de hecho el único juez, pues «el juicio sólo pertenece a Dios» (6, 57), y «Suyo es el juicio» (28, 88). Aunque, por supuesto, exista el juicio humano en este mundo, para los musulmanes, como para los judíos y cristianos devotos, que durante milenios confiaron en el juicio de Dios y en Su justicia por encima de cualquier acción humana, el refugio último reside en la Justicia divina y en el juicio de Dios sobre las acciones humanas. Sólo Él conoce todas las cosas y puede juzgar las acciones humanas no sólo exteriormente, sino según la intención del corazón, pues es la intención la que determina el valor de una acción según las conocidas palabras del Profeta: «Las acciones se juzgan según su intención». A lo largo de su vida, el musulmán, siempre que se apela a la justicia humana, recuerda: «¿Buscaré otro juez diferente de Dios?» (6, 114), aunque esta actitud espiritual no niegue de ninguna manera su responsabilidad ante la Ley divina e incluso ante las leyes humanas, o *'urf*, y ante los organismos humanos establecidos para juzgar a los hombres y las mujeres en este mundo según las leyes establecidas. Sin embargo, el juez último es Dios, y el juicio supremo, lo que suceda en el Día del Juicio, lo único que en definitiva importa.

EL EQUILIBRIO

Antes de volver a las realidades escatológicas (tiempo final) y al Día del Juicio según las doctrinas islámicas, debemos decir algo sobre un símbolo coránico clave en relación con la justicia y el juicio supremo de Dios sobre nosotros. Ese símbolo es la balanza *(al-mīzān)*, mencionada varias veces en el Corán y que reaparece en numerosos contextos en diversos textos clásicos que tratan de ética y de otros temas. Dios creó todas las cosas en la proporción y la armonía correctas, y el mundo está dominado por esta singular armonía, que es la marca de la unidad en el dominio de la multiplicidad. Como dice el Corán: «Hemos extendido la tierra, hemos echado en ella serranías y hemos hecho brotar en ella de todo en el debido equilibrio» (15, 19).

El equilibrio se aplica a cada nivel de la realidad, desde el físico al alquímico, psicológico y espiritual. Hay un equilibrio de los elementos en los cuerpos sanos, y nuestra psique, si es saludable, está equilibrada. Y para el musulmán espiritualmente realizado, hay un equilibrio entre el espíritu, el alma y el cuerpo y la satisfacción de sus respetivas exigencias. Dar a cada cosa lo que le es debido *(ḥaqq)* de acuerdo con su naturaleza tal como es creada por Dios es vivir en equilibrio y realizar el equilibrio de las cosas y, de este modo, vivir en justicia. El equilibrio implica también las acciones humanas. El mandato coránico «Dad con equidad la medida y el peso exacto» (6, 152) se aplica tanto a vender las cosas honradamente en el mercado como a actuar de forma justa en todo momento de la vida. Nuestras acciones son, de hecho, "pesadas" por Dios en una "balanza", y seremos juzgados en consecuencia el Día de la Rendición de Cuentas, pues «el día de la Resurrección dispondremos balanzas que den el peso exacto» (21, 47). La balanza como símbolo visible tanto de la justicia como de la armonía y el equilibrio en el cosmos es tan importante que afirma el Corán: «Dios es quien ha revelado el libro con la Verdad y la Balanza» (57, 25). Observar equilibrio en todas las cosas es vivir en justicia. No hay escultura en el arte islámico tradicional, pero la estatua occidental de la figura con los ojos vendados sosteniendo una balanza que se encuentra en tantas salas de justicia es útil aquí. Se puede decir que la balanza simboliza la idea islámica de justicia, y la figura con los ojos vendados representa la igualdad ante la Ley de Dios. A los musulmanes se les recuerda siempre que deben «establecer la pesada justa, sin defraudar en el peso» (55, 9), pues un día se enfrentarán a la balanza suprema ante el Juez de justicia infinita y juicio perfecto, aunque Su Misericordia y Su Compasión son también ilimitadas.

DOCTRINAS ESCATOLÓGICAS ISLÁMICAS

Todos los musulmanes, de cualquier escuela, creen en la otra vida, el Cielo y el infierno, el Día del Juicio y otras realidades escatológicas, que en muchos casos son similares a las doctrinas cristianas tradicionales. La creencia en *ma'ād*, literalmente "retorno" a Dios, o lo que se conoce teológicamente como escatología, es parte del credo del Islam. Se analiza aquí, y no antes, porque la necesidad de aceptar la realidad de la otra vida está estrechamente relacionada con la comprensión de la realidad de la Justicia divina. Vivimos en un mundo lleno de injusticias, y si se acepta la Justicia divina, se hace necesario aceptar también la realidad de otros mundos y de las experiencias póstumas, donde el alma humana pueda encontrar la justicia suprema. Incluso Immanuel Kant, que era metafísicamente "agnóstico", se volvió a Dios en su moral y en su filosofía práctica, precisamente en la cuestión de la justicia. En cualquier caso, la realidad del más allá es tan intensa para los musulmanes, incluso en la actualidad, que el dilema moral de un Dios justo que crea un mundo injusto, tan discutido en Occidente, no se les plantea seriamente. Son conscientes de que nuestro juicio sobre la vida en la tierra se basa únicamente en un pequeño segmento del arco total de vida cuya plenitud nosotros no podemos contemplar.

La filosofía cientifista que surgió de la ciencia moderna ha privado a las clases cultas de Occidente, especialmente de Europa, de una creencia seria en el más allá, y sobre la base de este escepticismo muchos han tratado en época reciente de ridiculizar la concepción islámica del más allá basada en el Corán y el *Ḥadīth*. Curiosamente, los mismos escépticos dicen poco sobre la escatología hindú o budista, y tampoco se preocupan de recordar el texto de la obra más relevante de la literatura cristiana occidental, *La divina comedia* de Dante. Por consiguiente, es necesario decir algunas palabras sobre el complicado tema de la escatología islámica, que es uno de los temas principales del Corán y al que están dedicados muchos *aḥadīth* del Profeta.

Los musulmanes entienden la escatología en dos sentidos: uno referente al individuo y otro a la historia humana. Por lo que se refiere al segundo, los musulmanes, como los cristianos, creen que hay un final de la historia humana y que este final estará marcado por la intervención divina en el orden temporal con la venida del Mahdī y su gobierno, seguido de la segunda venida de Cristo –y no del Profeta– a Jerusalén, la destrucción del mundo, la resurrección y el juicio final ante Dios. Pocos occidentales comprenden el papel central que desempeña Cristo en la escatología islámica, lo mismo que en la interpretación cristiana de los últimos días. En cuanto al individuo, las doctrinas escatológicas nos enseñan que en el momento de la muerte aparece el ángel de la muerte para tomar la vida del que muere, después de lo cual se entra en varios estados paradisíacos, purgativos o infernales, dependiendo de las acciones de la persona en este mundo. En el sentido más profundo, tejemos nuestro cuerpo póstumo con nuestras acciones en esta vida. Los musulmanes, como los cristianos, creen también en la resurrección del cuerpo y no sólo en la inmortalidad del alma.

Ahora bien, la complejidad extrema de las realidades escatológicas no puede ser expresada para la mayoría en el lenguaje humano ordinario, salvo mediante algunas simplificaciones que encontramos tanto en el cristianismo como en el Islam. El Islam, como el cristianismo, presenta a los creyentes ordinarios la gran opción entre el Cielo y el infierno con estados purgativos entre ambos. Sin embargo, en las enseñanzas esotéricas islámicas, como los escritos de Ibn 'Arabī y Mullā Ṣadrā, aparece una descripción más matizada que trata del viaje del alma a través de varios estados póstumos y que explica también las jerarquías de los cielos, purgatorios e infiernos, a la manera de Dante. Hay, de hecho, libros en árabe y persa que son los homólogos islámicos del *Libro tibetano de los muertos*.

Además, las descripciones de las realidades póstumas deben ser por necesidad simbólicas, se hable de la cristalina Jerusalén celestial del Apocalipsis de Juan o de los jardines, huríes y ríos del paraíso en el Corán. Durante siglos, algunos críticos occidentales del Islam han tratado de denigrar el paraíso islámico como si no fuera otra cosa que un reino de gratificación sensual, de la misma manera que se describía peyorativamente el paraíso de los nativos americanos como "un feliz terreno de caza". Esta crítica infantil y superficial vuelve ahora, cuando surge en los medios de comunicación occidentales la cuestión de los terroristas suicidas que son considerados mártires por sus partidarios. Es cierto que el Corán utiliza un lenguaje muy concreto para describir el paraíso y el infierno, lenguaje que no debería extrañar en su concreción, por no hablar de los símbolos específicos utilizados, a quienes conocen el Apocalipsis o *La divina comedia*. Este lenguaje coránico concreto es, sin embargo, simbólico, y no se debe tomar sólo literalmente, aunque el significado literal tenga también su importancia.

Ahora bien, a primera vista la descripción del paraíso parece ser simplemente la sublimación de los placeres terrenales, incluida la sexualidad. En realidad, la verdad es más bien lo contrario. Toda experiencia legítima de naturaleza agradable aquí en la tierra es sólo una sombra y un reflejo de una realidad paradisíaca. La experiencia física más intensa del ser humano, que es la unión sexual, es un reflejo de la unión del alma con Dios y refleja en su propio nivel algo de esa alegría y expansión supremas. Los frutos que degustamos aquí en la tierra son bendiciones de Dios que reflejan los frutos del paraíso. Incluso los jardines tradicionales de la tierra son reflejo de arquetipos celestiales. La misma palabra "paraíso" procede del término del persa medio *pardīs* (que significa "jardín"), que es también el origen de la palabra árabe *firdaws*, que significa "paraíso". No es cierto que *firdaws* sea simplemente la sublimación de la experiencia de un jardín lozano en el calor del desierto, y que la misma palabra en las lenguas occidentales –a saber, *paradise*, "paraíso", etc.– se refiere a realidades espirituales. Se trata más bien de que todo jardín tradicional de este mundo es el reflejo del *firdaws*, y el paraíso es una realidad espiritual para los musulmanes igual que para los cristianos. La actitud de los musulmanes, incluidos los mártires, hacia el paraíso no es básicamente diferente de la de incontables cristianos devotos, incluidos, por supuesto, mártires y santos.

Lo que es diferente en el contexto actual es que muchas personas en Europa y, en menor medida, en Norteamérica han perdido toda creencia en la otra vida, y para ellos la vida humana se limita a los años pasados aquí en la tierra. Sin embargo, para la mayoría de los musulmanes, como para los cristianos que siguen siendo devotos, la vida terrenal es sólo un segmento de nuestra vida total. La vida humana fue creada por Dios para trascender los pocos días pasados en esta tierra. Los buenos y malos momentos de esta vida son pruebas enviadas por Dios, como dice el Corán. Lo importante es vivir en justicia y hacer lo que es bueno, a lo que se refiere el Corán en numerosos pasajes como *'amal ṣāliḥ*, o "buenas obras", recordando que, como dice el Corán, «Quien haya hecho el peso de un átomo de bien lo verá entonces; quien haya hecho el peso de un átomo de mal lo verá entonces» (99, 7-8). Conscientes de la Justicia divina, pero también de la infinita Misericordia de Dios, los musulmanes viven en la consciencia plena de la realidad de los mundos del más allá, y todavía ahora se mueven en un mundo en el que existe mayor comunicación y relación con lo que trasciende la vida de este mundo que la que existe para la mayor parte de los occidentales modernos. Esta conciencia afecta a muchos aspectos de la vida, incluida la comprensión de la Justicia divina, la importancia de nuestras acciones para el fin último de nuestra alma más allá del sepulcro, y el significado de la vida humana.

LA JUSTICIA EN ESTE MUNDO: LAS VISIONES DE 'ALĪ

De todos los compañeros del Profeta, nadie dijo y escribió más sobre la justicia que 'Alī, cuyo *Sendero de la elocuencia (Nahj al-balāghah)* contiene algunos de los más importantes análisis metafísicos y prácticos sobre la justicia. Fue 'Alī quien insistió en que Dios no es solamente justo, sino la Justicia misma, y en que la virtud de la justicia se derrama en las almas humanas procedente de Dios. Puesto que Dios *es* justicia, todo lo que Él hace es justo. Pero, según 'Alī, también los seres humanos deben ser justos con Dios y con todas sus criaturas. Ser justo con Dios es ser piadoso y virtuoso y cumplir el objetivo para el que Él nos ha creado, a saber, adorarle. Ser justo con sus criaturas es dar a cada una lo que le corresponde y actuar hacia ella según sus derechos. 'Alī insiste en sus sermones, aforismos y cartas en que la justicia está relacionada con la adoración y la devoción sincera. Al acercarse a Dios, los seres humanos se hacen también más justos, puesto que la virtud de la justicia se derrama en su ser en un grado cada vez más grande en la medida en que se aproximan más a la Fuente divina. La justicia es tanto el efecto de la adoración, como su causa, pues por la adoración somos justos con Dios y, a la vez, nos acercamos aún más a la Fuente de toda justicia. De la misma manera que para Platón la "contemplación" del Bien Supremo era la fuente de la justicia, así en el Islam, tal como lo expone explícitamente 'Alī, la adoración del Uno es la fuente de la justicia.

'Alī escribió también mucho sobre la justicia en el reino práctico de la vida política y social. Aunque él mismo tuvo el poder político, advirtió contra la influencia corruptora del poder y señaló cuán fácilmente la justicia puede transformarse en su contrario, que es la opresión y el mal hacer *(ẓulm)* en manos de gobernantes descuidados o corruptos. Subrayó que Dios ha establecido los derechos del gobernante sobre los gobernados, enfatizando que los gobernados no serán virtuosos sin un gobernante virtuoso y justo, y que, a la inversa, el gobernante no será virtuoso si los gobernados no lo son también. Cada uno debe dar al otro lo que le corresponde *(ḥaqq)*, y sólo de esta manera se puede establecer la justicia en la sociedad.

En los años en que fue el jefe político y espiritual de la comunidad islámica, 'Alī demostró su visión de la justicia de muchas maneras y estableció normas que se convirtieron en ideales, junto con la *Sunnah* del Profeta (especialmente sus prácticas de gobierno en la comunidad de Medina) y las prácticas de otros califas "justamente guiados", durante los siglos que siguieron. Entre los textos más importantes de 'Alī sobre el tema de la justicia con respecto al gobernante, está su carta al gobernador que él había nombrado para Egipto, Mālik al-Ashtar. Esta carta, que todavía sigue siendo muy leída en el mundo islámico y que muchas personas piadosas –sunníes y chiíes igualmente– consideran como el ideal con el que juzgar a los gobernantes, demuestra la importancia de la justicia y la equidad, así como del perdón y la compasión, para el buen gobierno según la perspectiva islámica tradicional. Escribe 'Alī a Mālik:

> En el nombre de Dios, el Misericordioso, el Compasivo:
>
> Esto es lo que 'Alī, el siervo de Dios y Jefe de los creyentes, ordenó a Mālik ibn al-Hārith al-Ashtar en sus instrucciones cuando le nombró gobernador de Egipto: recaudar el impuesto del país, hacer la guerra contra sus enemigos, mejorar las condiciones del pueblo y generar prosperidad en su región. Le ordenó temer a Dios, preferir la obediencia a Él (sobre todo lo demás) y seguir lo que Él ha mandado en Su Libro –tanto los actos que ha hecho obligatorios como los que recomienda–, pues sólo alcanza la felicidad quien sigue Sus instrucciones, y quien las niega y las deja pasar inadvertidas sólo es vencido por la desgracia. (Le ordenó) que sirviera a Dios –glorificado sea– con su corazón, sus manos y su lengua, pues Él –ensalzado sea Su nombre– ha prometido ayudar a quien Le exalte. Y le ordenó acabar con las pasiones de su alma y controlarla en su obstinación, pues el alma incita al mal, salvo en la medida en que Dios tiene misericordia.

Sabe, oh Mālik, que te envío a una tierra en la que, antes que tú, ha habido otros gobernantes, justos e injustos. El pueblo examinará tus asuntos de la misma manera en que tú solías examinar los asuntos de los gobernantes anteriores a ti. Hablarán de ti como tú solías hablar de esos gobernantes. Y los justos sólo son conocidos por lo que Dios hace pasar, con respecto a ellos, por la lengua de Sus servidores. Así pues, que tu tesoro más querido sea el tesoro de la acción justa. Controla tus deseos y contén tu alma para lo que no te es lícito, pues la contención del alma consiste en ser ecuánime con lo que gusta y lo que disgusta. Infunde en tu corazón misericordia, amor y amabilidad hacia tus súbditos. No seas para ellos un animal voraz, considerándolos presa fácil, pues son de dos clases: los que son hermanos tuyos en religión y los que son tus iguales en la creación. El error se apodera de ellos sin saberlo, sus limitaciones les superan, e incurren (en malas acciones) deliberadamente o por equivocación. Así pues, concédeles tu perdón y tu indulgencia en la misma medida en que esperas que Dios te conceda Su perdón y Su indulgencia. Pues tú estás por encima de ellos, y quien te ha nombrado está por encima de ti, y Dios está por encima de quien te ha nombrado. Dios ha buscado de ti el cumplimiento de sus requerimientos y te está probando con ellos.

No te levantes en guerra contra Dios, pues no tienes poder contra Su venganza, ni puedes prescindir de Su perdón y Su misericordia. No te lamentes nunca del perdón ni te alegres del castigo, y nunca te apresures (a actuar) por un impulso si puedes encontrar un rumbo mejor. Nunca digas: «Estoy investido de autoridad, doy órdenes y soy obedecido», pues eso, sin duda, es corrupción del corazón y debilitamiento de la religión, y provoca cambios (en la fortuna). Si la autoridad que posees engendra en ti orgullo o arrogancia, reflexiona sobre el dominio absoluto que Dios tiene sobre ti y en Su poder sobre aquello de ti mismo en lo que tú no tienes ningún control. Esto someterá tu obstinación, contendrá tu violencia y restaurará en ti las capacidades de tu razón que te han abandonado. Guárdate de competir con Dios en Su magnificencia y de compararte a Él en Su poder exclusivo, pues Dios abaja a todo tirano y humilla a todos los orgullosos.

Vigila que se haga justicia con Dios y que se haga justicia con el pueblo por parte de ti mismo, de tu familia y de aquellos a quienes favoreces de entre tus súbditos. Pues si no lo haces, cometerás injusticia. Y aquel que es injusto con los siervos de Dios, tiene a Dios como adversario, por no hablar de Sus siervos. Dios hace nulo y vacío el argumento de quien contiende con Él. Ése será enemigo de Dios hasta que desista o se arrepienta. Nada favorece más la retirada de la bendición de Dios y la aceleración de Su venganza que la contumacia en la maldad, pues Dios escucha la llamada del oprimido y está siempre vigilante contra los injustos.[1]

LA JUSTICIA HUMANA Y SUS MODOS

Por supuesto, los seres humanos ordinarios no son como ʻAlī, que en todo momento tenía en el corazón y en la mente la orientación del Corán y del Profeta. Para los hombres y mujeres ordinarios surge siempre la pregunta de cómo ser justo en las diversas situaciones concretas, cómo reconocer lo que corresponde a cada uno y cómo tratarles en consecuencia. Las primeras orientaciones dadas por Dios a los musulmanes sobre cómo actuar justamente son el Corán, la *Sunnah* y la *Sharīʻāh*, que, al ser la Palabra de Dios, las enseñanzas de Su Profeta y Su ley, son necesariamente los medios fundamentales de comprender la justicia y actuar justamente. Vivir y actuar según la *Sharī'āh* es actuar en justicia con Dios y Su creación.

Pero ¿qué sucede con aquellas acciones para las que no hay mandato divino, orientación profética o instrucción de la *Sharī'ah* suficientemente claros? En esos casos, se debe utilizar la inteligencia que Dios nos ha dado y confiar en el sentido innato de la justicia escrita por Dios en la tablilla de nuestra alma. ¿Y qué pasa en las situaciones de la vida en que se experimenta la opresión y no la justicia? Dios nos pide que seamos justos en todo momento, no sólo ocasionalmente, y que nos neguemos a aceptar la opresión. «¡Oh, creyentes! Permaneced en pie ante Dios, sed testimonios en justicia» (5, 8). Los musulmanes recuerdan constantemente que «Mi Señor ordena la justicia» (7, 29), y «Sed amables con ellos, y actuad justamente hacia ellos» (60, 8). El Corán ordena a los musulmanes no sólo actuar justamente, sino hablar en justicia: «Y si dais la palabra, que sea con justicia» (6, 152). Y, sobre todo, los musulmanes deben siempre tratar de juzgar justamente, pues manda el Corán: «Y cuando juzguéis entre los hombres, juzgad con justicia» (4, 58). Cristo dijo: «No juzguéis y no seréis juzgados» (Mt 5, 44). Pero en la vida práctica, no siempre es posible seguir esta elevada enseñanza. Aunque los musulmanes saben que Dios es el juez supremo y que, finalmente, sólo Su juicio importa, siempre hay ocasiones en la vida en que el juicio es inevitable. En tales casos, se debe actuar en verdad y en justicia.

A la luz de esta necesidad esencial, se crearon tribunales sobre la base de las enseñanzas de la *Sharī'āh*, y todos los casos se juzgaban por igual en esos tribunales. En principio, todos los musulmanes son iguales ante la Ley islámica y los juicios se pronuncian sobre esa base. Curiosamente, mientras en Occidente el juicio independiente es característico del período moderno, en el mundo islámico los tribunales *sharií-*

tas siguieron en manos de los eruditos religiosos y fueron independientes en gran medida de la autoridad política hasta la época moderna. Fue sólo a partir del siglo XIX cuando el Estado llegó a dominar el poder judicial en muchos países islámicos, de manera que se perdió gran parte de la independencia judicial anterior y la administración de la justicia quedó comprometida por consideraciones políticas. Pero se mantiene la pregunta de cómo actuar justamente en las situaciones concretas en las que no hay indicaciones claras de la *Sharī'āh*. Los principios generales expuestos en el Corán y el *Ḥadīth* ofrecen una respuesta a esta engorrosa cuestión. Además de los mandatos específicos *shariítas*, hay enseñanzas generales sobre hacer el bien, ser justo, ver las cosas desde el otro lado, poner la verdad por encima de la conveniencia, ser objetivo y no egocéntrico, y principios morales y espirituales semejantes, comunes al Islam y a las otras religiones auténticas. Estos principios se deben poner en práctica, y se debe atender siempre a la voz de la conciencia.

Luchar contra la injusticia, la opresión y el mal es justo en sí mismo y un medio de establecer la justicia. La palabra para injusticia, opresión o mal en árabe *(ẓulm)* se utiliza como lo contrario de "justicia" y es en sus diversas formas uno de los términos usados con más frecuencia en el Corán, que afirma: «Dios no desea la injusticia para [Sus] criaturas» (3, 108). Quienes son injustos y cometen opresión rompen su alianza con Dios, pues «Mi alianza no incluye a los opresores» (2, 124), y «Quienes transgreden las leyes de Dios, ésos son los malhechores» (2, 229). En más de un lugar del Corán se dice: «Dios no ama a los injustos» (por ejemplo, 3, 57), y de hecho lanza Su ira contra ellos: «La maldición de Dios caerá sobre los injustos» (11, 18). Además, el Corán y el *Ḥadīth* aclaran que quienes son injustos y malvados se perjudican a sí mismos y que no es Dios quien trata injustamente a los seres humanos.

Se puede decir que, además de seguir la *Sharī'āh* y actuar según los principios del Corán y el *ḥadīth* anteriormente mencionados, vivir y actuar justamente significa combatir la opresión, el mal y la injusticia. El propio Corán expone la batalla épica entre la justicia y la injusticia en el individuo y en el terreno social. Vivir bajo leyes humanas injustas o aplicaciones injustas de leyes justas, o bajo la tiranía y la opresión con indiferencia por la ley, obliga a los musulmanes a luchar contra la injusticia que se les impone. Se dice incluso que aceptar la opresión sin reaccionar para establecer la justicia es peor que la opresión y la injusticia originales.

Por supuesto, no todos los seres humanos son iguales; no todos los musulmanes se han levantado siempre contra la opresión y la injusticia, pero el ideal es muy importante para el concepto islámico de justicia y de una sociedad justa. Además, la presencia de este ideal ha llevado a veces al esfuerzo en el nivel individual y en el colectivo por restablecer la justicia. Este deseo innato de justicia no es, desde luego, único del Islam; ni lo es el impulso a actuar para vencer la injusticia. La historia de Occidente está también repleta de acciones individuales o colectivas para vencer la opresión y la injusticia. Cuando algunas personas acusan al Islam de incitar a la guerra en nombre de la justicia, olvidan el Boston Tea Party y la revolución americana, por no hablar de tantos otros importantes movimientos políticos y sociales basados en la idea de corregir el mal de la injusticia y la opresión. Donde el Islam difiere de los fenómenos occidentales modernos de esta naturaleza es en que la idea del establecimiento de la justicia es vista por los musulmanes en términos islámicos y no en términos seculares y humanistas. Que el establecimiento de la justicia suponga un enfrentamiento nos lleva a la importante cuestión del esfuerzo y la lucha en el sendero de Dios, o *jihād*.

JIHĀD

Tal vez en la época moderna, en Occidente, ninguna palabra del vocabulario de la religión islámica haya sido tan distorsionada, difamada, malentendida e injuriada como la palabra *jihād*, gracias no sólo a los medios de comunicación occidentales que buscan epítetos y estereotipos demonizantes, sino también a aquellos musulmanes extremistas que les proporcionan de buena gana los ejemplos necesarios para justificar la difusión de la imagen deformada de este término. Ahora bien, el asunto se agrava debido a que la palabra *jihād* ha ganado atractivo comercial en Europa y América; algunos autores, tratando de atraer al público para que sus libros tengan éxito comercial, se han propuesto utilizar el término en sus títulos de todas las maneras posibles. Algunos incluso han cambiado el sentido de *jihād* para hacerle designar cualquier resistencia local y "tribalismo" contra el proceso de globalización, cuando, en realidad, en la propia historia islámica, especialmente durante los siglos anteriores, *jihād* fue la lucha contra el "tribalismo" y contra todas las fuerzas centrípetas que amenazaban la unidad de la comunidad islámica. Explicar el verdadero significado de *jihād* exige borrar completamente de la pizarra todos los malentendidos imperantes que, por desgracia, siguen perpetuándose en los medios de comunicación occidentales y en buena parte de la literatura occidental que se ocupa del Islam.

En árabe, el término *jihād* deriva de la raíz *jhd*, que significa "luchar" o "hacer un esfuerzo", y en el contexto del Islam esta lucha y este esfuerzo se contemplan en relación con el camino de Dios. La persona que realiza esa tarea es denominada *mujāhid*, traducido habitualmente por "guerrero santo" en los medios de comunicación occidentales, del mismo modo que se traduce cómodamente *jihād* por "guerra santa". Ahora bien, hay que recordar que, en la contemplación sufí, el combate contra las distracciones del alma se denomina también *mujāhidah*, lo que nos puede hacer comprender el carácter restrictivo de la traducción habitual.

Para comprender la importancia de *jihād* en el Islam y su civilización debemos distinguir en primer lugar entre el significado general o popular del término y el sentido teológico y jurídico de la palabra. En el primer sentido, se usa para significar cualquier esfuerzo considerado digno, muy parecido a "cruzada" en su sentido más amplio y no como referencia particular a las guerras religiosas llevadas a cabo por el cristianismo occidental contra los musulmanes y los judíos en la Palestina de la Edad Media. De la misma manera que se dice en las lenguas occidentales que una cierta organización está realizando una cruzada para erradicar la pobreza o la enfermedad, en las lenguas islámicas se puede decir que un determinado grupo u organismo gubernamental está realizando un *jihād* para, digamos, construir casas para los pobres. De hecho existe actualmente en Irán un movimiento llamado *jihād-i sāzandigī* (es decir, *jihād* para la "construcción"), cuyo objetivo es esforzarse en construir viviendas para los pobres y realizar proyectos semejantes. También, de la misma manera que a lo largo de la historia occidental se libraron ciertas guerras en el nombre y con el espíritu de una cruzada, pero sin la bendición del Papa, que promovió las Cruzadas medievales, en el Islam han existido personas que libraron batallas que llamaron *jihād*, aunque esas batallas no fueran, técnicamente hablando, *jihād* según la Ley islámica o estuvieran sancionadas por los *'ulamā'*, o eruditos religiosos. Lo menos que se puede decir es que Occidente no tiene menos espíritu de cruzada que el Islam de *jihād*, si ambos términos se emplean en su sentido popular. De hecho, durante el pasado milenio, Occidente ha llevado a cabo muchas más guerras en países extranjeros como cruzadas para todo tipo de causas –como la difusión del cristianismo, "misiones civilizadoras" (*la mission civilisatrice* de los franceses), y la difusión de las ideologías modernas, desde el comunismo al capitalismo– de las que el Islam haya podido promover como *jihād*.

Sin embargo, de la misma manera que debemos distinguir entre las cruzadas medievales, justificadas y de hecho dirigidas por la Iglesia, y este uso general de "cruzada" en las lenguas europeas, no debemos confundir el uso general, social y cultural, del término *jihād* con su estricto sentido teológico y jurídico en el Islam. Más allá de esta dicotomía, es importante considerar lo que significa *jihād* en el contexto del Islam y en la práctica de sus seguidores. Para comprender este significado más exacto y pertinente, es necesario volver al significado de la raíz como "esfuerzo y lucha en el camino de Dios". En este nivel básico, se podría decir que toda la vida, según el Islam, es *jihād*, porque es un esfuerzo por vivir según la Voluntad de Dios, lucha con uno mismo para hacer el bien y oponerse al mal. Somos arrojados a un mundo en el que hay desequilibrio y desorden tanto exteriormente como en nuestras almas. Crear una vida de equilibrio basada en la sumisión a Dios y seguir Sus mandatos implica un *jihād* constante, de la misma manera que el marinero que navega en un mar ventoso tiene que realizar un esfuerzo constante para mantener la barca en un equilibrio estable y seguir navegando hacia el destino elegido.

Despertar por la mañana con el Nombre de Dios en los labios, recitar las oraciones, vivir recta y justamente a lo largo del día, ser amable y generoso con los demás, incluso con los animales y plantas que uno se encuentra durante el día, hacer bien el trabajo y cuidar de la salud y el bienestar de la familia y de uno mismo, todo ello exige el *jihād* en este nivel elemental. Puesto que el Islam no distingue entre los dominios secular y religioso, todo el ciclo de la vida del musulmán implica un *jihād*, de manera que cada uno de sus componentes y aspectos se haga conforme a las normas divinas. El *jihād* no es uno de los pilares *(arkān)* del Islam, como lo son las oraciones canónicas o el ayuno. Pero la realización de todos los actos de adoración *('ibādāt)* implica sin duda *jihād*. Rezar cinco veces al día regularmente a lo largo de toda la vida no es ciertamente posible sin un gran esfuerzo, o *jihād*, por nuestra parte, salvo para los santos, que están siempre en oración y en cierto sentido tienen que realizar un *jihād* para separarse de la oración a fin de realizar las tareas de la vida diaria. Igualmente, para los creyentes ordinarios, ayunar desde el alba al crepúsculo es sin duda *jihād* y requiere gran esfuerzo por parte de la voluntad humana hacia Dios. Lo mismo es cierto en relación con los demás actos de adoración, o *'ibādāt*.

Sin embargo, se requiere también *jihād* en el terreno de las transacciones, o *mu'āmalāt*, si se quiere vivir una vida honrada y recta. No sólo los actos de adoración, que conciernen directamente a nuestra relación con Dios, sino también otros actos humanos, afectan al alma y deben realizarse de forma ética y justa. Pero el alma no siempre está inclinada al bien y a lo justo. Por lo tanto, ser recto y realizar los actos de la vida cotidiana de acuerdo con la Ley divina y las normas éticas islámicas es llevar a cabo un *jihād* constante. Hay muchas personas sencillas en el mundo islámico que tratan de llevar una vida honrada en circunstancias difíciles que consideran que su trabajo diario es un *jihād*. En Persia y en los países árabes he oído comentar a muchos taxistas que tenían que sostener a una gran familia numerosa y que para ello trabajaban catorce horas diarias, añadiendo que cada día era para ellos un *jihād*. Vivir en equilibrio en un mundo caótico y llevar una vida moralmente recta en una sociedad en la que hay tantas tentaciones de participar en la corrupción es realizar un *jihād*. También tratar de vencer la ignorancia y lograr conocimiento, cuya forma más alta es el conocimiento de Dios, es una forma importante de *jihād* y, en realidad, su forma superior. En su sentido más general, por tanto, se podría decir que, para el musulmán, la vida misma es *jihād*, y que la paz que se busca es el resultado del equilibrio creado por el *jihād* en su sentido básico de esfuerzo en el camino de Dios y lucha por actuar según Su Voluntad. Las palabras del Profeta «*jihād* sigue siendo válido hasta el Día del Juicio» deben entenderse en este sentido universal del *jihād* inherente a la condición humana general en este mundo imperfecto.

Más allá de esta comprensión general de *jihād*, que abarca toda la vida, las autoridades islámicas han distinguido a lo largo de los siglos entre el *jihād* mayor y el *jihād* menor sobre la base de un conocido dicho del Profeta después de la gran batalla de Badr, que resultó crucial para la supervivencia de la recién nacida comunidad islámica. A pesar de la importancia trascendental de esta batalla, en la que los todavía idólatras mequíes trataron de derrotar y destruir a la comunidad islámica de Medina, el Profeta, después de haber logrado la victoria, dijo: «Habéis vuelto del *jihād* menor al *jihād* mayor *(akbar)*». Cuando le preguntaron cuál era el *jihād* mayor, respondió: «Es el *jihād* contra vuestras almas apasionadas».

Por lo tanto, el *jihād* mayor, y se podría decir también el más grande (en árabe, la palabra *akbar* significa tanto "mayor" como "el más grande"), es la batalla interior por purificar el alma de sus imperfecciones, vaciar la vasija del alma del agua penetrante del olvido, la negligencia y la tendencia al mal y prepararla para la recepción del Elixir divino de la Rememoración, la Luz y el Conocimiento. Sólo aquellos guerreros espirituales que están dispuestos a sacrificar su ego ante el Trono del Único emprenden el *jihād* mayor. De la misma manera que no se exige el *jihād* externo, como batalla o guerra, a todo musulmán, sino sólo a aquellos cualificados física y mentalmente, tampoco se exige el *jihād* espiritual a todos los musulmanes, sino a aquellos que tienen la capacidad mental y espiritual –junto con la voluntad espiritual– para seguir el sendero de Dios en esta vida y las virtudes para ser dignos de permanecer en él. A la luz del significado de *al-jihād al-akbar*, o *jihād* mayor, se puede decir que los "combatientes espirituales" más grandes del Islam son los santos, cuyo instrumento de batalla, no obstante, no es la espada, sino la oración y el rosario. El sufismo en general trata de este *jihād* mayor, que es semejante a la «guerra espiritual», tan conocida en el cristianismo ortodoxo y mencionada también por algunos místicos cristianos occidentales, y a los esfuerzos espirituales de los sabios hindúes y budistas, en cuyas palabras y acciones se pueden descubrir numerosos paralelismos.

En cuanto al *jihād* menor, en el sentido de lucha y batalla exterior, tal como lo emplean los medios de comunicación occidentales, se debe hacer en primer lugar una distinción entre las luchas y batallas libradas en Arabia contra la idolatría en el alba del Islam, y los acontecimientos de la historia islámica posterior. En Arabia, se dio a los idólatras la opción de abrazar el Islam o luchar contra los musulmanes, porque, según la creencia islámica, Dios no quería que esa forma burda de idolatría sobreviviera. Esto fue algo semejante a los razonamientos propuestos por el cristianismo cuando arrancó de raíz y por la fuerza lo que quedaba de la decadente religión grecorromana y las religiones del norte de Europa, una vez consiguió el poder suficiente. Pero ni siquiera en Arabia, se planteó el *jihād* contra judíos o cristianos para forzarlos a convertirse al Islam, ni, por regla general, se llevó a cabo esta política más tarde, fuera de Arabia, contra judíos o cristianos, ni de hecho, contra zoroastrianos o hindúes, como anteriormente se dijo. Durante la historia islámica, algunos gobernantes invadieron tierras no musulmanas e incluso hablaron de *jihād*, pero raramente los *'ulamā'* pronunciaron un edicto jurídico sancionando que esas batallas fueran un *jihād* para convertir a otros pueblos al Islam. La visión de los orientalistas occidentales y cientos de polemistas cristianos sobre este tema es, sencillamente, incorrecta. El principio de «no hay coacción en religión» (2, 256) no permitió durante la vida del Profeta que el *jihād* fuera de Arabia incluyera la conversión religiosa forzosa de las "Gentes del Libro". Igualmente se prohíbe realizar el *jihād* contra otros musulmanes para convertirlos a la creencia propia.

En realidad, todos los juristas chiíes y la mayoría de los sunníes, especialmente en la época moderna, creen que el *jihād* sólo es legítimo cuando se trata de defensa *(difā'ī)* y no se puede postular como agresión *(ibtidā'ī)*. En lo que al chiísmo duodecimano se refiere, a lo largo de los siglos y todavía ahora, todas las autoridades eminentes han afirmado que el *jihād*, salvo para la defensa, es *ḥarām*, es decir, está prohibido por la Ley islámica en ausencia del *ma'ṣūm*, es decir, "el infalible" (o "el que es impecable", en el sentido etimológico de la palabra), lo que en el contexto del Islam chií significa el Profeta y los imames. En el Islam sunní, históricamente algunos juristas han ordenado un *jihād* de carácter ofensivo basado en el razonamiento de que «la mejor defensa es el ataque», pero desde los años 1950, con los pronunciamientos del Shayk al-Azhar de la época, Maḥmūd Shaltūt, que ocupó el que es el puesto religioso más influyente e importante del mundo sunní, la tendencia general en medios sunníes ha sido semejante a la chií. Los eruditos religiosos reputados del mundo sunní coinciden en que el único *jihād* permisible es el defensivo, que incumbe al conjunto de la comunidad islámica cuando su existencia se ve amenazada. Sin embargo, esto no significa que cualquier grupo extremista pueda realizar acciones violentas apelando a la necesidad de defender el Islam, pues se requiere en cada caso la autorización del jefe del Estado islámico y de los *'ulamā'* autoritativos.

El versículo coránico «Luchad en el camino de Dios contra los que luchan contra vosotros, pero no seáis vosotros los agresores. En verdad, Dios no ama a los agresores» (2, 190) ofrece la base y el principio espirituales para juzgar la legitimidad del *jihād*. Se debe recordar que, durante el siglo y medio pasado, todos los que lucharon contra los invasores u ocupantes extranjeros, fuera en África occidental, Argelia, Bosnia, Kósovo, Palestina, Cachemira o Filipinas, y han hablado de *jihād*, lo han hecho en sentido defensivo. No ha habido ningún *jihād* musulmán en tierras no islámicas. Quienes practican el terror en Occidente o en otra parte en nombre del *jihād* están infamando un término sagrado en origen, y sus esfuerzos no han sido aceptados como *jihād* por las principales autoridades religosas establecidas en el sentido jurídico y teológico del término. Las declaraciones del Shaykh al-Azhar, la voz religiosa más autorizada del Islam sunní, condenando en términos nada dudosos los actos terroristas del 11 de septiembre de 2001, en Estados Unidos, es un claro ejemplo de ello.

Esto trae a colación la importante cuestión de quién puede declarar el *jihād*. En la teoría sunní clásica basada en la existencia de un Estado islámico, era el soberano en consulta con los *'ulamā'* quien podía declarar el *jihād* en el sentido jurídico y teológico. Y si no existía un Estado islámico auténtico, eran las autoridades religiosas principales, los *'ulamā'*, y más precisamente los *muftīs*, quienes tenían esa prerrogativa. Aunque todo musulmán está directamente ante Dios y no existe ningún sacerdocio en el Islam, nadie puede sencillamente declarar el *jihād* por el hecho de ser nominalmente musulmán y ejercer algún poder político o militar. La diferencia entre la declaración de *jihād* en el sentido islámico y la cotidiana declaración por parte de diversos grupos extremistas aquí o allá es tan grande como la diferencia entre la declaración de una cruzada contra uno u otro mal pronunciada por un líder político o social occidental y la declaración de las Cruzadas por el papa Urbano II en 1095.

Cuando haya que llevar a cabo un *jihād* legítimo, no deberá estar basado en la ira ni el odio, que cegarían para la justicia. El Corán advierte a los musulmanes en términos nada dudosos cuando afirma: «Que el odio a un pueblo no os haga ser injustos» (5, 8). El agravio puede generar la ira y el odio, pero no puede ser la base de una venganza ciega. No se puede realizar *jihād* contra el inocente, y hasta el enemigo debe ser tratado con justicia e incluso con amabilidad. Se debería «rechazar la mala acción con una que sea mejor, entonces aquel de quien te separe la enemistad (se volverá) amigo ferviente» (41, 34). Y, sobre todo, el *jihād* se debe realizar por la verdad y sólo por la verdad, no sobre la base de la ira, el odio o la venganza. Tradicionalmente, incluso el *jihād* externo ha estado asociado en la mente del musulmán con la magnanimidad, la generosidad y el desapego, con todas las virtudes asociadas a la caballería.

Un relato del libro I del *Mathnawī*, de Rūmī, sobre 'Alī ibn Abī Ṭālib, el príncipe de quienes realizan el *jihād* por Dios sólo, es muy revelador en lo que se refiere a la comprensión islámica del *jihād*. En una batalla cuerpo a cuerpo con un gran enemigo del Islam que era un poderoso guerrero, 'Alī logró abatir a su adversario y arrojarle al suelo. Como último acto de odio el guerrero enemigo escupió a 'Alī en el rostro, ante lo cual, inmediatamente 'Alī se levantó –estaba sentado en el pecho del enemigo– y envainó su espada. El guerrero se sorprendió y le preguntó por qué hacía tal cosa. 'Alī respondió que hasta ese momento, estaba luchando por la Verdad *(al-Haqq)*, pero en cuanto recibió el escupitajo se llenó de ira; reconociéndolo, dejó de combatir porque no quería luchar sobre la base de la rabia y la ira personal. Como dice Rūmī:

> Escupió en el rostro de 'Alī,
> el orgullo de todo profeta y santo. [...]
> Y 'Alī respondió,
> y dijo: «Blando la espada por la Verdad,
> soy siervo de la Verdad, no del cuerpo.
> Soy el León de la Verdad, no de las pasiones,
> mi acción es testigo de mi religión».[2]

La acción de este prototipo de los verdaderos *mujāhids* islámicos, que provocó un cambio en la actitud del enemigo, debería servir de corrección saludable, primero, para aquellos que en nombre del Islam realizan acciones basadas en la rabia y a las que llaman *jihād*, y, segundo, para aquellos occidentales que siguen hablando de rabia santa o sagrada entre los musulmanes que tratan de proteger su hogar y su religión sobre la base de la justicia. Cuando se mira más allá de las aberraciones habituales de lo que algunos extremistas han llamado *jihād* en la larga historia del Islam, vemos numerosos ejemplos del tipo de caballería ejemplificada en su forma suprema por 'Alī y guerreros-héroes como Saladino, cuya conducta caballeresca fue proverbial incluso entre sus enemigos occidentales, y en figuras más recientes como Amīr 'Abd al-Qādir, 'Abd al-Karīm y 'Umar al-Mukhtār en el norte de África; Imam Shamil en Caucasia; los brelvis en las provincias noroccidentales de la India; y, más recientemente, Aḥmad Shāh Mas'ūd, que participó en la guerra de Afganistán contra la Unión Soviética y fue asesinado poco antes de la tragedia del 11 de septiembre de 2001 en Estados Unidos. Todas esas figuras no eran solamente piadosas y caballerescas, sino que estaban vinculadas a la dimensión interior del Islam, y algunos de ellos fueron santos. Ninguno de ellos encarnó una interpretación estrecha, literalista y exclusivista de su fe.

CONDICIONES EN LAS QUE SE PUEDE LIBRAR UNA GUERRA

No todas las guerras son *jihāds*, y el Islam ha formulado también ciertas regulaciones para los conflictos en general. En primer lugar, la guerra debe ser en defensa propia, y los musulmanes no deben instigar a la guerra, como demuestra el ya citado versículo coránico: «Combatid en el camino de Dios a quienes os combatan, pero no seáis los agresores. Dios no ama a los agresores» (2, 190). Si, como la Biblia, el Corán habla de luchar contra los enemigos propios, se debe recordar que el Islam nació en un ambiente en el que las guerras eran constantes entre diversas tribus. Con todo, después de ordenar a los musulmanes que lucharan contra sus enemigos, el Corán añade: «Exceptuando a quienes busquen refugio en gentes que tengan un pacto con vosotros o (aquellos que) se lleguen a vosotros con el corazón oprimido por tener que combatir contra vosotros [...]. Si se mantienen aparte, si no combaten contra vosotros y os ofrecen su rendición, entonces Dios no os permite luchar contra ellos» (4, 90). Se puede combatir en la guerra para evitar la persecución y la opresión o para preservar los valores religiosos y proteger al débil de la opresión. El Corán menciona el "ojo por ojo" bíblico, pero recomienda renunciar a la venganza y practicar la caridad, como en el versículo que dice: «Pero quienes renuncien [al ojo por ojo] eso será expiación para él» (5, 45). Tampoco la guerra debe continuar indefinidamente; en cuanto el enemigo pida la paz, deben terminar las hostilidades: «Pero si ellos desisten, entonces que no haya hostilidad» (2, 192).

De suprema importancia es el mandato de que no se destruya vida inocente en ninguna guerra, pues dice el Corán: «Quien matare a un ser humano que no hubiera matado a nadie ni corrompido la tierra será como si hubiera matado a toda la humanidad» (5, 32). El Profeta prohibió de manera explícita atacar a las mujeres y los niños, e incluso a los animales, o destruir árboles durante la guerra. Su trato magnánimo con sus enemigos más enconados en su conquista de La Meca ha permanecido como ejemplo supremo y concreto que se debe seguir. Igualmente, los musulmanes siguen recordando cómo, en la conquista de Jerusalén, 'Umar trató a los cristianos y a sus lugares respetados de culto con extraordinaria magnanimidad y justicia. Ni que decir tiene que no todos los musulmanes han seguido estos preceptos a lo largo de la historia islámica, como tampoco todos los judíos, cristianos, hindúes o budistas siguen los mandatos de su religión. Pero aquí es esencial, no sólo para los observadores occidentales, sino también para muchos musulmanes que, habiendo perdido la esperanza, han caído en la desesperación y realizan actos desesperados, recordar cuáles son las enseñanzas del Islam como religión sobre estos temas. Siendo la naturaleza humana lo que es, no es difícil descubrir las razones por las que no todos los musulmanes han seguido las enseñanzas de su religión en materia de guerra. Lo que es extraordinario es el grado en que durante siglos *se han seguido* muchos de los valores de esta caballería espiritualizada, como han atestiguado incluso los invasores occidentales, desde los caballeros medievales a los oficiales franceses en Argelia.

Actualmente, la invención de los medios y métodos modernos de guerra, con la creación de armas de destrucción masiva que provocan los llamados daños colaterales sobre los que nadie tiene control, con bombas que no distinguen entre combatientes y mujeres y niños, ha creado un desafío nuevo. Ahora bien, la civilización islámica no ha inventado esas tecnologías monstruosas, ni siquiera la idea de una guerra total que implique a toda la población civil, pero se enfrenta con su realidad en la tierra y, se podría añadir, en el aire y en el mar. La situación crea un reto adicional de proporciones monumentales para los musulmanes, como lo crea para los cristianos de Occidente que tratan de vivir de acuerdo con las enseñanzas de Cristo e incluso para muchos humanistas seculares. Es precisamente en esta coyuntura de la historia humana cuando los musulmanes están llamados a estar más vigilantes en la defensa de lo que les ha enseñado su religión acerca del *jihād* y las regulaciones que ha promulgado para cualquier forma de guerra. Además, cualquier musulmán que tenga sentido de responsabilidad ante Dios debe ser especialmente cuidadoso cuando realice un acto explícitamente en nombre del Islam en un mundo en el que los instrumentos inhumanos e incluso infrahumanos del combate militar están en manos de los poderosos que dominan el escenario mundial. Aunque la defensa propia, de la patria y de la religión, y la lucha contra la opresión siguen siendo deberes religiosos, las regulaciones de la guerra, especialmente la protección de los inocentes, es decir, la no agresión a los no combatientes, y el trato justo al enemigo, siguen siendo también parte esencial de la religión; no pueden dejarse de lado con la excusa de que se está respondiendo a un agravio o una injusticia. Si se hace así, ya no se está hablando o actuando en nombre del Islam y, de hecho, se está en peligro de profanar la religión más incluso de lo que los enemigos pudieran hacerlo.

EL MARTIRIO

Como resultado de los atentados suicidas y del amplio uso del término "mártir" en los últimos años en varios países islámicos, muchos occidentales se han ocupado de la cuestión del martirio en el Islam, y algunos han llegado a describirlo de forma absolutamente peyorativa como objeto de burla. En primer lugar, el martirio existe en todas las religiones. Segundo, el cristianismo confía particularmente en el martirio y celebra a sus mártires como santos más de lo que lo hace el Islam, especialmente el Islam en su forma sunní. Es, por tanto, particularmente extraño ver que algunos observadores occidentales hablan del martirio como si fuera un concepto peculiar y solamente islámico. El Corán afirma: «No penséis que quienes han caído en el camino de Dios están muertos. No, están vivos y sustentados por su Señor» (3, 169); y también: «Y ellos se alegran debido al favor y la amabilidad de Dios y porque Dios no escatima la recompensa a los creyentes» (3, 171). Por consiguiente, así como los mártires cristianos entran en el paraíso, también los mártires musulmanes son bendecidos y se les permite entrar en estados paradisíacos. Para ambos, el martirio es victoria sobre la muerte y, en el momento de su victoria definitiva, los mártires musulmanes comparten con los cristianos la pregunta: «Muerte, ¿dónde está tu victoria? Muerte, ¿dónde está tu aguijón?» (1 Cor 15, 55).

¿Quién es mártir? En el cristianismo, al menos en el cristianismo católico, esta pregunta ha sido resuelta a lo largo de los siglos por la Iglesia, pero en el Islam no existe ningún magisterio oficial que decida eclesiásticamente quién es mártir. En el Islam chií duodecimano, el martirio desempeña un papel más importante que en el sunnismo. Todos los Imames, salvo el duodécimo (que según el chiísmo vive todavía, aunque en la ocultación), fueron martirizados, y el martirio del tercer Imam, Ḥusayn ibn 'Alī, que es llamado *Sayyid al-shuhadā'*, o Señor de los Mártires, es muy importante en la devoción chií. La comunidad chií también ha reconocido algunos otros mártires que murieron claramente por razones religiosas. Asimismo, en el Islam sunní se ha dado a varias figuras el título de mártir a lo largo de los siglos por la comunidad islámica (*al-ummah*), que es el árbitro final sobre este asunto en el Islam sunní. A veces, el término "mártir" se ha empleado también, de forma más política, para quienes morían en una batalla político-religiosa incluso en el interior del mundo islámico y a manos de otros musulmanes.

El término "mártir" es, en árabe, *shahīd*, que está relacionado con el término que expresa la atestación suprema (*shahādah*) del Islam respecto de la Unidad Divina. Es ciertamente sorprendente que la palabra *shahīd*, "mártir", esté relacionada con la palabra *shāhid*, "testigo", exactamente igual que la palabra griega *martos*, de la que deriva "mártir". Por lo tanto, la palabra "mártir" tiene el mismo significado original en el cristianismo y en el Islam. Por otra parte, en ambas tradiciones se usaron a menudo los mismos símbolos para describir al mártir. En el chiísmo, se habla con frecuencia del mártir como la lámpara encendida que ilumina el mundo que está a su alrededor; el mártir católico inglés más famoso, Thomas Becket, fue llamado también la "vela que brilla en el candelero de Dios". En el sentido auténticamente espiritual, el *shahīd* es la persona que ha dado testimonio con todo su ser de la Unicidad divina. Ha hecho el sacrificio supremo de su propia vida por Dios, pero realmente por Dios y no por cualquier causa mundana. Esas personas van al paraíso porque han dado su vida con toda sinceridad a Dios. En este contexto, es también importante recordar el *Ḥadīth* del Profeta «La tinta del sabio es más valiosa que la sangre del mártir», lo que significa que aunque el martirio sea un estado tan exaltado, el *jihād* interior que lleva al conocimiento de Dios y de Su revelación (de ahí la "tinta del sabio") es de un valor aún superior.

Pero ¿puede una persona convertirse en mártir mediante el suicidio? La Ley islámica prohíbe el suicidio, y quienes lo cometen están condenados a los estados infernales porque han asumido por sí mismos una decisión que pertenece sólo a Dios. La vida sólo puede ser retirada legítimamente por el Dador de la vida. Pero el suicidio, como acto desesperado para vencer la opresión o para defenderse uno mismo, se ha manifestado en los márgenes de la existencia humana en todas partes. Muchos valientes soldados americanos se lanzaron en varias guerras sobre bombas, lo que constituye un acto de suicidio, para salvar a otros, y todos sabemos de los kamikazes japoneses durante la Segunda Guerra Mundial. Un caso especialmente revelador se menciona en la Biblia: Sansón se suicidó al derribar el templo de Dagón no sólo sobre sí mismo, sino sobre miles de filisteos, mujeres y niños incluidos, porque su pueblo había sido oprimido por los filisteos. Algunos judíos le consideran un héroe, otros un profeta, mientras que, curiosamente, los musulmanes no le consideran uno de los profetas hebreos.

Para los musulmanes, la dificultad de la cuestión en el terreno moral y religioso se plantea con quienes viven bajo una opresión espantosa y en un estado de desesperación y no tienen ningún otro medio de defensa, salvo su cuerpo. Incluso en esos casos el mandato islámico de que no se puede matar a personas inocentes ni siquiera en la guerra debe observarse necesariamente. En cuanto a usar el propio cuerpo como arma contra los combatientes, es una cuestión que está siendo acaloradamente debatida en el mundo islámico entre los expertos en la ley. La mayor parte cree que un acto que es suicidio cierto debe ser evitado, mientras que algunos piensan que es permisible como autodefensa o para la protección del propio pueblo, si no implica víctimas inocentes. La gran tragedia es la existencia de una situación en la que personas jóvenes caen en tal estado de desesperación que hace surgir la cuestión del suicidio. Aquí, una vez más, como en el caso de la guerra total, el propio fenómeno, que existe entre los tigres hindúes de Sri Lanka, en el caso de la persona que mató a Rajiv Gandhi, y entre los palestinos y otros, es un fruto de la tecnología moderna, que hace posible lo que ahora se llama terrorismo y acerca de lo cual pocos están dispuestos a hablar.

ESTABLECER LA JUSTICIA Y LA PAZ

En conclusión, debemos recordar que no existe paz sin justicia, y que la justicia implica una batalla constante para establecer el equilibrio en un mundo, tanto interior como exterior, en el que fuerzas y tensiones amenazan con el caos y el desorden en todo momento. El deber del musulmán es tratar de establecer la paz y la justicia en su interior, y sobre la base de las prescripciones divinas establecer la justicia en el mundo que le rodea mediante un esfuerzo, o *jihād*, que debe evitar la guerra y la confrontación exteriores salvo cuando sea absolutamente necesaria y en tanto que defensa. Pero incluso en la guerra, las regulaciones fijadas por la religión deben ser observadas. En la actualidad vivimos en un mundo lleno de conflictos con las poderosas guerras económicas, políticas y culturales que de vez en cuando terminan también en confrontación militar. En esta situación, los musulmanes deben estar vigilantes, pero también deben actuar como buscadores de la paz. Algunos han dicho que el Islam muestra un mayor espíritu combativo que otras religiones. Ahora bien, todas las religiones son guardianas de lo sagrado, y el Islam, llegando al final del presente ciclo humano, tiene un papel particularmente importante para llevar a cabo este deber. Por lo tanto, siempre que lo sagrado sea atacado y desafiado por las fuerzas de la desacralización y el nihilismo, el Islam está llamado a mostrar un espíritu particularmente combativo para responder a ese desafío. Pero esta respuesta no debe destruir el mensaje sagrado del Islam, basado en la paz y la sumisión a la Voluntad divina. Por lo tanto, los musulmanes deben esforzarse en preservar lo sagrado y defender la justicia, pero no sucumbiendo a medios que contradicen y, de hecho, destruyen la realidad misma no sólo del Islam, sino de la religión como tal. Los musulmanes deben buscar la justicia, pero con humildad y caridad, no con fariseísmo, siempre conscientes de que la justicia absoluta pertenece sólo a Dios, y que uno de los significados cardinales de la *shahādah* es: «No hay justicia salvo la Justicia divina».

7. RESPONSABILIDADES Y DERECHOS HUMANOS

«Él es quien ha creado jardines. […] Comed de sus frutos,
si los tienen, pero dad lo debido el día de la cosecha.»
Corán 6, 141

«Dejadme libre,
de modo que como el sol vista una túnica de fuego
y dentro de ese fuego como un sol adorne el mundo.»
RŪMĪ

«¿Pero es siempre el hombre el que "elige"?
¿Y quién es, entonces, el "hombre que elige"?
¿Dónde está su límite y su centro?
Si es el hombre quien se define a sí mismo,
¿qué valor objetivo cabe atribuir a esa definición?
Y si no hay valor objetivo, si no hay criterio trascendente,
¿por qué pensar?
Si basta con ser hombre para estar en la verdad,
¿por qué referirse al error humano?»
FRITHJOF SCHUON

Ser humano

Antes de hablar de los derechos o responsabilidades humanas, hay que responder la pregunta religiosa y filosófica básica: «¿Qué significa ser humano?» En el mundo de hoy todos hablan de derechos humanos y del carácter sagrado de la vida humana, y muchos secularistas incluso pretenden presentarse como los verdaderos adalides de los derechos humanos en contra de quienes aceptan alguna de las diversas cosmovisiones religiosas. Pero, curiosamente, esos mismos adalides de la humanidad creen que los seres humanos son tan sólo monos evolucionados, que a su vez evolucionaron de formas inferiores de vida y, en última instancia, de diversos agregados de moléculas. Si el ser humano no es nada más que el resultado de unas "fuerzas ciegas" que actúan sobre la sopa cósmica de moléculas original, entonces, ¿la propia afirmación de la sacralidad de la vida humana no es sólo una expresión sentimental vacía, carente de todo sentido? ¿No es, entonces, la dignidad humana nada más que una noción cómoda, una idea sin base en la realidad? Y si no somos nada más que partículas altamente organizadas, ¿cuál es la base para la reivindicación de los "derechos humanos"? Estas preguntas no conocen limitaciones geográficas y son formuladas por las personas que piensan en todas las partes del mundo. El cristianismo en Occidente ha tratado de responder sobre bases teológicas firmes que "los seres humanos fueron creados a imagen de Dios" y que es el alma inmortal y la chispa del Espíritu en el interior de hombres y mujeres lo que constituye la base para la dignidad humana, la sacralidad de la vida humana, y en última instancia para los derechos humanos. De hecho, muchos pensadores cristianos, tanto católicos como protestantes, así como también pensadores judíos, insisten en que la dignidad humana está basada en la huella divina en el alma y en que históricamente, en Occidente, la idea de los derechos humanos, incluso en su versión secularizada, deriva de la concepción religiosa de la condición humana.

Análogamente, en el Islam los seres humanos son definidos en su relación con Dios, y sus responsabilidades y derechos derivan de esta relación. Como se ha dicho antes, el Islam cree que Dios insufló su Espíritu en Adán, y según el famoso *Ḥadīth*, «Dios creó a Adán en su forma», donde "forma" significa el reflejo de las Cualidades y los Nombres divinos. Los seres humanos, por consiguiente, reflejan los Atributos divinos igual que un espejo refleja la luz del Sol. Por haber sido creado como ser central en el dominio terrestre, el ser humano fue elegido por Dios como su representante *(khalīfat Allāh)* y, a la vez, como su servidor *('abd Allāh)*. Como siervos, los seres humanos deben permanecer en total obediencia a Dios y en perfecta receptividad ante lo que su Creador quiere para ellos. Como representantes, deben ser activos en el mundo para hacer la voluntad de Dios en la tierra. La concepción islámica de *insān*, u hombre, como *anthropos*, que abarca a la vez los estados masculino y femenino, puede ser resumida como el matrimonio de esas dos cualidades en él. Pero Dios también ha dado a los seres humanos el libre albedrío; esto significa que se pueden rebelar contra su propia naturaleza primordial y mostrarse activos contra el Cielo y pasivos a su propia naturaleza inferior y al mundo de los sentidos, de modo que no todos los seres humanos se mantienen en su condición de siervos y representantes de Dios. De hecho, la perfección de estos modos pasivo y activo pertenece sólo a los profetas y a los santos. Sin embargo, todos los seres humanos poseen dignidad, y su vida es sagrada en razón de esa naturaleza primordial, que toda la progenie de Adán y Eva lleva en lo profundo, en el interior de sí misma.

A lo largo de toda la historia islámica se han elaborado numerosos análisis filosóficos, teológicos y místicos acerca de este problema, pero un elemento básico con el que todas las escuelas de pensamiento islámico, y de hecho los creyentes ordinarios, están de acuerdo es la verdad de que Dios es nuestro creador, o, hablando filosóficamente, la causa ontológica de nuestra existencia. Por consiguiente, poseemos todas las cosas para él, y nuestros derechos derivan del cumplimiento de nuestras responsabilidades para con Él en obediencia a Su Voluntad.

Para comprender nuestra relación con Dios, debemos primero preguntar qué es lo que Dios quiere de nosotros. El Corán plantea con claridad esta exigencia cuando afirma: «No he creado a los *jinn* y a la humanidad sino para que Me adoren» (51, 56); y también: «Ciertamente, Yo, Yo soy Dios. No hay Dios sino Yo. Así pues, adórame y recuérdame en tus oraciones» (20, 14). La palabra "adoración" (*'ibādah*) en árabe significa también "servicio". Adorar a Dios es también servirle. Los comentadores han dado muchas interpretaciones del término *'ibādah*; su significado incluye desde los actos ordinarios de culto hasta el amor y el conocimiento de Dios. El Islam considera que el propósito de la existencia humana es la adoración y el servicio a Dios, y sólo por la realización del objetivo y el propósito de nuestra existencia somos plenamente humanos. De lo contrario, aunque seamos portadores de la realidad humana, no la satisfacemos y vivimos por debajo del estado plenamente humano.

RESPONSABILIDADES HUMANAS

"Responsabilidad" procede de "respuesta", y en el contexto islámico, se podría decir que todas nuestras responsabilidades surgen de aquella respuesta dada a Dios en el origen, cuando, según el Corán, antes de la creación del mundo, Dios se dirigió a los hijos de Adán preguntándoles: «"¿No soy Yo vuestro Señor?", y ellos dijeron: "Sí"» (7, 172). En esta afirmación están contenidas todas nuestras responsabilidades como seres humanos, pues al decir "sí" aceptamos la responsabilidad divina (*amānah*), que debemos asumir en este mundo. En el núcleo de esta responsabilidad se encuentra la afirmación de la Unicidad divina y los actos de adoración y de servicio. La misma palabra empleada para siervo (*'abd*) de Dios está relacionada con la palabra utilizada para adoración y servicio (*'ibādah*). Aceptar ser siervo de Dios y representarle en este mundo significa, sobre todo, adorarle y servirle. Todos los derechos que tenemos surgen del cumplimiento de nuestras responsabilidades, y en la perspectiva islámica las responsabilidades preceden siempre a los derechos. Aunque todo el mundo hable ahora continuamente de derechos humanos y muy poco de responsabilidades humanas, en la práctica, incluso en el Occidente moderno, las responsabilidades preceden en muchos casos a los derechos. Por ejemplo, tenemos que ser conductores responsables antes de que se nos conceda el derecho a conducir por carreteras públicas, y tenemos que aceptar la responsabilidad de conocer las leyes del país antes de que se nos dé el derecho de ejercer la abogacía. En el Islam, esta relación no es cuestión de conveniencia, sino de principio, y su aceptación domina el paisaje cultural e intelectual.

Ahora bien, tenemos responsabilidades no sólo hacia Dios, sino también hacia Su creación. Los textos religiosos tradicionales concretan de hecho una jerarquía de responsabilidades para los seres humanos. En el vértice están nuestras responsabilidades y deberes hacia Dios mediante actos de culto y servicio y obediencia a Su ley. Luego está la responsabilidad hacia uno mismo. Puesto que la vida humana es sagrada y no la creamos nosotros, somos responsables de tratar de mantener sanos el alma y el cuerpo sin ocasionarles daño espiritual ni físico (a menos que sea en la guerra o por alguna otra causa por el bienestar de los otros, o en defensa propia). Por lo tanto, como ya se ha dicho, el suicidio se considera un pecado grave en el Islam. La idea moderna de que "mi cuerpo es mío y puedo hacer con él lo que quiera" está totalmente ausente de la perspectiva islámica. El Islam afirma: "Mi cuerpo no es mío, pues no lo he creado, pertenece a Dios". La responsabilidad hacia nosotros mismos implica también, por supuesto, al alma y la mente. En realidad, nuestra responsabilidad mayor con nosotros mismos es tratar de salvar nuestra alma y estar globalmente bien. Éste no es en absoluto un acto egoísta, porque no se puede hacer el bien a menos que uno se *encuentre bien*, y salvar la propia alma es también introducir la virtud y la bondad en el ambiente en el que se vive. Tenemos también la responsabilidad de que nuestra mente busque el conocimiento y la verdad en la medida de lo posible.

Lo siguiente en esta jerarquía de valores es que tenemos una serie de responsabilidades hacia la sociedad, empezando por nuestra familia. Este conjunto de responsabilidades incluye desde trabajar honradamente para mantenernos a nosotros mismos y a nuestras familias, hasta realizar actos de caridad, respetar a los otros y fortalecer los lazos comunitarios, y apoyar y sostener todo lo que es positivamente creativo para la sociedad humana. El vasto espectro de estas responsabilidades sociales está concretado en diversas obras tradicionales sobre la *Sharī'ah* y sobre la ética, y no podemos enumerarlas aquí. Por otra parte, el mundo que nos rodea no se limita a la esfera humana; tenemos también responsabilidades con los animales y las plantas, e igualmente con los elementos inanimados de la naturaleza, como son el agua, el aire y la tierra. Este último conjunto de responsabilidades implica lo que los escritores occidentales modernos llaman ahora ética medioambiental. Nuestros derechos sobre los diferentes niveles derivan de la aceptación de nuestras responsabilidades, que preceden a nuestros derechos de manera principal. Desdeñar las responsabilidades en nombre de derechos inalienables no está en absoluto dentro de la perspectiva islámica y se considera algo así como poner el carro delante de los bueyes.

Se plantea entonces la pregunta sobre quienes no cumplen con sus responsabilidades. ¿No tienen ésos ningún derecho? En la vida diaria de la sociedad, no es difícil dar una respuesta. Si no cumplimos con nuestra responsabilidad en el trabajo, seremos despedidos y no tendremos derecho a recibir un salario; o si cometemos demasiadas infracciones de tráfico, lo que significa que somos unos conductores irresponsables, se nos sustraerá nuestro carné y no tendremos derecho a conducir. La cuestión se hace más difícil en el contexto moderno cuando nos referimos a la primera categoría de responsabilidades, es decir, a nuestros deberes y nuestras responsabilidades para con Dios. En la sociedad moderna, los derechos de los ciudadanos no cambian por el hecho de cumplir o no con sus responsabilidades hacia Dios o incluso por el hecho de creer o no en Dios.

En Occidente, algunos han contrastado este estado de cosas con la situación del mundo islámico y sostienen que, desde el punto de vista islámico, esas personas no tendrían ningún derecho. Sin embargo, esta afirmación no es en absoluto cierta. Si algunos musulmanes caen en una duda religiosa e intelectual incluso sobre la existencia de Dios, su derecho a la protección de su vida y su propiedad por la sociedad permanece mientras no intenten imponer sus ideas a los otros o actúen contra las normas sociales y las leyes. Aunque cuestionen filosóficamente estos asuntos, no se les puede arrebatar sus derechos básicos. Ni que decir tiene que a lo largo de la historia islámica ha habido personas que han sido encarceladas o incluso eventualmente condenadas a muerte por razones teológicas y religiosas, pero por lo general su situación implicaba una dimensión política, y, en cualquier caso, esos acontecimientos han sido mucho más raros en la historia del Islam que en la historia occidental. El razonamiento islámico teológico y jurídico habitual que fundamenta la protección de esas personas es que en tanto un individuo esté vivo, siempre puede volver a Dios y, por tanto, la vida de esa persona debe ser protegida como la de cualquier otra. En cuanto a la realización de actos de adoración, éstos tienen lugar entre cada individuo y Dios, y la sociedad islámica no puede forzar a nadie a realizarlos. Lo que se espera de cada cual es que observe la *Sharī'ah* como ley, en público y en lo que concierne a los otros, y que no rompa públicamente con los mandatos religiosos; esto es algo análogo a las prohibiciones existentes en el Occidente cristiano, e incluso postcristiano, de realizar actos contra la moralidad pública.

DERECHOS HUMANOS

Es sólo a la luz de esta comprensión de las responsabilidades humanas como se debe plantear la cuestión de los derechos humanos. Para comprender el significado de los derechos humanos en el contexto islámico es esencial preguntarse por la manera en que los musulmanes se refieren al concepto de "derechos" y lo que entienden por ello. En árabe, el término básico para derecho es *ḥaqq*, que es en primer lugar un Nombre de Dios, que es *al-Ḥaqq*, es decir, Verdad y Realidad. El término *ḥaqq* posee también el sentido de "deber" tanto como el de "derecho", de obligación tanto como de reivindicación, de ley tanto como de justicia. Significa también lo que corresponde a cada cosa, lo que da realidad a una cosa, lo que hace que algo sea verdadero. Su forma derivada, *iḥqāq*, significa obtener el reconocimiento de los derechos propios en un tribunal, mientras que otra forma derivada, *taḥqīq*, significa no sólo determinar la verdad de algo, sino, en un nivel superior, encarnar la verdad. El término *ḥaqq*, que es uno de los más ricos de la lengua árabe, incluye a Dios, el Corán (al que también se denomina *al-ḥaqq*), la ley, nuestras responsabilidades ante Dios y su ley, así como nuestros derechos y reivindicaciones justas.

Todo, por el hecho de existir, tiene su *ḥaqq*, lo que significa tanto responsabilidades hacia Dios como derechos. Cada cosa tiene lo que le corresponde en virtud de la naturaleza con la que ha sido creada. Los derechos no pertenecen sólo a los seres humanos, sino a todas las criaturas. Hoy en día, como resultado del énfasis de los derechos humanos por encima de los derechos de las demás criaturas, estamos destruyendo rápidamente el entorno natural, y, a consecuencia de ello, se habla ahora de los derechos de los animales o los derechos de las plantas. Esta última perspectiva está en perfecto acuerdo con la visión islámica, según la cual los derechos no son sólo prerrogativa del estado humano, sino que incumben a todas las criaturas. En su sentido más profundo, la idea de "derechos" implica dar a cada ser, incluidos nosotros mismos como seres humanos, lo que le corresponde (*ḥaqq*).

Volviendo a la cuestión más específica de los derechos humanos tal como se entienden en Occidente, según el Islam los seres humanos tienen derechos que están directamente relacionados con las responsabilidades que han aceptado como siervos de Dios y representantes suyos en la tierra. Estos derechos van desde lo religioso y personal a lo legal, político y social. Los derechos primeros de los seres humanos conciernen a su alma inmortal. Hombres y mujeres tienen derecho a buscar la salvación de su alma, lo que el Islam, como otras religiones, considera nuestro primer deber hacia nosotros mismos y hacia Dios, a Quien debemos ofrecer el alma. Este derecho significa la libertad de conciencia en asuntos religiosos. Dios no quiere obligar a Sus criaturas a creer en Él, sino que quiere que lo hagan sobre la base de su libre voluntad y conciencia. Obedecer las leyes de la sociedad es una cosa, pero ser coaccionado a tener fe es otra muy diferente. El gran drama de toda alma humana para aceptar o rechazar la llamada del Cielo es inseparable del estado humano, y el Islam, aunque enfatiza nuestros deberes hacia Dios, subraya también nuestro derecho e incluso nuestro deber de implicarnos en este drama. Ninguna autoridad externa puede suprimir este derecho y este deber. Además, el derecho a practicar o no la propia religión, siempre y cuando ésta no atente contra las normas y las leyes sociales, está en el núcleo de la comprensión islámica de los derechos humanos. El derecho de los no musulmanes a practicar su religión está también garantizado por la Ley islámica, como se dijo anteriormente, a menos que sea una pseudorreligión o falso culto, a lo que el Islam se ha opuesto tanto como el cristianismo y otras religiones tradicionales. Ni que decir tiene que el entendimiento de lo que constituye una auténtica religión y lo que constituye un falso culto no es igual en el mundo islámico tradicional y en la Europa y la América modernas, donde muchos cultos, algunos notablemente peligrosos, salpican el paisaje, pero el principio del derecho a la práctica de la propia religión, sea el Islam o cualquiera de las otras religiones celestialmente inspiradas, forma parte de la comprensión islámica de los derechos humanos. Además, en este tema crucial no hay diferencia entre hombres y mujeres, que son iguales ante Dios.

Los siguientes son los derechos personales pertenecientes a la vida, la propiedad, las opciones personales, etc. de cada uno. Según los principios del Islam, que no siempre han sido acatados, como sucede también en el cristianismo, todo ser humano tiene el derecho a la vida y la posesión de propiedad a menos que cometa delitos, como resultado de lo cual la sociedad le quita algunos de esos derechos o la totalidad de ellos. Los seres humanos tienen también el derecho de escoger su estilo de vida personal en asuntos como la forma de vida que quieren llevar, con quién casarse, cómo mantener a la familia, dónde vivir, etc. Por supuesto, en toda sociedad existen coacciones externas, incluidas las económicas, que no siempre permiten que esos derechos se cumplan según los propios deseos, pero los principios están ahí. Por ejemplo, en contraste con muchas sociedades premodernas, la sociedad islámica permitía que cada individuo, de acuerdo con la ley, aprendiera y practicara cualquier profesión que él o ella desearan y que en la práctica pudiera seguir.

Igualmente, según la Ley islámica, mujeres y hombres tienen derecho a escoger a su esposo o esposa. Ahora bien, en la práctica ha habido con frecuencia presiones familiares y económicas, además de otras consideraciones, que han limitado este derecho, especialmente a las mujeres, pero la presión social ejercida por muchas familias no tenía nada que ver con los derechos concedidos por el Islam a hombres y mujeres para escoger con libertad a su pareja. En este asunto, una vez más, la situación en el mundo islámico no ha sido muy diferente de la de algunas sociedades occidentales hasta muy recientemente y, en algunos casos, hasta hoy.

Al hablar de derechos personales se debe recordar que la tendencia del mensaje del Islam es no sólo a dar derechos a los seres humanos para que realicen uno u otro acto, sino especialmente para animarles a llevar una vida buena de todas las maneras posibles. Si algunos derechos personales, como la promiscuidad sexual, han sido sustraídos en el Islam, se ha hecho a la luz de lo que la religión considera que es la consecución del bien, que es el objetivo de la existencia humana y el propósito de los derechos humanos. Desde el punto de vista religioso, no sólo los derechos deben seguir a las obligaciones, sino que ellos mismos deben estar condicionados por diversas prescripciones para garantizar los derechos de los otros y también el derecho de nuestra alma inmortal a ser protegida contra las tendencias hacia el mal que cada uno de nosotros lleva en su interior.

En cuanto a los derechos legales, que incluyen el derecho a la igualdad ante la ley y el derecho a un juicio y a la autodefensa, están definidos y, en principio, son defendidos por la Ley islámica. Incluyen el derecho a ser tratado ecuánimemente ante la ley, el derecho a un juicio justo y a la defensa. En la sociedad islámica tradicional, donde se aplicaba en todas partes la Ley divina, estos asuntos eran regulados según complejos procedimientos desarrollados por los juristas islámicos. Desde el siglo XIX, en numerosos países islámicos muchas de las leyes y también los procedimientos de los tribunales se han basado en modelos europeos, mientras que, al mismo tiempo, la judicatura ha perdido buena parte de su independencia. Ni que decir tiene que, en muchos casos, gobiernos tiránicos han impedido que los derechos legales de muchas personas fueran respetados, y, por consiguiente, hay actualmente una gran presión de los musulmanes de varias sociedades islámicas para que se permita que todo el mundo viva según la norma de la ley y que se respeten los derechos legales de todos los miembros de la sociedad. Cuando hablamos de derechos legales en el Islam, no nos referimos, por tanto, sólo a lo que sucede hoy en día en el mundo islámico, sino a las enseñanzas del Islam en sí.

Aún más problemáticos que los derechos legales en la sociedad islámica son en la actualidad los derechos políticos, que, en su concepción corriente occidental, son, por supuesto, una idea moderna no comprendida ni aplicada en otras partes del mundo de la misma manera en que lo son en los países de cultura europea. Hay toda una serie de procesos históricos –democracia rebelándose contra la dictadura, libertad del individuo frente a tiranía, transformación desde la Inglaterra de Jorge III a la América de Washington y Jefferson, el Tercer Reich y la Alemania actual, el Gulag y la Rusia de Yeltsin– que pertenecen a la historia occidental y no tienen equivalente en el mundo islámico, que ha tenido sus propias batallas específicas en los períodos coloniales y postcoloniales. No es posible ahondar aquí en todas estas cuestiones, pero debemos tener siempre presentes las diferentes experiencias históricas del Islam y el Occidente moderno. En cualquier caso, en lo que debemos centrarnos es en el ideal islámico clásico de los derechos políticos, que sirve de trasfondo a todo lo que ocurre en este ámbito en varios países islámicos.

Tradicionalmente, se debía consultar a los musulmanes en las cuestiones de gobierno, y toda persona tenía derecho a vivir en justicia y a luchar contra la injusticia y la opresión. Con el auge del secularismo, muchos occidentales vieron el dominio de Dios a través de la religión como una tiranía, e identificaron la tiranía de sus gobernantes con la tiranía de la religión, como se vio claramente en la Revolución francesa. En contraste, en el mundo islámico la tiranía de los gobernantes mundanos nunca se identificó con lo que los filósofos agnósticos de Occidente denominaron la tiranía de la religión, y en este asunto hay muchas semejanzas entre las ideas del Islam y las de los padres fundadores de Estados Unidos. La situación actual del mundo islámico no debe ser confundida con lo que sucedió históricamente en Occidente, a pesar de la presencia de una minoría secularizada, pequeña pero ruidosa, en varios países islámicos para la que derechos políticos significan libertad respecto de gobiernos tiránicos así como secularización en el sentido occidental.

Hoy en día, en gran parte del mundo islámico los musulmanes están gobernados por regímenes dictatoriales, habitualmente apoyados por Occidente en el caso de que tengan una actitud pro-occidental y preserven los intereses occidentales. Los musulmanes ven el Islam como un medio de protegerse contra esa tiranía mundana, como hicieron en el pasado. Uno de los atractivos del llamado fundamentalismo es esta visión islámica profundamente arraigada del papel de la religión en la protección del pueblo contra la tiranía. En cualquier caso, bajo ninguna condición se debe considerar la falta de derechos políticos que hoy se vive en muchos países islámicos simplemente como la concepción islámica de este asunto. En la esfera política, existe en el mundo islámico actual una gran confusión que deriva de las consecuencias del período colonial, de la destrucción de muchas instituciones tradicionales y del establecimiento de gobiernos no basados en la cultura y la religión de sus pueblos. Estos gobiernos son apoyados y sostenidos por los poderes de otra civilización que todavía dominan gran parte del mundo islámico y hacen imposible que surjan estructuras y normas auténticas de la propia sociedad islámica. Si hoy hubiera en el mundo islámico elecciones realmente libres, en casi todos los países llegarían al poder regímenes menos orientados hacia Occidente; no serían necesariamente antioccidentales, pero pondrían los intereses de la sociedad islámica por encima de todo lo demás. Muchos de quienes critican los países islámicos por su falta de derechos políticos derraman lágrimas de cocodrilo, pues en el fondo son felices de que ésa sea la situación y porque en no muchos lugares del mundo islámico se permita a los miembros de la sociedad ejercer sus derechos políticos de acuerdo con las enseñanzas islámicas clásicas.

Al analizar de forma global el tema de los "derechos humanos", es esencial entender cómo los valores culturales de cada sociedad determinan en gran medida la comprensión de esa expresión. Actualmente se considera en Occidente que los derechos humanos son universales. Sin embargo, la interpretación occidental de este término ha cambiado a lo largo del tiempo. Además, durante años los poderes occidentales han utilizado con frecuencia esta cuestión para su beneficio político y a veces con una hipocresía pasmosa, que ha sorprendido no sólo a los no occidentales, musulmanes incluidos, sino también a aquellos occidentales que creen sinceramente en los derechos humanos tal como ellos los entienden. Además, la cuestión de los derechos humanos se ha convertido en un tema central en la lucha entre las fuerzas de la globalización y las fuerzas que tratan de conservar las culturas, economías y formas de vida locales. No se pueden analizar honradamente los derechos humanos a escala mundial sin volver a estas cuestiones y también a las diferentes concepciones que las diversas culturas y civilizaciones, incluida la islámica, tienen de los derechos humanos sobre la base de su particular comprensión de lo que significa ser humano.

Comparemos por un momento las prioridades en derechos

humanos según las concepciones secular e islámica de lo que significa ser humano. Desde el punto de vista secular, el ser humano es una criatura puramente terrenal y lo más importante son los derechos del individuo como ser puramente terrenal. Si hoy se maldice a Dios o a Cristo en la calle en alguna ciudad americana, no sucederá legalmente nada, pero si se insulta a un individuo, se puede ser arrestado o denunciado. Es evidente, desde esta perspectiva, que los derechos del individuo están por encima no sólo de los derechos de Dios, sino también de los de la fe como realidad pública y social. Las prioridades en el mundo islámico están invertidas. Los derechos de Dios están por encima de los derechos de los seres humanos, y no se considera en absoluto un derecho que una persona insulte la religión de los otros, aunque la prevención de ese acto disminuya los derechos individuales de cada uno. Lo mismo es cierto para las cuestiones de moral, incluida la moral sexual, sobre la que tanto debate ha habido durante las últimas décadas en Estados Unidos y Europa, y para la cuestión de la "libertad de expresión" como derecho individual frente a los derechos de lo público.

La diferencia de prioridades salió claramente a la luz hace unos años con el lamentable asunto de Salman Rushdie, cuando un escritor de origen indio islámico que vivía en Inglaterra escribió una obra blasfema que trataba de denigrar y destruir una parte central de la historia sagrada islámica. La publicación de su obra produjo disturbios, que tuvieron como resultado varias muertes, y finalmente su condena a muerte por parte del ayatolá Jomeini, seguida de una fuerte reacción de escritores occidentales, sobre todo los secularistas. Un lado argumentaba que lo más importante era el derecho del individuo a la libertad de expresión; el otro defendía el derecho de la sociedad a preservar su historia sagrada. Para no pensar que esto es sólo una dicotomía entre el Islam y Occidente, se debe recordar que las leyes contra la blasfemia están todavía en los libros en Gran Bretaña, aunque no incluyan la blasfemia contra el Islam. En cualquier caso, en el asunto Rusdhie era difícil para ambos lados comprender la intensidad de la indignación de la otra parte, pues cada una actuaba a partir de una visión del mundo y de un conjunto de prioridades diferentes a las de la otra.

Si hoy en día se produjera un debate sobre el tema de la comprensión de los derechos humanos y la jerarquía que ello presupone, por parte occidental se podría decir que las mujeres musulmanas tienen pocos derechos. Una madre musulmana podría responder que los niños occidentales tienen pocos derechos; su derecho más básico, el de tener una madre a tiempo completo, ha sido eliminado por un nuevo sistema económico en el que muchas madres se ven obligadas a pasar con sus hijos, en el mejor de los casos, un par de horas cada día de lo que se denomina tiempo de calidad después de todo un día de trabajo y en estado de fatiga. La musulmana podría añadir que, después de la necesidad de una madre, el derecho más básico del niño es el de tener dos padres, y que este derecho se les ha expropiado casi a la mitad de los niños en muchos sectores de la sociedad occidental por factores socioeconómicos complejos y la "moralidad" imperante, que pone los deseos del individuo por encima de la responsabilidad en el matrimonio hacia la esposa y los hijos. Un occidental podría decir que la mayoría de los musulmanes no tiene un derecho a voto que cuente para algo. El musulmán podría responder que está de acuerdo, pero que tan importante como el derecho a votar, y junto con él, es el "derecho" a ganar el sustento de manera justa y razonable y no batallando de la mañana a la noche a causa de unas condiciones económicas difíciles, debidas en gran medida a lo que se denomina el orden internacional a nivel económico y político. Otros musulmanes que tomaran parte en la discusión podrían añadir además que en su pueblo siempre votaban a un anciano sobre la base de su experiencia y carácter, mientras que en muchos lugares, especialmente en Estados Unidos, las opciones ofrecidas en unas elecciones están muy condicionadas por la presión de factores financieros que no tienen nada que ver con la verdadera democracia.

El debate podría prolongarse mucho tiempo, pero al final los interlocutores musulmanes darían las gracias a sus homólogos occidentales diciéndoles que les agradecían su interés, pero que si realmente querían ser amigos y mostrar una actitud fraternal, no deberían imponer sus ideas, sino preguntar al grupo musulmán cuáles pensaban *ellos* que eran los derechos que tenían más descuidados a cuya consolidación podrían ayudarles. Si los derechos humanos están relacionados con el amor a la humanidad, deben combinarse con la humildad, no con el orgullo. Uno de esos musulmanes podría preguntar a una occidental si le gustaría experimentar humillación en vez de humildad. ¿Qué sucedería si un grupo de activistas por los derechos humanos con acceso a los medios de comunicación internacionales celebrara en El Cairo ruedas de prensa en las que sólo estuvieran presentes unos pocos americanos simbólicos, sobre los derechos de las mujeres maltratadas y los abusos del alcohol o la tragedia de las adolescentes embarazadas en América? ¿Tendría este desplante moralista un interés real para los derechos humanos en Norteamérica o sería un intento de humillar a quienes son distintos de los activistas y mantienen un sistema de valores no aceptado por los activistas, aunque el de éstos esté en constante flujo y modificación?

En materia de derechos humanos, todo lo que no esté presidido por el respeto mutuo y la comprensión de la otra parte es una impostura. Y cuando la cuestión de los seres humanos se utiliza como una herramienta para la política de los poderes occidentales, tiende a anular los esfuerzos de quienes en Occidente, con sinceridad y buena intención, tratan de ayudar a otros en todo el mundo para preservar la dignidad de la vida humana, actitud que no sólo comparten musulmanes, cristianos y personas de otras religiones, sino también muchos partidarios del laicismo.

LIBERTAD *DE LA* RELIGIÓN FRENTE A LIBERTAD *DE* RELIGIÓN

El propio pensamiento de libertad produce alegría en la mente y en el corazón, y no hay ningún hombre ni ninguna mujer en Oriente u Occidente que no valore la libertad. Pero ¿qué es la libertad? Es fundamental que respondamos a esta pregunta, especialmente teniendo en cuenta que la "libertad" se ha convertido ahora en santo y seña de Occidente, sobre todo de Estados Unidos, que se presenta al mundo como el ideal supremo. Para responder, la pregunta desde el contexto islámico es necesario recordar primero cómo ven este tema las religiones en general.

La misma palabra "religión" en castellano procede del latín *religare*, que significa "atar", "ligar", que parece lo contrario a "liberar". Los Diez Mandamientos, que forman los fundamentos de la moral judía y cristiana, consisten en una serie de prescripciones ("No harás esto o aquello..."), es decir, limitaciones en vez de libertades. El Evangelio de Juan (8, 32) habla de la Verdad, que nos hará libres, pero sólo si se aceptan las condiciones propuestas por Cristo: «Si alguien quiere venir en pos de mí, que se niegue a sí mismo, tome su cruz y me siga» (Mc 8, 34). En las religiones indias, la libertad se identifica también con la liberación de la esclavitud de toda limitación, o lo que los hindúes llaman *moksha*, y de los ciclos repetidos de la existencia *samsárica*, o cadena de nacimientos y muertes en el mundo futuro, como subraya el budismo. En la mayor parte de las Escrituras sagradas, la libertad se identifica con la liberación de las limitaciones de nuestra existencia, pero no con la libertad del individuo en cuanto ego. Como han dicho muchos sabios musulmanes, la religión nos permite lograr la libertad *respecto del* yo y no la libertad *del* yo.

Metafísicamente hablando, sólo Dios es infinito; por eso sólo Dios es libertad absoluta. Todo modo de existencia separada es limitación y en algún grado esclavitud. Sólo en Dios somos en verdad libres, y Él nos ha dado el libre albedrío para que podamos someterlo libremente a Su Voluntad a fin de lograr la libertad auténtica, libertad de la prisión de nuestros egos limitados y de nuestras pasiones incesantes, que generan oleadas interminables de necesidades y deseos irreales que se transforman luego en necesidades. Una vez, se le preguntó al príncipe de los sufíes de Khurasan, Bāyazīd: «¿Qué quieres?». Él respondió: «Quiero no querer». Ésta es la libertad máxima, que el Islam, como otras religiones inspiradas celestialmente, pone en el centro de sus enseñanzas. Por eso el Corán, como la Biblia o los Vedas, nunca habla de libertad en términos cuantitativos y terrenales, sino que trata de ayudar a desatar el ronzal que ata nuestra alma inmortal a los dictados de las pasiones inferiores. Y por eso también el sufismo, la dimensión interior del Islam, interesado en la formación espiritual del alma, habla tan a menudo de libertad, pero siempre como libertad *respecto del* yo, no *para* el yo. En su sentido más profundo, incluso nuestro amor exterior por la libertad es nostalgia de la libertad de la expansión infinita del Empíreo divino.

La actitud del Islam hacia la libertad se basa en esta realidad metafísica. Como otras religiones tradicionales, el Islam considera que su misión consiste en ayudar a los seres humanos a liberarse de las garras del poder de su alma inferior, para poder lograr así la verdadera libertad, pero no promover un individualismo que, con la apariencia de libertad, sólo fortalece los lazos de esclavitud de nuestra alma inmortal a ese poderoso dueño esclavo dentro de ella que es el agente de la rebelión, la pasión, la concupiscencia y, en definitiva, la esclavitud. Sin embargo, este sentido superior de la libertad no ha impedido nunca al Islam creer que los seres humanos deben disfrutar la libertad de vivir con dignidad en este mundo y practicar sus deberes hacia Dios como Sus servidores y hacia Sus criaturas como representantes Suyos. La indignación y la rebelión contra la tiranía siempre ha sido estimulada en el Islam.

Existe sin embargo una importante distinción que se debe aclarar. Para la persona de fe, sea judía, cristiana o musulmana, amar a Dios y obedecer Sus mandamientos no se considera una pérdida de libertad. En contraste, quienes han perdido la fe consideran esa sumisión una pérdida de libertad. En la Revolución americana, los padres fundadores dejaron claro que la libertad religiosa era un derecho humano capital, pero durante los más de doscientos años que siguieron, este derecho ha llegado a significar para muchos libertad *de la* religión, no *de* religión. Los conflictos culturales actuales que se producen en Norteamérica sobre la oración en la escuela y otras cuestiones relativas a la separación de Iglesia y Estado ponen de manifiesto esta distinción. Ahora bien, obviamente, la experiencia secularizadora de Occidente durante los últimos siglos no ha sido compartida por el mundo islámico, y la mayoría de los musulmanes viven todavía en el mundo de la fe, en el que la sumisión a Dios no se considera una reducción de la libertad, como tampoco un cristiano devoto puede entender como restricción de su libertad el hecho de ir a la iglesia y obedecer las enseñanzas de Cristo. En ambos casos, la aceptación de la autoridad de Dios será considerada la puerta para lograr la libertad real. Es sencillamente un sinsentido que los intelectuales occidentales secularizados que tratan de huir de la religión para conseguir más "libertad" intenten trasladar su crisis existencial a musulmanes que todavía viven en el mundo de la fe.

El amor a Dios y la sumisión a Su Voluntad no significa, sin embargo, en modo alguno, que los musulmanes no tengan ningún interés en la libertad política y social. El deseo humano de libertad de acuerdo con lo que uno es y lo que son los propios valores culturales es un rasgo universal, y a lo largo de su historia los musulmanes han mostrado tanto deseo de libertad para sí mismos y su sociedad como cualesquiera otros, como las valerosas guerras de independencia libradas contra británicos, franceses y rusos (que todavía continúa en Chechenia en el momento de escribir estas líneas), entre otras, atestiguan. Paradójicamente, después de todas esas batallas, la mayor parte de las sociedades musulmanas tuvieron que cargar con gobiernos que les han proporcionado menos libertad de la que tenían antes. No sólo debido a la tecnología moderna, que hace que el Estado sea mucho más poderoso que en épocas anteriores, sino también debido a la pérdida de numerosas instituciones tradicionales, las regiones modernizadas del mundo islámico disfrutan hoy de menos libertad de la que tenían antes del período moderno. El contraste entre el discurso sobre la libertad en Occidente y la persecución del propio interés, habitualmente de naturaleza económica, que sirve de apoyo a regímenes opresores en gran parte del mundo islámico, sin duda no pasa inadvertido a la población islámica en general.

Si se pregunta si los musulmanes quieren la libertad, la

respuesta es rotundamente "sí". Pero la inmensa mayoría añadiría que, en primer lugar, libertad no significa para ellos liberarse de Dios y de la religión; ellos abrazarían otras libertades, con tal de que no destruyeran su fe y lo que da sentido a su vida. Segundo, señalarían que ser libre significa también comprender lo que se quiere decir con libertad. Ciertamente no quieren que la "libertad" les sea impuesta como una ideología por un Occidente más poderoso que pretende saber mejor que ellos mismos lo que es bueno para ellos. La coacción bajo la apariencia de libertad sigue siendo coacción. Lo que querrían los musulmanes es que se les dejara la libertad de enfrentarse a sus problemas y encontrar sus propias soluciones. Durante todos estos siglos en que Occidente ha estado experimentando con todo tipo de ideas e instituciones, desde la Revolución francesa a Napoleón, desde la Revolución bolchevique al fascismo y el nazismo, desde el *laissez-faire* del capitalismo no intervencionista al socialismo y al revés, la dinámica procedía del interior de la civilización occidental, y Occidente tuvo la libertad de desarrollarse como lo hizo, para bien o para mal, sin coacción exterior. No hubo ninguna fuerza externa, ninguna otra civilización poderosa que estuviera encima de ella y le impidiera actuar libremente desde dentro de sí misma para crear todas las instituciones y normas nuevas que estimara necesario. El mundo islámico no tiene ese privilegio. La misma civilización occidental que habla de libertad le ha impuesto numerosas coacciones en nombre de la protección de sus "intereses", coacciones que son unos obstáculos para la libertad de acción mayores de lo que pudieran serlo cualesquiera otros procedentes del interior de la propia sociedad islámica.

Bajo tal presión, algunos musulmanes, durante el siglo pasado, se volvieron hacia el liberalismo occidental, otros hacia el marxismo mientras el mundo soviético estaba todavía vivo, y otros incluso hacia formas politizadas del Islam. Pero ninguno de estos movimientos ha estado libre de las coacciones externas que Occidente no tuvo que afrontar en su reciente desarrollo histórico. En cualquier caso, el mundo islámico busca ciertamente su libertad, pero quiere hacerlo según su propia interpretación de la naturaleza de la condición humana, partiendo de su objetivo supremo de libertad en Dios, y deduciendo, a la luz de esta realidad, la libertad en el orden humano. Los musulmanes no son menos inteligentes que otras comunidades y, si se les diera libertad, podrían discernir por sí mismos entre el veneno y el elixir de vida que sus sociedades les ofrecen. Lo que más intensamente anhelaría el mundo islámico del poderoso mundo occidental, que predica la libertad, es que ese mismo Occidente le diera libertad para poder responder a los desafíos del mundo actual sobre la base de su propia dinámica interna. Pero la mayor parte del mundo islámico se da cuenta de que este deseo no se está realizando, y que los intereses geopolíticos y económicos de Occidente tienen prioridad sobre la cuestión de la libertad real. Por eso los musulmanes deben encontrar por sí mismos el camino para luchar por la libertad, las normas legales y los derechos humanos, todo ello concebido desde el punto de vista islámico, aunque sea bajo coacciones externas e internas sin precedentes y sin sacrificar la posibilidad de esa libertad espiritual que es el objetivo último de la vida humana en la tierra.

Los musulmanes están de acuerdo en que el Islam tiene respuestas para todas las condiciones y circunstancias, incluidas por lo tanto las presentes. Por ello los musulmanes serios tratan de actuar correctamente y de buscar la libertad a pesar de las coacciones externas, sin culpar a fuerzas exteriores de su falta de iniciativa y energía y de su incapacidad para vencer la inercia. Es posible vivir de acuerdo con el Islam incluso en las circunstancias históricas más difíciles y buscar al menos cierto tipo de libertad, sobre la base de la concepción islámica, incluso en situaciones en las que las coacciones interiores y exteriores están continuamente presentes.

RESPUESTAS MUSULMANAS CONTEMPORÁNEAS A LA CUESTIÓN DE LA LIBERTAD Y LOS DERECHOS HUMANOS

Lejos de mostrarse pasivos ante los retos planteados por Occidente sobre la cuestión de la libertad y los derechos humanos, durante las últimas décadas, quienes han tratado de analizar el significado actual de la libertad para la sociedad islámica, más allá de las urnas y los compromisos prácticos y teóricos que implica la cuestión de los derechos humanos, han ofrecido numerosas respuestas desde el punto de vista del Islam. En la mayoría de los países islámicos existen ahora grupos de derechos humanos, a los que se oponen algunos gobiernos y que incluso son considerados agentes de Occidente por otros. Se han producido también extensos debates sobre la cuestión del Islam y los derechos humanos entre teólogos, filósofos y juristas, incluidas algunas de las autoridades tradicionales más eminentes. Muchas deliberaciones, congresos y debates a comienzos del siglo XV del calendario islámico, fecha que corresponde a la década de 1980, condujeron a la publicación de una declaración islámica de derechos humanos que logró el apoyo de numerosas autoridades musulmanas tradicionales y muchas organizaciones importantes y que se ha difundido ampliamente por todo el mundo islámico.

Basados íntegramente en el Corán y el *Ḥadīth*, los derechos enumerados en este documento incluyen el derecho a la vida, la libertad, la igualdad, y la prohibición de la intolerable discriminación; el derecho a la justicia, a un juicio justo, la protección contra el abuso de poder, la protección contra la tortura, la protección del honor y la reputación, y el derecho de asilo; los derechos de las minorías; el derecho de participación en la dirección y gestión de los asuntos públicos; los derechos de creencia, pensamiento y expresión; libertad de religión y de libre asociación; libertad de actuar en lo que concierne al orden económico, protección de la propiedad, seguridad social, libertad de fundar una familia, y asuntos relacionados; los derechos de las mujeres casadas; el derecho a la educación, a la intimidad y libertad de movimientos y de residencia.

Un occidental escéptico podría decir que éstos son simplemente conceptos occidentales modernos de los derechos humanos formulados en términos islámicos. Pero lo cierto es que cada uno de estos derechos está sostenido por referencias coránicas y del *Ḥadīth*. Sin duda, lo que constituye el *contenido* de los derechos humanos, y no su *forma*, no es algo específicamente moderno, sino que se encuentra de una manera u otra en las enseñanzas morales y espirituales de diversas religiones y en los escritos de filósofos morales de muchos países, de China a Francia, incluidos, por supuesto, los del mundo islámico. Lo que este documento y otros similares ofrecen son las respuestas del mundo islámico al reto planteado por Occidente en esta materia, pero la sustancia de la respuesta procede del propio Islam.

Algunos podrán decir que aunque éstos sean ideales islámicos, no se realizan hoy en día en el mundo islámico. Esa observación es cierta en alguna medida, pero no absolutamente. Ahora bien, el mundo islámico no es una excepción en esta materia. Ninguna sociedad, de China a México, está a la altura de esos ideales. Ni siquiera Occidente los vive por completo, como se ve en la presencia continua del racismo en Estados Unidos. Para ser justos, habría que decir que algunos de esos ideales se realizan más plenamente en Occidente y otros en el mundo islámico, si se toma en consideración toda la gama de derechos humanos con relación a nuestros deberes para con Dios y Su creación. En cualquier caso, la corriente principal del pensamiento islámico no tiene un conflicto con Occidente, ni siquiera con su componente secularista, sobre la cuestión del contenido de los derechos humanos ni tampoco sobre la necesidad de su puesta en práctica. Donde existe una diferencia básica es en la relación entre los derechos humanos y las responsabilidades humanas, y también en cuanto a nuestros derechos frente a los derechos de Dios sobre nosotros y el resto de Su creación. Sobre esta cuestión, muchos pensadores occidentales judíos y cristianos están de hecho más cerca de sus homólogos musulmanes que de sus compatriotas laicistas.

En el nivel práctico, a pesar de numerosos obstáculos políticos y sociales, en los años recientes ha habido en varios países islámicos un desarrollo hacia un mayor respeto por la ley y los derechos y libertades que en ella se garantizan. En países tan diferentes como Malasia, Indonesia e Irán hay en marcha un intento de desarrollar lo que se denomina una sociedad civil islámica gobernada por la ley, que no sería una sociedad secularizada, sino una sociedad civil en las que estarían garantizados los derechos de los ciudadanos. Las dicotomías establecidas por tantos supuestos expertos en Occidente entre una "teocracia" y una sociedad y un gobierno seculares son simplemente falsas en el mundo islámico y no se pueden aplicar a él. Arabia Saudí o Irán no son teocracias en el sentido occidental del término, y el de Egipto no es un Estado laicista. Actualmente, el mundo islámico está en proceso de responder a los retos planteados por el modernismo tanto en este ámbito como en otros. Muchos experimentos están en curso en países tan diferentes como Turquía e Irán. Y puesto que este proceso se desarrolla bajo unas condiciones en las que no existe una libertad completa dentro o fuera, a veces se manifiestan formas extremas de acción con consecuencias trágicas. Pero estas violentas erupciones no deben hacernos olvidar que en un nivel más profundo está sucediendo algo mucho más fundamental. Y lo que está sucediendo es que se está dando respuesta a los difíciles desafíos que plantea el mundo moderno por parte de una importante civilización mundial que, a pesar de su habitual debilidad política y militar, tiene los recursos espirituales necesarios para subrayar la importancia de la dignidad humana y los derechos que Dios ha concedido a los seres humanos; y todo ello, sin dejar de subrayar, al mismo tiempo, que todos nuestros derechos proceden del cumplimiento de nuestras responsabilidades con Dios y Su creación, y que sin aceptar las responsabilidades, el énfasis en los derechos sólo puede transformarnos en una especie que es un peligro para sí misma y para todo lo que la rodea.

LA CONDICIÓN HUMANA Y EL PAPEL DEL ISLAM

Desde principios de la década de 1990, algunas figuras destacadas de Occidente han tratado de crear una declaración universal de responsabilidades humanas que complementase la de los derechos humanos fijada por las Naciones Unidas. Son ya muchos los que han llegado a comprender que el solo énfasis en los derechos humanos sin subrayar también nuestras responsabilidades con el resto de la sociedad y con el medio natural no puede sino acelerar la carrera suicida que el mundo occidental moderno, y ahora postmoderno, parecen haber tomado. No es necesario ser profeta para comprender que la rápida destrucción del entorno natural y el tejido social de la mayoría de las sociedades altamente industrializadas tiene que terminar en un desastre total para la humanidad. El Islam tiene un papel crucial a la hora de sacar a la luz la primacía de las responsabilidades sobre los derechos de acuerdo con su visión del ser humano como ser teomórfico y con su énfasis en la dependencia ontológica de los seres humanos respecto de Dios. Puede ser también una fuerza importantísima, tal vez la más poderosa en la Tierra, para oponerse al proceso de desacralización de los seres humanos y de la naturaleza, proceso cuyo resultado es la monumental crisis a la que ahora nos enfrentamos.

Más allá del estrépito de las confrontaciones políticas y militares que se desarrollan en la actualidad, los pensadores musulmanes deben plantearse las cuestiones de las responsabilidades humanas y los derechos humanos, uniendo sus manos con los pensadores occidentales y con otros comprometidos en estos asuntos globalmente, poniendo sin complejos sobre la mesa la contribución islámica a estos temas vitales y sobre todo el énfasis en la cosmovisión teocéntrica del mundo y la concepción sagrada de la creación, que no son sólo puntos de vista islámicos, sino compartidos de una forma u otra por todas las religiones históricas. La participación de los musulmanes, a escala mundial, en la creación de una conciencia de que las responsabilidades humanas complementan y preceden a los derechos humanos, es en sí misma una responsabilidad de primer orden que Dios ha puesto sobre los hombros de aquellos musulmanes dotados del conocimiento y la virtud suficientes para llevar a cabo esta tarea.

Dentro del propio mundo islámico, los pensadores musulmanes deben plantearse una comprensión cada vez mayor de los derechos humanos sobre la base de la concepción islámica de la naturaleza del ser humano. Todos los elementos de los derechos humanos tal como se concretan en la declaración islámica antes mencionada se encuentran en las fuentes islámicas tradicionales, desde el Corán y el *Ḥadīth* a la poesía, los aforismos de los sabios y las obras de filósofos morales y sufíes. Pero tienen que ser reformulados en el contexto contemporáneo de manera que puedan responder a los modernos desafíos occidentales y también a la situación vigente en las diversas sociedades islámicas. ¿Por qué se debe respetar la vida humana y, en realidad, toda forma de vida? Si se afirma que todos los musulmanes son iguales ante la ley, ¿por qué no sucede realmente así en tantas sociedades musulmanas, y qué sucede en las no musulmanas? ¿Cuál es el fundamento de la libertad de religión y de culto? ¿En qué medida es sacrosanta la vida personal y cuál es el límite del Estado en la intromisión en la vida personal? Estas preguntas deben ser respondidas de manera clara y convincente por la generación actual de musulmanes, no recurriendo a Jean-Jacques Rousseau y John Locke, como hizo una generación anterior de modernistas musulmanes con una falta de éxito patente, sino acudiendo a las fuentes más auténticas de la tradición islámica.

La concepción islámica de los derechos humanos no necesariamente será idéntica a la vigente interpretación occidental, pero esto no es en absoluto negativo. Lo que es importante es que la respuesta islámica sea auténtica y esté profundamente enraizada en su tradición. El intento de armonizar la concepción islámica de estos asuntos con la valoración occidental vigente de estos temas no sólo puede no ser metafísica y religiosamente factible, sino que incluso puede resultar imposible en la práctica, puesto que la concepción occidental de estas cuestiones está en un cambio constante, de década a década. Lo importante para el Islam es aceptar el desafío de la realidad de las cuestiones que están en juego para ofrecer unas respuestas islámicas, lo que de hecho puede ser también de interés para algunos pensadores occidentales que se esfuerzan por resolver los problemas planteados por estas cuestiones a escala mundial.

Una tarea particularmente difícil, que es nueva y que exige un esfuerzo intelectual (*ijtihād*) del más alto nivel por parte de los musulmanes, es la de determinar los derechos de quienes no creen en Dios y, por tanto, tampoco en las responsabilidades que las personas de fe creen que tienen hacia Dios. Las obras islámicas clásicas sobre ética y derecho, escritas bien sea desde un punto de vista jurídico, filosófico o teológico, consideraban un universo en el que había una pluralidad de religiones, como ya analizamos en el capítulo primero. Hoy en día hay una situación nueva en el mundo moderno y postmoderno que es, realmente, una anomalía en la historia del mundo. Dado que fue en Occidente donde, mediante un proceso gradual, se desarrolló el secularismo extensivo, la actitud de los pensadores cristianos pudo acomodarse al secularismo con el paso de tiempo.

Para el pensamiento islámico, la presencia en el mundo de una poderosa fuerza secularista aparece como una gran conmoción, a pesar de que el advenimiento del modernismo comenzó hace dos siglos en muchos países islámicos y tras setenta años de dominación de buena parte del mundo islámico por parte del régimen soviético, oficialmente ateo. Ahora la corriente principal del pensamiento islámico, tanto sunní como chií, debe afrontar esta cuestión del secularismo y el agnosticismo como ya lo hiciera en otro tiempo con respecto a los derechos de los seguidores de otras religiones en el seno de la comunidad islámica. Cualquiera que sea la concepción de los derechos humanos que llegue a dominar la conciencia de la comunidad islámica en el futuro, debe tener en cuenta no sólo a los partidarios de otras religiones, asunto relativamente fácil a la luz de la doctrina coránica de la universalidad de la Revelación, sino también a aquellos que no creen en ningún Principio trascendente o inmanente más allá de lo humano. Y esto es más difícil de discernir a la luz de la concepción islámica de la condición humana. Sin embargo, es una tarea que los *'ulamā'*, o eruditos religiosos, que tienen influencia sobre el pueblo y que son los guardianes de la *Sharī'ah*, deben afrontar. Evidentemente, esta tarea será más fácil si quienes, dentro del mundo islámico, han decidido abandonar el mundo de la fe no actúan como una quinta columna del moderno secularismo occidental. Pero aunque así fuera, se tiene que encontrar la manera de proteger sus derechos ante la ley junto con los de los no musulmanes que no posean ninguna convicción religiosa y que vivan dentro del mundo islámico.

El pensamiento islámico debe también poner en tela de juicio, en el más alto nivel intelectual, la vigente idea de que la actual comprensión occidental de los derechos humanos es universal, lo que en este contexto significa mundial. Ahora bien, todos los valores están relacionados con una visión del mundo, o *Weltanschauung*, desde la que son comprendidos, y no todas las visiones del mundo son iguales. Las cosmovisiones religiosas tienen en común unos principios básicos que no comparten con las que niegan la trascendencia y lo sagrado. Cuando se llega a la cuestión de la condición humana, los cristianos hablan de que somos hijos de Dios, los musulmanes de que el ser humano es su representante en la tierra, y ambos de que los seres humanos están hechos según la "imagen" o "forma" de Dios, aunque atribuyan significados diferentes al término “magen” o “forma”. Los hindúes hablan del sacrificio del Hombre Primordial para crear el mundo, y el neoconfucianismo del ser humano como ser antropocósmico y puente entre el Cielo y la Tierra. Estas visiones se pueden relacionar fácilmente, pero no pueden armonizar con una visión del ser humano que lo considere un agregado de moléculas reunidas por azar de la sopa cósmica original.

Los derechos humanos, que necesariamente tienen que basarse en el concepto de lo que es el ser humano, no pueden ser considerados mundiales o universales debido a esas diferencias básicas sobre lo que constituye el estado humano. Los pensadores islámicos deben adelantarse a señalar que, en efecto, hay valores que son globales, como el respeto a la vida humana o la oposición a la tortura, pero que otros derechos humanos dependen de la visión del mundo de las diversas civilizaciones que, juntas, componen la humanidad. ¿Son los derechos de los seres humanos más importantes que los derechos de Dios? ¿Podemos tener derechos humanos sin tener también responsabilidades humanas? ¿Son los derechos políticos superiores a los derechos económicos? ¿Tienen prioridad los derechos del individuo sobre los de la comunidad? Si los derechos humanos no deben ser una forma de coacción política y cultural en nombre del amor a la humanidad, se debe respetar la respuesta de las diversas religiones, culturas y civilizaciones a esa pregunta, sea cual fuere la fuerza actual en este mundo de dichas religiones o culturas. Una de las funciones de los musulmanes como miembros de una importante civilización mundial es responder a esas preguntas con toda honradez desde el punto de vista islámico. Deben también insistir en el respeto mutuo entre las civilizaciones y los valores de que éstas son portadoras, en lugar de aceptar imposiciones unilaterales. Deben, además, buscar activamente la cooperación no sólo con los occidentales, sino igualmente con los miembros de otras culturas y civilizaciones para señalar aquellos valores que a todos nos son queridos y que deben ser respetados por todo el mundo si queremos vivir y actuar como seres humanos en un mundo en el que ya no parece haber más opción que vivir en respeto mutuo con compasión y amor por los otros o perecer juntos.

No sólo el mundo islámico, no sólo Occidente, sino el mundo entero está atravesando una de las páginas más oscuras de su historia, lo que ningún triunfalismo y prepotencia pueden ocultar. En estos tiempos oscuros los musulmanes deben permanecer más vigilantes que nunca sobre todo lo que sucede a su alrededor y sobre aquellos que utilizan el nombre del Islam para propósitos varios, incluidos los ilegítimos. Sobre la base de las enseñanzas tradicionales del Islam, algunas de las cuales hemos esbozado en páginas precedentes, deben ser tan críticos con lo que ocurre entre ellos mismos, en forma de intolerancia y fanatismo, como lo son con los defectos de las sociedades occidentales modernas, desde la promiscuidad sexual y la disolución de la familia a la profanación y destrucción del entorno natural. Los musulmanes deben asumir sus responsabilidades ante Dios y Su creación tal como se enseña en el Islam, responsabilidades para las que fueron creados como seres humanos, y sobre la base de esas responsabilidades deben tratar de ejercitar los derechos que Dios les ha dado, pero respetando siempre los derechos de los otros.

En un mundo en el que se niega la jerarquía de los estados del ser, y en el que, en la mente de muchos, los seres humanos son elevados al nivel de Dios y el "reino del hombre" ha llegado a reemplazar al "reino de Dios", es deber de los musulmanes proclamar la primacía de lo sagrado, la necesidad absoluta de las leyes sagradas como cimiento de la moral social, el objetivo supremo de la vida humana más allá de lo terrenal, el carácter central de la justicia en la sociedad humana, y la necesidad de buscar la paz en el interior antes de buscarla en el exterior. Los musulmanes deben recordarse a sí mismos sus responsabilidades con Dios, con los seres humanos y el mundo natural y también sus derechos básicos, el más importante de los cuales es el derecho a ser siervo de Dios y representante Suyo en la tierra. Deben tender amistosamente la mano a los seguidores de otras religiones, tal como ordena el Corán, y vivir y dejar vivir con respeto a quienes se han alejado por completo del mundo de la fe. Deben tender la mano incluso a aquellos cristianos, y principalmente a evangelistas protestantes, que expresan ideas ignorantes, hirientes e incluso maliciosas y terribles acerca del Islam. En este caso, los musulmanes deben poner la otra mejilla y demostrar con sus acciones que también Cristo es para ellos un enviado de Dios y que se veneran sus palabras.

Los hombres y las mujeres que en Occidente siguen entregados a la vida de la fe deberían saber también que las personas más próximas a ellos en este mundo son los musulmanes, si es que se quieren desgarrar los velos de malentendidos y desconfianza mutuos que se han hecho últimamente tan densos. Todo practicante musulmán, lo que incluye a la inmensa mayoría de la población del mundo islámico, estaría de acuerdo en que su deseo mayor no es otro que el expresado en la oración pronunciada por Cristo: «Que se haga Tu voluntad en la tierra y en el cielo». Por muchas que sean las aberraciones que hoy nublan el horizonte, la tradición islámica es y debe seguir siendo testigo de la Unicidad de Dios, consagrada al esfuerzo de realizar Su voluntad aquí en la tierra. Sólo permaneciendo fiel a ella, aferrados al "firme cable" mencionado en el Corán y al mensaje que está destinada a aportar a este mundo, la comunidad islámica cumplirá sus deberes ante Dios y el resto de la humanidad y contribuirá como "pueblo del medio" a la creación de la armonía entre las religiones, los pueblos y las civilizaciones del mundo entero. Sólo volviendo al núcleo de sus enseñanzas podrá el Islam, en esta época de olvido, dar testimonio de la verdad fundamental sobre la naturaleza de los seres humanos en tanto que criaturas destinadas al mundo espiritual con la posibilidad, incluso en este mundo, de "ver a Dios en todas partes", criaturas que son agentes de Su Voluntad en la tierra, portadoras de paz y canales de las aguas de la compasión que surgen del manantial de la Vida divina.

EPÍLOGO:

LA ÉTICA
Y LA NATURALEZA ESPIRITUAL
DE LA VIDA HUMANA,
ORIENTE Y OCCIDENTE

El Corán afirma que Dios es el Señor de Oriente y de Occidente, y también que el Olivo Bendito, que simboliza el eje espiritual del mundo, no es ni de Oriente ni de Occidente. Hoy en día, más que en ningún otro momento de la historia, es necesario comprender la naturaleza universal de la verdad, que pertenece tanto a Oriente como a Occidente y, sin embargo, no se limita ni a uno ni a otro. No obstante, hay personas en Occidente que ven el Islam como "lo totalmente otro" y lo infaman y lo identifican con todo lo que desprecian, mientras en el mundo islámico hay también personas que consideran a Occidente el enemigo innato del Islam. Quienes comprenden que Dios es el Señor de Oriente y Occidente deben alzar su voz contra esas actitudes ignorantes y en ocasiones maléficas.

No existe, sin embargo, una simetría simple entre Oriente y Occidente en la actualidad. Antes de la época moderna, la "morada del Islam" era el único "otro" que conocía Occidente, y la conciencia de sí de la civilización occidental durante su período de maduración y su cristalización se definió en gran medida por ese "otro". Sin embargo, para el Islam había otras civilizaciones, como las de India y China, con las que tuvo contacto y a las que consideró "el otro". Este factor contribuyó, a través de la imagen que el Islam tenía de sí mismo como civilización central del mundo, a que los musulmanes desatendieran durante varios siglos el incremento del poder europeo durante el Renacimiento y las importantes transformaciones intelectuales y religiosas que se produjeron en ese tiempo en Occidente, incluido el crecimiento de la ciencia moderna seguido de la nueva tecnología.

Algunos han querido criticar a la civilización islámica por no seguir la misma trayectoria de desarrollo que se produjo en Europa, y se han preguntado acerca de "qué fue mal" en el mundo islámico. Sin embargo, si examinamos la historia del mundo, la pregunta que habría que plantear no es "¿qué fue mal en el mundo islámico?", sino "¿qué fue mal en Europa?". La misma pregunta, "¿qué fue mal?", implica una norma o algo que se supone correcto respecto de lo cual se juzga que algo *está* mal. Ahora bien, la norma mundial fueron antaño las civilizaciones tradicionales basadas en principios religiosos y espirituales, enraizadas en una visión del mundo teocéntrica o antropocósmica, como vemos en las civilizaciones japonesa, china, hindú, islámica, bizantina y europea medieval. Fue la Europa postmedieval la que se desvío de esa norma al sustituir la cosmovisión teocéntrica por otra antropocéntrica, convirtiendo al ser humano en medida de todas las cosas o, por utilizar un lenguaje religioso, sustituyendo el "reino de Dios" por el "reino del hombre". Esta "libertad" de la razón respecto de la revelación y la intuición intelectual, combinada con el énfasis en el humanismo, el racionalismo, el empirismo y el naturalismo, condujo a muchas elaboraciones nuevas, incluida una nueva ciencia basada en el poder más que en la sabiduría, e hizo posible que Europa se extendiera por el mundo y dominara a otras civilizaciones; condujo también a la revolución industrial, la tecnología moderna y la medicina moderna. Ahora bien, la medicina moderna ha erradicado muchas enfermedades, pero también ha provocado la explosión demográfica, mientras que la tecnología moderna ha creado muchas comodidades pero ha provocado la destrucción catastrófica del entorno natural.

La muerte de decenas de millones de europeos en el siglo

XX gracias a los modernos medios de guerra, combinada con la pérdida del sentido de la vida, la secularización del mundo, la deshumanización de la humanidad, la fractura del tejido social, la destrucción sin precedentes de la naturaleza y muchas otras consecuencias de la civilización moderna llevaron a algunos pensadores y poetas occidentales de primer orden a criticar profundamente, durante el último siglo, el curso tomado por la moderna civilización occidental. Si no todo el mundo ha leído la magistral obra de Guénon *La crisis del mundo moderno*, la mayoría de los estadounidenses conocen *La tierra baldía*, de T.S. Eliot, y algunos recuerdan *Where the Wasteland Ends*, de Theodor Roszak, junto a muchas otras obras escritas por autores europeos y americanos durante las décadas pasadas, que describen la condición espiritualmente trágica de la vida humana en la sociedad moderna o critican las tendencias que conducen a la civilización occidental moderna a su destrucción.

¿Se deberán pasar por alto todas esas críticas y hacer de la civilización moderna la norma de lo que está bien en comparación con la cual todo lo demás se considere erróneo? Ninguna persona reflexiva, que sea consciente de lo que estamos haciendo con nuestro entorno natural y de las fuerzas que están desgarrando el tejido de nuestra sociedad, y, más importante, nuestra alma, puede pretender que el camino seguido por Occidente debe ser la norma por la que juzgar a otras civilizaciones, sea la islámica o cualquier otra. Además, si las civilizaciones islámica o china *hubieran* seguido el mismo curso que el Occidente postmedieval y hubiéramos tenido la revolución industrial no sólo en Inglaterra, sino también en China, Persia, Turquía y Egipto, el impacto medioambiental habría sido tan enorme que ni siquiera podríamos estar hoy aquí planteando la pregunta sobre qué es lo que fue mal.

En realidad, las diversas civilizaciones, sea en Oriente o en Occidente, han sufrido una decadencia, se han desviado de su camino y deben plantearse la pregunta de qué es lo que fue mal, en lugar de proclamar con orgullo y fariseísmo lo que fue mal en otras partes porque las gentes de ese "otro lugar" no siguieron su manera de pensar y de actuar. Debemos dejar de identificarnos a nosotros con la bondad pura y a los otros con el mal puro. Incluso Cristo dijo que sólo Dios es bueno en sentido absoluto. Cada civilización debe hacerse cada vez más consciente de sus propios defectos y sus elementos perniciosos, así como de sus virtudes y de lo que hay de bueno en ella. Los musulmanes deben preguntarse qué ha ido mal en sus sociedades, pero también Occidente debe plantearse la misma pregunta con respecto a sí. Y esta tarea de autoexamen es aún más urgente para Occidente, pues, en esta particular coyuntura de la historia humana, posee un poder mucho mayor que las demás civilizaciones y también su influencia a nivel mundial es, consecuentemente, mayor.

Por otra parte, en la actualidad, ya no se puede hablar estrictamente de Occidente y del mundo islámico como dos civilizaciones que se miran una a otra desde ambos lados de una línea, cual dos ejércitos dispuestos a la batalla, como en la época medieval. En el pasado, el Islam ocupaba la orilla sur del Mediterráneo, y Occidente la orilla del norte, y más tarde los otomanos ocuparon la Europa oriental y la civilización occidental imperaba desde Viena hacia el oeste. Actualmente, la relación entre el mundo islámico y Occidente se parece más al símbolo *yin yang* del Extremo Oriente. Recordemos que existe un elemento *yin* en *yang* y un elemento *yang* en *yin*, y que juntos constituyen un círculo, que es símbolo de la totalidad. Del mismo modo, hay muchos occidentales que viven en el mundo islámico, junto a muchos musulmanes occidentalizados, y que son también considerables las comunidades islámicas en Europa y América. Mientras que la contribución de los occidentales que están en el mundo islámico a Occidente es esencialmente económica y, en alguna medida, política, la contribución al mundo islámico de los musulmanes que viven en Occidente es sobre todo intelectual y sólo secundariamente económica. En realidad, en ningún momento de la historia islámica tantos líderes intelectuales influyentes del Islam han vivido fuera de la "morada del Islam", en otra civilización, lo que, curiosamente, proporciona el ambiente favorable para un discurso intelectual libre que no es posible en las condiciones actuales en muchos países islámicos. Los destinos de Occidente y del mundo islámico están entrelazados de tal manera que la situación no se puede reducir simplemente a "nosotros" y "ellos" en una total exclusión mutua.

Está en el destino no sólo del Islam y de Occidente, sino de todas las demás civilizaciones, verse obligadas a afrontar en este momento particular de la historia las fuerzas poderosas de la mundialización. Si el secularismo trató anteriormente de demoler y destruir las visiones del mundo basadas en lo sagrado, el proceso de mundialización tal como se entiende habitualmente trata de manera cada vez más acelerada de articular una sola visión del mundo y un solo "sistema de valores". Pero este "sistema de valores" es lo que se podría denominar "transhumano", porque se basa en lo efímero del mercado y sus colectividades y no en verdades duraderas y valores espirituales. Los objetivos políticos y económicos de la mundialización son, por tanto, tan hostiles a los valores perennes de la religión como las fuerzas del secularismo lo fueron anteriormente y lo siguen siendo en la actualidad. En esta situación histórica sin precedentes, cargada del mayor peligro para todo el legado espiritual de la humanidad, es esencial que los aspectos particulares de cada tradición sean preservados y depurados, que se recuerden los aspectos universales y que ambos se utilicen para informar a otras tradiciones. Sólo sobre la base de un diálogo positivo y mutuamente enriquecedor entre tradiciones religiosas que respeten sus particularidades, a la par que reconocen las verdades universales que subyacen en su corazón o centro, se deben buscar las respuestas a los problemas acuciantes con que se enfrenta la humanidad en la actualidad.

En este momento crítico de la historia humana, musulmanes y occidentales, y, en realidad, todos los seres humanos, deben tratar de vivir una vida ética basada en el respeto y en un mayor conocimiento mutuo. Volviendo más particularmente al Islam y Occidente, se debe enfatizar que, seamos musulmanes, judíos, cristianos o incluso laicistas, vivamos en el mundo islámico o en Occidente, tenemos necesidad de dar sentido a nuestra vida, de normas éticas que orienten nuestras acciones, de una visión que nos permita vivir en paz con los demás y con el resto de la creación de Dios. En el logro de esta tarea es donde el aspecto formal y el mensaje interior del Islam, así como de otras religiones, puede venir en nuestra ayuda como nada más en este mundo puede hacerlo. De especial importancia es el mensaje interior, pues éste no es otra cosa que la verdad universal que Dios colocó en el corazón de todos los seres humanos y que está en el centro de todas las revelaciones celestiales.

El corazón del Islam es también el Islam del corazón, que es esa virtud espiritual, o *iḥsān*, que nos permite "ver a Dios en todas partes" y ser Sus "ojos, oídos y manos" en este mundo. El corazón de la religión es la religión del corazón, donde se trascienden todas las formas externas, el corazón que, según el Profeta, es "el Trono del Infinitamente Bueno y Compasivo". Es en esta religión del corazón donde se debe encontrar la sabiduría eterna, o *sophia*, que brilla como una joya en el centro de todo mensaje divino. Sólo esta sabiduría puede proporcionarnos, en este tiempo de oscuridad y confusión, la luz de la armonía basada en el conocimiento de los principios y el calor de la compasión y el amor al prójimo. Como la última gran religión histórica de este ciclo de la existencia humana, el Islam ha sabido preservar hasta hoy, y a pesar de toda la confusión exterior e incluso la subversión de nuestra época, ese mensaje de la *sophia* eterna en su corazón. Comprender plenamente el Islam es comprender ese mensaje universal del corazón y la manera en que los elementos externos de la tradición se relacionan con este centro oculto.

Los propios musulmanes deben beber cada vez más de estas fuentes interiores de sabiduría, y todos los hombres y mujeres de buena voluntad de Occidente deben tratar de comprender el Islam a la luz de esas verdades centrales, que se deben descubrir también en el judaísmo, el cristianismo y las otras religiones. Todos debemos tratar de redescubrir el corazón de la religión, que es también la religión del corazón, para beber profundamente de la fuente de sabiduría que mana del corazón, para vivir en paz y armonía sobre la base de las verdades universales contenidas en la sabiduría perenne compartida por todas las tradiciones, y amar a toda la creación de Dios por haber sido tocados por el amor y compasión del Único que reside en nuestro corazón. Nada que no sea la sabiduría y el amor de la religión del corazón puede salvarnos en un mundo dividido por tanto mal y tanto egoísmo, un mundo que tiene el sueño quimérico de vivir en paz en el olvido de Dios. El corazón del Islam no es otro que la atestación de la unicidad de la Realidad divina, la universalidad de la verdad, la necesidad de la sumisión a Su voluntad, el cumplimiento de las responsabilidades humanas y el respeto por los derechos de todos los seres. El corazón del Islam nos llama a despertar del sueño del olvido, a recordar quiénes somos y por qué estamos aquí, a conocer y respetar la religión de los demás. Para los musulmanes, esto significa atender a la llamada del corazón del Islam y vivir una vida ética y espiritual en consecuencia, pero es también, para los que en Occidente buscan un sentido que dar a su vida, volver a su propio centro y comprender que llegando a conocer mejor el corazón del Islam pueden lograr algo más que un mayor conocimiento de otra religión y en otra civilización; pueden lograr un conocimiento mayor de su propia alma y de su propio corazón. El corazón de cualquier religión no es otra cosa que esa única y universal Verdad que reside en el corazón de todas las religiones auténticas y que es la base de la religión del corazón.

> En el amor no hay diferencia entre el monasterio
> y la taberna sufí en ruinas,
> dondequiera que esté, está la luz resplandeciente del Rostro del Amado.
>
> Ḥāfiẓ

Wa'Llāhu a'lam. Y Dios es el más sabio.

NOTAS

Capítulo 1: Un solo Dios y muchos profetas

1. Martin Lings. *Muhammad: His Life Based on the Earliest Sources*. Cambridge. Islamic Text Society, 1991, pág. 69.
2. Muhammad Marmaduke Pickthall. *The Meaning of the Glorious Koran* (varias ediciones), modificado.
3. Martin Lings. *Muhammad*, p. 102.
4. Martin Lings. *A Sufi Saint of the Twentieth Century*. Berkeley: University of California Press, 1973, pág. I. [Versión castellana: *Un santo sufí del siglo XX*, trad. E. Serra. Palma de Mallorca: Olañeta, 2001.]

Capítulo 2: El espectro del Islam

1. Martin Lings. *Muhammad: His Life Based on the Earliest Sources*. Cambridge: Islamic Texts Society, 1991, págs. 333-334. [Versión castellana: *Muhammad: su vida basada en las fuentes más antiguas*, trad. G. Algora. Madrid: Hiperión, 1989.]

Capítulo 3: Ley divina y ley humana

1. Martin Lings. *Muhammad: His Life Based on the Earliest Sources*. Cambridge: Islamic Texts Society, 1991, págs. 69.

Capítulo 4: La visión de la comunidad y la sociedad

1. Titus Burckhardt. *Fez: City of Islam*. Cambridge: Islamic Texts Society, 1991, págs. 102-103. [Versión castellana: *Fez, ciudad del Islam*, trad. E. Serra. Palma de Mallorca: J.J. de Olañeta, 1999.]

Capítulo 5: Compasión y amor, paz y belleza

1. B. Lewis. *Music of a Distant Drum*. Princeton, Nueva Jersey: Princeton University Press, 2001, pág. 193.
2. Annemarie Schimmel. *As Through a Veil*. Nueva York: Columbia University Press, 1982, pág. 18.

3. Rūmī. *Mathnawī*, II, v. 593. [Versión castellana: *Mathnawí*, 2 vols., trad. C. Liaño, Madrid: Sufi.]

Capítulo 6: Justicia humana y justicia divina

1. William Chittick. *A Shi'ite Anthology*. Albany: State University of New York Press, 1981, págs. 68-69.
2. Rūmī, *Mathnawī*, I, v. 3735 s.

BIBLIOGRAFÍA

Ahmed, Nazeer. *Islam in Global History*. 2 vols. Chicago: Kazi Publications, 2000.
Historia clara y detallada del mundo islámico desde el advenimiento del Islam al período moderno.

Armstrong, Karen. *Muhammad: A Biography of the Prophet*. San Francisco: HarperSanFrancisco, 1992. [Versión en castellano: *Mahoma: biografía del profeta*, trad. V. Ordóñez. Barcelona: Tusquets, 2005.]
Relato detallado y favorable de la vida del Profeta de una importante escritora occidental sobre religión.

Asad, Muhammad. *The Road to Mecca*. Louisville, Kentucky: Fons Vitae, 2001.
Relato conmovedor de la experiencia de un periodista austríaco que fue al mundo islámico en 1927, abrazó el Islam y se convirtió en una importante figura intelectual musulmana.

Bill, James, y John A. Williams. *Roman Catholics and Shi'i Muslims: Prayer, Passion and Politics*. Chapel Hill y Londres: University of North Carolina Press, 2002.
Primer estudio comparado del catolicismo y el chiísmo que muestra algunas semejanzas notables entre ambas tradiciones.

Burckhardt, Titus. *Fez: City of Islam*. Cambridge: Islamic Texts Society, 1992. [Versión castellana: *Fez: ciudad del Islam*, trad. E. Serra, Palma de Mallorca, Olañeta. 1999.]
Estudio único en su profundidad de la vida espiritual, religiosa, artística, intelectual y social de una de las mayores ciudades tradicionales del Islam, con numerosas intuiciones que aplica al mundo islámico en su conjunto.

Cleary, Thomas. *The Essential Koran*. Edison, Nueva Jersey: Castle Books, 1998.
Traducción lúcida y de fácil lectura de selecciones del Corán.

Eaton, Charles le Gai. *Islam and the Destiny of Man*. Albany: State

University of New York, 1985; Cambridge: Islamic Texts Society, 1985.
Profundo estudio de los principios básicos del Islam realizado por un destacado escritor británico musulmán.

—. *Remembering God: Reflections of Islam*. Chicago: Kazi Publications, 2000; Cambridge: Islamic Texts Society, 2000.
Elocuente interpretación de la espiritualidad islámica y los problemas existenciales que se le plantean al musulmán que vive en el mundo moderno.

Esposito, John. *Islam: The Straight Path*. Oxford: Oxford University Press, 1998.
Descripción del Islam y del desarrollo de las corrientes islámicas contemporáneas realizada por un perspicaz estudioso de las tendencias modernas en varias partes del mundo islámico.

Hallaq, W. *A History of Islamic Legal Theories*. Cambridge: Cambridge University Press, 1999.
Interpretación erudita del desarrollo histórico de las teorías de la Ley islámica.

Herlihy, John. *In Search of the Truth*. Kuala Lumpur: Dewan Pustaka Islam, 1990.
Viaje de un norteamericano al Islam y sus reflexiones sobre temas islámicos tradicionales.

Kamali, Mohammad Hashim. *Principles of Islamic Jurisprudence*. Cambridge: Islamic Texts Society, 1991.
El mejor trabajo disponible en inglés sobre la visión islámica de los principios subyacentes en la jurisprudencia.

Khadduri, Majid. *The Islamic Conception of Justice*. Baltimore, Maryland: Johns Hopkins University Press, 1984.
Estudio detallado, sobre la base de las fuentes islámicas más auténticas, de la justicia en el Islam desde una perspectiva política, teológica, filosófica y ética, incluida la cuestión de la justicia entre las naciones, la justicia social y las concepciones cambiantes de la justicia entre algunos musulmanes bajo las condiciones modernas.

Lings, Martin. *Muhammad: His Life Based on the Earliest Sources*. Cambridge: Islamic Texts Society, 1991; Nueva York: Inner Traditions, 1983. [Versión castellana: *Muhammad: su vida basada en las fuentes más antiguas*, trad. G. Algora. Madrid: Hiperión, 1989.]
La mejor biografía en inglés del Profeta basada en fuentes islámicas tradicionales, escrita con gran elegancia y fuerza narrativa.

Murata, Sachiko. *The Tao of Islam*. Albany: State University of New York, 1992.
Obra única que utiliza el *yin* y *yang* del Extremo Oriente para explicar las relaciones de género en el Islam en el nivel social y espiritual.

Murata, Sachiko, y William Chittick. *The Vision of Islam*. Nueva York: Paragon House, 1994.
Exposición de las principales facetas del Islam y del pensamiento islámico sobre la base del *Ḥadīth* de Gabriel, en la que se explica el significado de *islām, īmān* e *iḥsān*.

Nasr, Seyyed Hossein. *Ideals and Realities of Islam*. Chicago: ABC International Group, 2001; Cambridge: Islamic Texts Society, 2001.
Planteamiento, desde el punto de vista tradicional, de importantes aspectos del Islam: el Corán, el Profeta, la ley, el camino espiritual, y sunnismo y chiísmo.

—. *Islam and the Plight of Modern Man*. Chicago: ABC International Group, 2001; Cambridge: Islamic Texts Society, 2002.
Las cuestiones metafísicas y existenciales que surgen del encuentro entre Islam y modernismo.

—. *Traditional Islam in the Modern World*. Londres: Kegan Paul International, 1990.
Clarificación de las diferencias entre el Islam tradicional, el Islam modernista, y el llamado Islam fundamentalista, con una dilucidación de varios aspectos del Islam tradicional.

—. *A Young Muslim's Guide to the Modern World*. Chicago: Kazi Publications, 1996; Cambridge: Islamic Texts Society, 1994.
Resumen de las enseñanzas del Islam y de varios aspectos de la civilización occidental y la manera en que los musulmanes jóvenes deben afrontar los desafíos del mundo moderno.

—. ed. *Islamic Spirituality: Foundations*. Nueva York: Crossroad, 1989.
Contiene numerosos ensayos seminales sobre aspectos básicos de la espiritualidad islámica por parte de algunos de los principales estudiosos del mundo islámico y de Occidente.

Pickthall, Muhammad Marmaduke. *The Meaning of the Glorious Koran*. Muchas ediciones.
Una de las traducciones más leídas del Corán en inglés, que recibió también la aprobación de las principales autoridades religiosas islámicas en el momento de su aparición, antes de la Segunda Guerra Mundial.

Renard, John. *Seven Doors to Islam: Spirituality and the Religious Life of Muslims*. Berkeley: University of California Press, 1996.

Perspicaz introducción al sentido interior del Islam a través de siete puertas diferentes que conducen al interior de la religión.

Schimmel, Annemarie. *And Muhammad Is His Messenger*. Londres y Chapel Hill: The University of North Carolina Press, 1985.

La única obra en inglés que explica, a través de varios textos literarios islámicos, la veneración del Profeta y su papel en la devoción islámica.

—. *Islam: An Introduction*. Albany: State University of New York, 1992.

Relato sucinto de las diferentes enseñanzas básicas del Islam, escrito con gran amor y empatía.

Schuon, Frithjof. *Understanding Islam*. Bloomington, Indiana: World Wisdom Books, 1994. [Versión castellana: *Comprender el Islam*, trad. E. Serra. Palma de Mallorca: J.J. de Olañeta, 1987].

La obra más profunda nunca escrita por un autor occidental sobre el significado interior del Islam y su relación con otras religiones.

Sells, Michael. *Approaching the Corán: The Early Revelations*. Ashland, Oregón: White Cloud Press, 1999.

Traducciones muy poéticas al inglés de selecciones del Corán que revelan algo de la calidad literaria del texto original.

Ṭabāṭabā'ī, 'Allāmah. *The Corán in Islam*. Londres: Routledge & Kegan Paul, 1987.

Trabajo breve pero magistral sobre la importancia del Corán y la forma de estudiarlo por el autor del comentario más monumental escrito sobre el Corán en el siglo XX.

ÍNDICE

ÍNDICE DE FUENTES CORÁNICAS